晚清商约外交

王尔敏 著

中华书局
ZHONGHUA BOOK COMPANY

图书在版编目（CIP）数据

晚清商约外交/王尔敏著. —北京:中华书局,
2009.5
ISBN 978 - 7 - 101 - 06632 - 6

Ⅰ.晚…　Ⅱ.王…　Ⅲ.经济条约-外交史-中国-
清后期　Ⅳ.D829

中国版本图书馆 CIP 数据核字(2009)第 036655 号

书　　名	晚清商约外交
著　　者	王尔敏
责任编辑	欧阳红
出版发行	中华书局
	（北京市丰台区太平桥西里38号　100073）
	http://www.zhbc.com.cn
	E-mail:zhbc@zhbc.com.cn
印　　刷	北京市白帆印务有限公司
版　　次	2009 年 5 月北京第 1 版
	2009 年 5 月北京第 1 次印刷
规　　格	开本/880×1230 毫米　1/32
	印张 12⅜　插页 3　字数 300 千字
印　　数	1—4000 册
国际书号	ISBN 978 - 7 - 101 - 06632 - 6
定　　价	35.00 元

作者像（摄于 2007 年 1 月 29 日）

　　王尔敏(1927—)，原籍河南省周家口市。我国当代著名历史学家，台湾中国近代史研究的重要代表人物之一。毕业于台湾师范大学史地系。历任台北中研院研究员，香港中文大学、台湾师范大学教授。研究领域包括中国近代思想史、军事史、外交史、文化史以及方志学等。著有《史学方法》、《淮军志》、《清季兵工业的兴起》、《中国近代思想史伦》、《晚清商约外交》、《晚清政治思想史论》、《清季军事史论集》、《上海格致院志略》、《明清时代庶民文化生活》、《明清社会文化生态》等。

目　　录

刘白如先生序

  师大校友王尔敏君新撰《晚清商约外交》一书，送来稿本，问序于余，谓四十余年来，虽不乏著作，惟此篇最具自信，固不敢云独步史坛；然亦愿能不辱师教。余非治史专家，但观其广罗中外资料，申论史实经纬，绅绎纡曲，时中肯綮，在在展现其史学才识。其四十余年来辛勤追求学问之成就，至感欣慰。

  犹忆 1950 年尔敏就读师大史地系时，余方接任校务一年，学校创立未久，规模初具，诸待擘画。惟余坚信师资之充实，应为治校之首务。于是乃多方礼聘名师宿儒，来校任教。即以史地系而言，所聘著名学者则有沙学浚、郭廷以、王益崖、洪绂、孙宕越、王华隆、郑资约、王德昭、朱云影、曾祥和、李树桐诸先生，此外并邀请史学名家如姚从吾、劳榦、张贵永、蓝文徵、陶振誉、吴俊才等来校兼课。当时在台之史地学科知名学人，可谓网罗殆尽。故能缔造浓厚之学术风气，蔚为一时之盛。

  尔敏笃实好学，潜沉精进。自出校门，即始终追随郭廷以先生研治中国近代史，所著专书约十余种，而编纂资料工具之书十三种，计三十余册。所撰史学论文更在百篇以上。四十余年来，专心致志，孜孜不倦，用能独擅一代史乘，而蜚声士林。尔敏为人木强厚重，挚爱师友，硁硁自守，不染浮华，惟学术是问。其庄敬贞定珪璋特立之志节，足为实践师大校训"诚正勤朴"之楷模。

余恒念前辈史学名家，或早已作古，或退隐林泉，今尔敏瞻怀师教，矢志历史学术之发皇，以答诸师长谆谆垂教之恩。当兹校园师生伦理日趋衰微之际，实令人有空谷足音之感。尔敏此书之出版，益见其史学造诣之深厚，余读后无任佩慰，爰志数语为序。

刘　真

一九九七年三月

自　序

　　中国今日立足于世界瞬息万变之局，实极其需要重视外交，何况百五十年来，中国之饱受外国欺凌侵犯，以及强取豪夺，今时岂可不用心于了解国际现势、强权动态？吾于退休之前十年间，用心于近代中外之商约问题，往往触目心惊，慨叹中国受害之深。遂于退休前数年草成此书，用以就教于国内同道，期以传示后人，全国多须留心于外交知识。

　　关于近代世界之外交体制之形成演变，以至中国之备受帝国主义者侵略压迫，已在前拙著《弱国的外交》（广西师范大学出版社，2008年4月刊布），其中序文、正文有所展述，敬祈参阅，在此不再重复。

　　惟二十世纪以来，中国所面对之世局，自是帝国主义者疯狂扩张时代，有引致两次世界大战，可供考察。惟二次世界大战后之世局，西方人定之为冷战时代，我想此命题国外虽流行，中国人则不能接受。所谓冷战时代，其性质是指共产主义之苏联与资本主义之美国，联合各与国而互相对抗之局，此一定题，外国久熟使用。不过在中国人看来，应把二次大战后定名为后帝国主义时代。想想看，大陆数十年间一直咒骂美帝，台湾则一直咒骂苏帝。文告宣白，汗牛充栋，此即是中国人之观点，而实质美、苏皆仍是帝国主义。

3

时至 1992 年苏联瓦解，美国成为世界独有霸权，西方人又改称 1992 年以降是后冷战时代，此说已通行世界，少有疑议。然在鄙人看来，世局未变，应仍在于后帝国主义时代，事实上美国之入侵阿富汗以及伊拉克，又岂非帝国主义者行为？怎么一手掩尽天下人耳目？尤有进者，美国实是二十世纪以来之经济帝国主义者，直到今天（2008 年 9—10 月）发生金融风暴，冲击全球一百五十余国，世称有史以来海啸，美国以世界货币，美金强势以债券骗走各国金钱，比之大炮军舰更是优越，可以杀人不见血。如此帝国主义者又具强大海军武力，世界各国岂有不人人震慑？中国岂可轻忽大意？经济帝国主义已是严重危害全球，中国上下势不能不加强警觉了。

在近代史上我们是积弱之国，百余年来，饱受列强侵凌，故全国上下俱须提高警觉，认真研究，列强侵人之国，其一切阴谋智术，运用手法，必须深入了解掌握，以谋趋避因应之道。

近代史上所了解列强之侵略手法，其大要可归纳如下：

第一，明目张胆的武力入侵，此术用之普遍，十六世纪以来，自西班牙之武力扩张，侵灭南美古老大国，决使之国灭人绝，为天地间最大悲剧。其他如澳洲太平洋上岛国，亦必一一消亡，人迹无存。

第二，施行殖民主义，在旧大陆之非洲、亚洲列邦灭亡其国，使之降为殖民地，利用当地人力，搜刮当地资源财产，如印度、埃及、越南、缅甸、朝鲜之亡国处境。旧大陆之非洲全洲土民，皆为欧洲列邦殖民地，待之以奴隶，搜刮其资源，贩卖其人民，亦为惨绝人寰之纪录，我人岂可不引为戒惧？

　　第三，帝国主义者，能够吞并南北美洲、澳洲新大陆，又瓜分非洲、亚洲旧大陆，除了压倒性之武力为后盾，而其外交阴谋手法，则是配合侵略之有效策略。此则中国上下最须认清，加意防范，免受其愚弄。帝国主义之外交阴谋之一乃是假冒和平之名，与如我国朝野者然。若是不能吞并中国，则以种种手段，攫取中国资源，凡要在中国开矿，多半要在经济上奴役中国上下，此在近代史上中国矿权落入英人之手，乃最著名。使中国而产生收回矿权运动。另一庞大阴谋是在中国建造铁路，德国之建胶济路，俄国之建中东路、南满路亦是显例。再次乃是以中国海关及盐税担保之大借款，使中国长期陷为负债之奴。此是善面阴谋。

　　第四，帝国主义者最毒之阴谋乃是与中国订立外交条约，而其条约大侵中国主权。吾在另一著作《弱国的外交》第一章"鸦片战争史识之重建"中，一一详论，中国丧失主权：领事裁判权、海关协议权、内河航行权、十年修约权、最惠国条款以及定海岛不割让他国条款，均已有清楚交代。

　　第五，帝国主义者老牌子英国、俄国，其后继孽徒之美国最擅用之侵略阴谋，是进行把中国分化，使中国内部分裂，在外搆煽，促使中国之分裂。若英国之分化西藏，俄国之分化新疆，日本之分化东北，俱是近代外交史上著名大案。此嗣而有美国继承分化西藏，诸国阴谋，防不胜防，从事外交，务当小心。而今美国仍然贼性不改，国人切要防之。怎可不加强外交史研究？

　　第六，帝国主义者英、俄、德、法、日俱是擅于乘人之危，亦即是乘中国之危而进行侵略、敲诈、恫吓取利。

中国近代史上，列强乘中国之危而达成其侵权取利之目的者，如 1884 年中法为越南而陷于战争眉睫，日本即向朝鲜下手，操纵政变，取得过问韩政与中国对等利益。其外最显著而严重乘中国之危，乃是 1894 年甲午战败，1895 年签订丧失台湾、澎湖条约。接着二年，即有德国借口两位教士被杀而取得胶州湾租界之利权及胶济铁路之建造权。俄国乘此亦取得旅顺、大连之租界地，英国则乘此取得威海卫之租界地以及九龙半岛之租界地。此皆乘人之危之明确实例，中国不可不防患于今日。

现在我人尚须回溯前史，看看比较，世界之上、中西文明列邦，所见之国际交往关系，外交体制，不是西方最先，亦非西方最善，今时之国际关系体制，实萌芽于十七世纪三十年战争后之威斯伐利亚和平条约（Peace of Westphalia），时在 1648 年，此时东方中国清朝已经入主华夏。西方之一切外交仪注、条约和战条规，俱在此后产生，后经连年改进，方有今时之外交体制，而且仍是在逐年演变中。进一步说来，在全球大地上并非只有西方之一套外交体制，而在中国早有完备体制，明清两代，行之五百年。

以鄙人看法，中国之早时维系中国与邻邦之外交原则以至国与国间关系，实有其崇高原则与详密仪注，决不同于西方之帝国主义与殖民主义，更无其阴谋诡计，灭人之国之意图；然近世学者，无论中外，无不指摘中国，讥评中国之封贡制度，因其不深加研究，而作肤浅论断。

先说国际关系之崇高原则，最早创生于殷商武丁时代之对待小国。而更明确且形成体制之基础，则为周武王克商，而后起夏人之后为杞国，存殷人之祀，而立宋为大国，鄙人命之为存祀主义。可参见拙文《中国古代存祀主义之国际王道思想》（见拙书《先民的智慧》，广西师范大学出版社，2008 年 4 月印），敬请指教。

关于中国封贡制度西方译为 Tributary System，当代学者多加批斥讥议，深责中国视邻邦为属国，全然浮现诋议，请参阅拙文《明清两朝之粤道贡国》（见《五口通商变局》，广西师范大学出版社，2006 年 9 月印），定可纠正他人之瞽说。

今人可见，中国正式之封贡制度，创始于十四世纪后期，明太祖召徕西洋各国朝贡，交换方物，厚予赏赍。沿至清末，有五百余年。中西历史上作比较，明成祖永乐三年（1405 年）是郑和率宝船下西洋，其立即之任务即是送回忽鲁谟斯贡使回国。此即今时波斯湾中之 Hormuz，当年是一小国，宗旨乃是进贡方物，而明帝赏赍丝品、银钱。《明史·食货志》可见。如此自成祖至宣宗，有七次下西洋各国，俱是赠予金银财物、丝锦，送给各国，何尝有侵人之地，抢掠金钱之事？比较史实，九十年后，1492 年哥伦布发现美洲新大陆，自此美洲即陷于西班牙强取豪夺之灾劫，终灭绝文化，占其国家，以至歼其人民至于消亡。真乃人间绝大悲剧，今人何不细审史实？此乃西方持文明旗帜之强盗，史家应予大书谴责。

参看《大清会典》，清代封贡仪注至于十分详密完备，而作宗主国之帝王，抱有儒家古训以对待进贡之国。康熙帝多在畅春园中之九经三事殿召见贡使。此题俱本古籍，三事者出于《尚书》，是谓正德、利用、厚生；九经者出于《中庸》中之凡为天下有九经，其中有来远人也句，乃指邻封外邦，特指来远人须厚往而薄来。来贡者，暹罗贡象及孔雀，朝鲜贡海东青，但清廷赏赐缎匹、瓷器、漆器、玉器多项，来使之国王、王妃、世子以及使臣、通事，无不有赏。乾隆帝召见贡使，为在圆明园之山高水长。赏赉尤为阔绰。如此厚往薄来，乃使列国奉为天朝上国。

当代论及中国之天朝称谓，我国学士大夫最足显其知识谫陋，大抵无不责斥中国天朝自居，何以待与国？须知天朝之徽号乃始于唐太宗贞观二十一年（647年）中亚列邦恭奉太宗为天可汗。即以明洪武以来明清两代，各国来使，所呈上表文，俱尊称中国为天朝。此一史例乃天地之公理，列国之共喻，古今之定例，中国之荣誉；一些文人只知讥嘲中国之称天朝，却不敢对日本之称天皇有任何异词。

最须正告国人者，要清楚列邦来贡实有其重大目的，即是两国民间之货物贸易。但凡贡使到中国口岸，经地方官上报朝廷，随派随行官员带使节正副及随员三十人携贡物进京，此是表面工夫，重要者贡使之船往往三艘，除贡品外，俱是货品，自贡使起程赴京，而边关贸易亦开始。广州城使在怀远驿，此怀远驿系明永乐三年（1405年）所辟建，专以接待贡使及驿外开市栈房接纳来商，一直贸易到贡使完成进贡，回到怀远驿，至此方一起登船回国。若是朝鲜，不用船只而用骡马，贡使来华，一过鸭绿江到九连城即在当地开市，贡使经过三十二驿即三十二天到京，又在京开市八十天，买卖货物完成一路回国，而九连城之互市可达数月之久。此中要点有二，但凡边关开市，与国家开关，买卖须交货税，而在京城会同馆开市八十天之贸易，或买或卖，中国俱是免税，至此，当知各国不是一味进贡天朝，而有大利诱人，使人乐于前来，维持各国贸易，频繁来往，可达五百余年之久，岂是浅薄洋人所能了解？

　　还有一个相关的词汇，是所谓的中国中心观念。美国名学者费正清（John King Fairbank）最喜讥讽中国，译之为 ChineseWorld Order。费氏是我敬重的长辈，我是向以师长之礼敬待他，但他也常批评 Tributary System。其实他哪里懂得封贡制度，我们学界多年无人肯驳他，我在拙文《明清两代之粤道贡国》及拙书《五口通商变局》之导言，已作明白批驳，不须多叙；但原文只明告世人，要说中国中心，此言中国当之无愧。想想郑和下西洋，这个西洋从何说起，我有拙文《近代史上的东西南北洋》，收载《五口通商变局》。简单说，此与中国行船海商出洋贸易有关。可靠的记载，北宋之广州已是海商出洋口岸，洋船出入，俱操之于闽广大船商之手，出洋是大事，亦且共知有冒险。从船出洋，至南宋而加盛，不与国家需用相关。船商出洋必用罗盘定方向，遂以泉州定为中心，画分子午线东向之地为东洋，西向之地为西洋。由南宋习惯传至元代，在元代之大德《南海县志》已有西洋及小西洋之名，不须到郑和时代。而中国之中心观念，实是创于行海船商之手，出关人共通习惯，即以泉州为中心，实即中国中心之本来原由。故费正清要说 ChineseWorld Order，可以接受，只是中国是当之无愧。我国学界亦不须大惊小怪。

　　再有一个相关中国对外关系之自大问题，此在二十世纪当代学者文士间，乃常见其诟骂中国之自大。当此国势衰敝，备受西方列强所困之际，我国学者文士多是低首下心，仳仳下

9

气，去谄媚洋人，大批评中国自大。想想如此贫弱之国，真也自大不起来。

国力强大，其民其酋无不自大，鄙人不但见之于史，亦切验之于实，西方近代多系自信自大，他们对着世界毫无自愧的告示今之世界乃是白人之负担，如此搜刮地球，消灭他族，尚敢大言不惭，岂非自大？一般而言，十八世纪法国自大，十九世纪英国自大，二十世纪至今乃是美国自大，国人麻木能感觉不出吗？若果当代中国长期生产一些没出息的学者文士，只会自暴自弃，自轻自贱，其势怎能自大得来？

最后略叙吾草撰此书之动机及撰著经过。由于史学界所开中国近代史一门学问，自初起以至各家近代史书出现，其内涵无不以外交史占得全书重心，此皆史实之构造，历史动因多为乘外交及战争交互承转而展现史实脉络，史家不能不先理清外交与战争之两个动力。遂亦以此而造成中国近代史偏重于外交问题。

环观吾辈史界前驱名家之书，几乎无人不循外交史而探讨近代史事。我为后生末学，岂有不追摹效法之理？

史家前辈虽俱自外交入手而论述近代，实只取其交涉经过、条约谈判、特权攫取、订约阴谋等论域发挥其研判识断，却未尝有人注意到商约谈判与签订之重要。此类论著，尚属少见。鄙人不揣固陋，即自晚清时代全程之中外议订商约，以考求中国近代所受之侵损。计自 1843 年广州议订中英商约起，一直探讨至于清末。估计中国因商约之受英国愚弄，丧失关税自主权，乃使中国长期不能加税及提高税率。乃终影响中国之国家收入而大量漏卮。算来晚清七十余年间，中国每年之商税漏卮即可抵得上一次鸦片战争之赔款，亦可谓中国商税漏卮，每年要损失一个鸦片战争之赔款量，真是令人触目惊心。因乃著此书，以为国人提示另一种外交领域，其严重性有过于战败赔款。

　　本书完成于 1996 年 7 月，而送交香港中文大学于 1998 年刊布问世。出版迄今，已满十年，原与中文大学并无任何签立合同，而今决定，将此书在中国大陆出版，以与国内学界观摩交流。承北京中华书局厚爱接纳以在明年（2009 年）出版，甚盼同道方家批评指教，当负一切著作责任。

　　　　　　2008 年 11 月 5 日写于多伦多之柳谷草堂

绪　论

有清一代，承明代之宗藩封贡贸易，向无所谓之对等商约体制。自鸦片战争后之《江宁条约》，以至二次鸦片战争后之《天津条约》、《北京条约》，均为政治条约，而非通商条约。

政治条约与通商条约不同，一般而言，重大战争国与国间重大争执，必须以政治条约协议解决，其功用重大，性质多样：凡战争胜败，边界纠纷，割地赔款，领土转移以至两国建交复交，俱以政治条约作双方共同遵守依据，具永恒性效力。而两国间因作通商交易往来，包括彼此商民往来，无论大小强弱，彼此均须互订通商条约，其性质因时势变化，自是经常改易，并非永恒，但为两国间平时经常依据，频用而具时效。

商约外交，其本身不同于政治条约，并一致是在政治条约完成之后，另行启议，展开商约谈判，再订商约。两者有明显区别，亦各自秉其国家立场，经谈判妥协而完成。基本上政治条约与通商条约绝对不在同一时间同一地点进行议订。只有在中国受英国帝国主义外交官的威胁挟制下方有特例出现，中英《烟台条约》，即是显例。这是中国近代外交史上一个特殊例外。

即就中国近代史上中外关系的架构而言，所谓常态，亦属于世界上特殊形式。是即自鸦片战争起，所有政治条约签定之后，一定是在指定时段之内另行议订通商约章。贯通晚清七十年的中外关系史，并无一次例外，在历史实际上，表现百分之百一贯的模式。所以必须如此，主要是政治条约系外国一方作主，外国一方，比如常见战胜国之英国、日本，会在政治条约中规定一些有商务特权的要求，尚不止于开放口岸一个问题，而其复杂性，包括税则问题、免税商品问题、治外法权问题、非开放口岸之停船问题、外商居住问题、租界内免税问题、内河航行问题，其在今世国际间所共喻的主权国家是绝不能容忍之事，俱是外国勒逼中国在商约中一一载述的大国特权。因是但凡政治条约签定之后，必须另择一定时间地点，议订通商条约。此在中国近代史上应早受到广泛注目，而实际久被忽略。

　　近代列强在华打开贸易市场，事事依据双方共议之商约。自鸦片战后，五口开放通商，英国官方即与中国当局详订通商章程，是即中外签订商约之始。中英间的《江宁条约》命之为万年和约，此外中国又须颁布《中英五口通商章程》。于此英人已侵犯中国主权。更又力求着英与之签订《虎门条约》，美其名为《中英五口通商善后条款》，基本上就是商约。此后即不断有各国议订商约之举。亦连带使中国朝野得肆应一种商约交涉。然此类商约外交之得失，其严重程度不下于割地赔款。故愿作一深入探讨。用以建立商约外交史事系统，俾学者有以参考之资。

　　所谓"商约外交"实为政治外交之外的另一种交涉。本文欲讨论者，乃指鸦片战争后，中国以英国为主要对象，而进行关于外洋商船进入中国之船钞、海关银两、商税项目、货品税率等项目之订定，为专指中国海关进出口各种税则之交涉。实关乎中国财政收入之极大者。实完属于中国主权所在，但却沦入帝国主义者所必来伸手的特权。其余中外间特殊条约交涉，如铁路、开矿、电线、邮政等，非属海关贸易之类，属中国境内利益特权者，则非本文研究内容，唯仍有待他日深入探讨。

中英《江宁条约》之后有中美《望厦条约》，约中规定每十二年修约之款，而各国皆得据此援引为例，向中国要求定期修约。中英之间因此而发生第二次鸦片战争，此战之后的商约交涉，真正触及中外商贸税则之核心问题，如规定双方禁止交流的货品，鸦片上税问题及其他税则条例等，并同意此后每十年修约一次。至1870年天津教案发生，十年之间各国于商贸问题上对华多所要求与建议，在此期间虽无战事发生，然英国以马嘉理事件而使中国在《烟台条约》中丧失甚多利权。天津教案则对列强发生示警作用，使各国之十年修约条款不敢过分要求，大致维持至1900年。

自1860年至1900年，基本局面并无改变，洋货入口仍维持值百抽五及子口半税，并免除各口厘金。1900年庚子事变后，中外订立《辛丑和约》，各国因中国赔款数目甚巨，乃同意中国海关加税、提高洋货入口税率；而中国又分别与各国进行个别之商约交涉，前后十年，直至清亡。此实为全面而长期的商约交涉，于近代中外交涉史上具重大意义。

大体而言，鸦片战后，二次鸦片战后，《辛丑条约》后均展开通商税则条款交涉。此外又有电线权、路权、矿权交涉。中国初时不明外情，多受蒙蔽，丧失利权不少。惟稍后中国方面多已注重防范，亦展现其外交反应与交涉技巧，俱值得会综研考，建立史乘，以备近代史、外交史、商业史之广泛参考。

百年来我国近代史家以及外交史家固无不重视中外战争之种种屈辱条约，而实际只顾及首要项目之政治条约，以为掌握要领，提供其详细史实，而实无人再进而探讨政治条约之外，尚有更详密之通商条约，其丧权辱国，侵损中国国脉民命，至于深入脊髓，决不下于政治条约。我国朝野自中日甲午战后，已觉悟不平等条约为害之深，已开始呼吁废除不平等条约。于今算来，醒觉已有百年。虽然如此，此百年中有谁能详知不平等条约如何形成？其内涵有何类条目？其侵损中国深至如何程度？中国何时注意到外交因应？用心防范其扩大，努力堵塞其泛滥？须知废除不平等条约久为我国朝野共同致力之长久性目标，岂可只叫口号而不加细研其内涵？此是中国近代史中重大关键问题，不能不提供国人，展示其全程内容，备为恒久性随时复按参考。

上　篇

中外商约交涉之滥觞

我国史学著作，无论取早之百国《春秋》，以及入汉名著之《史记》、《汉书》，甚至前清一代之历朝《实录》、《方略》，私家之《湘军志》、《湘军记》，等等。其共同具有之基本立场与用心，是当代人写下当代史，留供后世参考。此一传统学风，亦并传承至于今世。但凡史家共趋，可以分工专治一门一代，或上古、或秦汉以至明清，各尽心力，各擅专长，定可补充前代，予人更正确清晰了解。而必有不少学者同时专心于近代当代种种问题与史迹，专心致志，锲而不舍，从事钻研，务期为后世保存更正确充备之历史记载。此是一种继承，为史家共同秉持。

断代分工治史，为民国肇建以来之学术新动向。而近代史之领域亦早形成于民国初年各个治史名家之开辟。其学术范畴与著作成品，前后均尚不及百年。而所需努力建树者以至论题之探讨，史料之发掘与编纂，且方待有志同道学者之共同开拓。本人从事研治中外商约交涉之论题，适为正宗近代史与近代外交史著作所不尽及之处，弥补其重大空白。而中外商约所侵损中国之处，远不下于种种政治条约。故愿提具一个系统研究，莫使后世参证者留有缺憾。

诵读今代各家林林总总之中国近代史以及近代外交史，无论专书论文，大多数侧重于各时期战争与缔结政治条约。自是非常重要，亦即时代核心，问题锁钥。但往往于政治条约之外，不再申叙以及详细探究其他相关之商约交涉与所订条款。且凡商约章程条款，关系到平时日日践履之海关入出口货之征税规则与税率。其于中国所受侵损而言，主权之丧失甚于割地，金钱之亏蚀甚于赔款。岂可不加研讨，留示后世？

事实上政府中档卷虽或不存文献原物，而相关衙门，上自总理衙门，下至各江海口岸之海关署，均必各自保留抄本清档，不但大致齐全，抑且相当详备密集。只是并未刊印成书，广为流传，国人未能尽知。此在史家天职，即当通过缜密研考，为世人提供一系明确之参考始末，当有益于认识过去而惕励未来。

我人探讨商约交涉论题，对于历史上明显重大事体与其前缘后果，诸如战争、议和、割地、赔款、开商埠、设领事等等，当然俱是中国近代史中首要大事，问题重心。同道中专家云集，研究论著亦成果丰硕。凡关此类明显论域，本文自当避开不论。脱开重大历史背景之铺陈，直接跳入在战争与政治条约后连带之立约通商议订税则范围。

世人阅读中国近代外交史，至于鸦片战后之《江宁条约》，自然十分熟习。大致记得所订十三条内容。一般亦必略述开放五口通商以至设关征税，实必相当简略，粗具印象。其实一个《江宁条约》之后，尚有许多繁复的外交交涉活动，是在《江宁条约》签订后而推展进行。其在当时之因应考量以至后时年年世世之执行，实具有深远影响。

中国近代开放对外通商贸易之格局，其原则固然是根据《江宁条约》，而一切具体执行与关税税则，俱出于此后跟随来的中英商约交涉。包括《江宁条约》签订后不久之善后条款，以至收回舟山协约，前后交涉议约不下五个不同程度约章（《江宁条约》在外）。除善后条款，及收回舟山条约不在本文范围之内，至少有三个约章或声明是为中英通商开创格局而为中英双方议订而宣告于中外。第一个是"广州、福州、厦门、宁波、上海五港通商章程"（General Regulation，under which the British Trade is to be Conducted at the Five Ports of Canton，Amoy，Fuchow，Ningpo and Shanghae），又称《中英五口通商章程》。此一章程宣布之同时，并附开各口岸一律之"海关税则表"。第二个是中英双方对于洋货转口内地通行税之宣告（Declaration Respecting Transit Duties，Signed at Hong Kong，26th June，1843）。第三个是《通商附粘善后条款》，英方则译为《虎门条约》（Supplementary Treaty Signed by Their Excellencies Sir Henry Pottinger and Ki Ying Respectively，on the Part of the Sovereigns of Great Britain and China，at the Bogue，8th October 1843）。

道光二十三年（1843）中英会议交涉，签订五口通商章程，一切文字规定以至交涉行动，均足造成历史先例，成为此后中外通商因袭之典型，无不广加援引，更加踵事增华。其影响延及以后百余年之中外商贸格局。

以近代中国遭遇变局而言，鸦片战争虽非酷烈，而实为最重要的滥觞起点。急遽变化，接踵而来，中外交涉迅居历史主流。中国朝野因应，自亦集人才心力于此，而全面商贸之冲力，乃挟外交特权而契入，表面未居历史主流，然一切纠合于外交折冲之中，中国防不胜防，实亦构成中外交涉史之重大动力。1843 年中国开放五口通商世局，以为从此中外和平可以持久。其实必然发生之第二次鸦片战争，已在口岸开放不久后开始酝酿。最关键之点，即由于一种鸦片商品仍受禁制，形成非法走私，英国主国政者于1854年训令英使包令向中国展开修约交涉，其修约要求虽不下八点，而根本宗旨，乃在于鸦片商品之合法化。战争契机、主动冲力全在英国一边，英国并与美、法采联合外交行动。自1854年开始，即已启动第二次鸦片战争步度。史实所见如此，正是英国政府处心积虑推动对中国之外交压力，恃强之侵略。

1858至1860年间之鸦片战争，结果创生两个政治条约：一是《天津条约》，一是《北京条约》。英、法、美、俄四国参与外交联合行动，而条约则是分别签订。大致俱以英约为范本，最重要成就是使鸦片合法化。仍然须于政治条约之外，中国分与各国另订通商章程。英、美、法各国同其海岸及长江通商贸易，因是而俱有三个重要文献，各国几完全相同。是即在政治条约之外，三国所得一致之收获。通商口岸：南洋增加潮州、台湾（台南）、淡水三口，北洋增加登州（烟台）、天津、牛庄（营口）三口，长江开放镇江、九江、汉口三口。加上固有五口，即形成一个中外通商新局面。

第二次鸦片战争，俄国获取中国东北广大领土，已是重大收获，而在通商方面，亦未尝轻饶中国。而经历一年交涉，于同治元年（1862），双方签订陆路通商章程，是独对俄国之两国间商约，亦为中俄议订商约之创例。俄国边界商务免税，他国不能援例，而凡海上商务，设有俄商情愿，可以充分援照各国通例。而中国陆路俄商自恰克图入境，可以在张家口贸易，并可经张家口、东坝、通州至天津贸易，但均须按章纳税。

《中俄陆路通商章程》初订之后，试办三年，故又有同治八年（1869）之《中俄陆路通商章程》。后因伊犁事件，再加修改，于光绪七年（1881）随中俄《伊犁条约》而又第三次议订陆路通商章程，俱足代表中俄间商约交涉之权舆。

　　凡此数次之商约前驱，奠定了近代中国对通商格局，除英、法、美、俄外，其他建立邦交之欧美国家若西、葡、德、义、荷、比、挪威、瑞典、丹麦、秘鲁、巴西、阿根廷以至日本，莫不仿照英商约而小作变通。当知其时中外通商世局定形之参考所本。

第一章 中英通商章程之议订及
其对各国之通行

道光二十二年七月二十四日（1842.8.29）中英签订《江宁条约》之后，接着即须展开两国间五口开放通商之新局面。除广州为旧有口岸外，其余厦门、福州、宁波、上海，俱可谓是新开口岸①。惟广州原有历年出入口货商税征收旧制，英方自不愿意照旧章办理。根据《江宁条约》第十款所定：

> 前第二条内言明：开关俾英国民居住通商之广州等五处，应纳进口出口货税饷，均宜秉公议定则例，由部颁发晓示，以便英商按例交纳②。

本于此条所见，显然中国新开五口通商，其征税章程则例，自须重新秉公订定。此亦表现出英商对旧章之不满。是《江宁条约》中已确然载述五口开关通商，中国政府必须公平订定税则。因是此一订定税饷章程工作，必须紧接《江宁条约》展开进行。因为次年外商来华，五口进出口货，均须照新章征收税饷，自是无从延缓。

道光二十二年九月十四日（1842.10.17）皇帝上谕，任

---

① 郭廷以：《近代中国史》册 2 页 477—480，台北：商务印书馆 1966 年 5 月第 2 版。

② 王铁崖编《中外旧约章汇编》页 30—33，北京：三联书店 1957 年 9 月初版，1982 年 10 月第 2 次印。

命耆英为两江总督，留在江宁，同一个谕旨则又有明确指示：

> 伊里布著作为钦差大臣，补授广州将军，迅即驰驿前赴新任，无庸来京请训。耆英所带钦差大臣关防，著交伊里布祗领。准伊里布带往广州，办理事件①。

伊里布由江南驰驿赴粤，同年十二月到达广州，十二月二十日（1843.1.2）首度与英使朴鼎查（Sir Henry Pottinger）在黄埔河面会见。重点即论及税饷章程之订立。伊里布决定派遣黄恩彤、咸龄出面会谈章程细节，朴鼎查则派定马礼逊（John Robert Morrison，即小马礼逊，又名马儒翰）、罗伯聘（Robert Thom）出面参与议订中英通商税饷章程②。在此关键中，悄悄透露予后世一个严酷的讯息，是即一开始中国主政大臣伊里布即跌进英方阴谋陷阱，是即白白送上英国之协定关税特权。自此后中国关税即长期受制于外国所插手过问。为中国不平等条约之一种。伊里布可以接受英方对于改善税则的建议与要求，但不可允许双方代表会同议订税则，订定税则是中国主权，此是无形中丧失主权。在英方来看，岂会不知道侵犯中国主权？但在扩张主义思想之下，又是战胜国，但凡强权行为，亦必优为之。大凡十九世纪英国来华外交官，无不带其高度文明自信，随机欺愚中国官吏。

伊里布本已七旬高龄，在与英方展开商订税饷章程不久，即不幸于道光二十三年二月初四日（1843.3.4）病逝广

---

① 《筹办夷务始末》（道光朝）卷 61 页 25，咸丰六年成书。
② 郭廷以：《近代中国史》册 2 页 538。

州。两广总督祁墡奏闻朝廷。道光皇帝即在二月二十二日（1843.3.22）谕命祁墡接掌议订税饷章程事务。明白指示：

> 著即责祁墡，督同黄恩彤、咸龄二员，赶紧妥办。该二员本随伊里布筹议通商，熟悉情形，且与夷酋接见数次，必能相度机宜，妥协办理①。

祁墡在伊里布死后两日（二月初六）亦立即通知英使朴鼎查，说明已奏报朝廷，等待另派妥员接办税饷章程之事。朴酋在二月十七日（1843.3.17）接信后，立即照会祁墡，要求中方派遣耆英接办，英方代表俱可到江浙会议。同时更另致照会给两江总督耆英，表明英方代表要来江浙就近与耆英商订五口通商税饷章程②。

道光皇帝虽已派遣祁墡接办税饷章程，事经祁墡、耆英转致英方照会，包括耆英建议，均不愿英人再来江宁，更重要之思考，乃在于一切通商旧规旧案俱在广州，必须就近参阅，方可有其轨辙可循。故在此考虑下，道光皇帝乃特命耆英专赴广州，以钦差大臣名义"办理税饷通商章程"③。

耆英承三月十二日（4.11）上谕授命，三月十八日（4.17）随即迅速驰赴广州。于四月二十六日在中途江西南康县接印，五月初七日行抵广州。嗣即进入耆英时代，一个平时外交时期。自道光二十三年至二十八年（1843—1848），充分

---

① 《鸦片战争档案史料》册7页78，天津古籍出版社1992年2月第1版。
② 同前引书，页82—84，祁墡奏折及所附朴鼎查照会。页92—93，耆英奏折及所附朴鼎查照会。
③ 《筹办夷务始末》（道光朝）卷66页2。

主理中外交涉事务。一切中外通商章程及外交条约，俱出于耆英之手①。

当耆英于五月初七日达广州，五口通商之局已迫在眉睫。原经伊里布宣布广州定于七月初一日开关通市，而税饷章程尚未订出，英方代表马礼逊、罗伯聃一直守候在城外十三行等待耆英之到来。耆英即令黄恩彤、咸龄出面，会同英方代表展开税饷商订。同时奏留黄恩彤改任广东按察使，以便专心任事，故黄恩彤于耆英外交实居重要辅佐地位。在耆英主政期间，一切对英、美、法交涉，俱由黄氏出面折冲，地位相当重要②。

耆英于五月初七日（1843.6.4）到广州，与英使朴鼎查相约面定五口通商章程，为避免引起广州地方骚动，同意亲赴香港，英方派火轮船来接，耆英于五月二十六日（6.23）带同黄恩彤、咸龄，于黄埔上船，驰赴香港，会见朴鼎查。一则双方交换《江宁条约》加盖御宝之正件。二则于五口税饷章程面议条则。中方基本原则，重在加增税收、提高税率。英方主要在打破昔日一切陋规，取消各样苛索名目。其时外商等待入口船只已有三十余艘，因为新章未定，滞泊外洋，急迫可知。故七月初一日（1843.7.27）势须开关通市。然新开埠之厦门、福州、宁波、上海等处，一切更未就绪，更是赶办不及。故而决

---

① 王尔敏：《耆英外交》，《大陆杂志》30 卷，9—10 期，台北，1965 年 5 月。

② 陈鏊：《黄恩彤与鸦片战后外交》，《史学年报》卷 3，2 期，民国 29 年 12 月印。

定延后，待其个别口岸自行延展开埠时间①。

耆英五月二十六日至二十九日（6.23—6.26）访港会晤朴鼎查，除双方换约之外，即在于税饷章程交换意见。当时并不可能将种种货物完全定规，亦尚须有一切通关报税章则——酌定。凡此琐细工作，仍须在广州十三行与英方代表马礼逊、罗伯聃会同议订。是以俱在六月初一日（6.28）耆英等人回广州之后继续进行。大抵自六月初一日以后，至六月二十五日（7.22）中英双方出示公告之日，当是在此期间议定完成。在新开通商之情势与章程有三个重要地方文献，应提具充分参考②。

其一，耆英于道光二十三年六月（应在六月二十五日）联同地方首长两广总督祁墕、广东巡抚程矞采在广州公布告示，宣布中外通商新例。兹附开其告示于次：

> 为出示晓谕事。照得英吉利国自上年戢兵之后，蒙我皇上准予广州等五口通商，将议定和约恩准施行。现经互相易换，并妥议章程，明定税例，全裁规费。俟本大臣会同本部堂/院奏奉部复即当颁行各口，一体遵照施行。并将税例颁发通商各口，一律办理。从此干戈永息，乐利无穷，中外商民受益实非浅鲜。嗣后务须各释猜嫌，共谋生

---

① 《筹办夷务始末》卷 67 页 1—8。又，关于广州定于道光二十三年七月初一日通市，自为英方要求，伊里布同意。然已不得见伊里布遗留任何资料。可能耆英向伊里布推责，而自行决定七月初一日通市。实际五月二十六日至二十九日在香港谈此事，为时已太仓促。如非英方积极要求，方便英商，耆英势必向后拖延。最后始同意宣布，并奏明朝廷，其间应有此种曲折。

② 郭廷以：《近代中国史》册 2 页 540—543。

理，慎勿因曾经用兵，仍以仇敌相视，以致彼此两不相安。至福州、厦门、宁波、上海等四口，此次奉旨恩准通商，事属创始。必俟奉到部复，方可开关贸易。惟广州一口，与英吉利国通商已二百余年，此时新例既经议定，自应即时开市，免致远商久停洋面，观望不前。本大臣会同本部堂/院，暨粤海关部，仰体我皇上怀柔远人之至意，即准于七月初一，照新例先行开市，以顺商情。其香港一岛，业蒙皇上恩准给予英吉利国商民居住，则该国商人自香港往来各口，正不乏人，如遇雇坐船只，但须按照时价公平议雇，原毋限制。倘该商人等夹带货物，偷漏税饷，仍照例议罚。若内地商民情愿赴该岛买卖，即就近报明各海关，应照新例完纳货税，请领牌照，乃方准出口营生。若并不请牌，辄往买卖者，查出以私贩及违禁下海论罪。其有前因与英吉利国兵民来往致被查拿之内地民人，业经本大臣奏蒙皇上浩荡天恩，免追既往。其并未破案者，均置不究。其已获到官者，概予释免。尔等务须安分谋生，勉为良善，勿得虑被株连，妄生疑惧。至本大臣等筹办税饷事宜，一切持平，并无偏倚。尔中外各商，均应仰体本大臣等苦心，务须各安其业，共享升平之乐。从此万年和好，近悦远来，本大臣等实有厚望焉①。

此一告示，中国官私文书俱无登载，广州地方史志亦未收录。仅存抄件全文，现藏于英国国家档案局，弥足珍贵。尤其代表中外通商新局之关键证据，故当引入本书，以备后世

---

① Public Record Office, F. O. 17/70, No. 147, pp. 186—188.

参考。

对方英国公使朴鼎查，也仿中国官式格局，在香港公布告示，亦在六月二十五日（1843.7.22）宣布中英和平通商。最妙是所用衔名称：大英钦差全权公使大臣头等巴图鲁男爵璞（鼎查）。这个巴图鲁爵名，不知是何项英译而来。真是滑稽。

> 兹将各进出口货物输纳税饷则例，与新定交易章程，一同刊刻印刷颁行晓示。其中国钦差大臣等，定当一体刊刻汉文颁行示谕。俾内地人民各皆周知矣。然此则例章程等件，既经反复考订，悉臻美善，方始举行。本公使非独仰望有利二国帑项，即内外商民亦可各得沾益。为此示谕我英国人等知悉。嗣后必须各顾脸面，执守信义，仰体国家君主钦奉王命之至意。倘有内地奸民，不论系何等人，欲诱尔等与其串同作弊，希图乖负此约，或瞒漏天朝正税，尔等不可听从。更宜加以嗔怒驱逐，将此奸诈之徒，明白播扬，使人人憎恶。如此行为，方系良善。尔等有意为好人者，勉力而行可也。设若尔等不管名声好歹，不听从示内之言，乖此和约，故为偷漏走私者，一经大清各宪照会，或住居各港口本国管事官通报本公使，即严行究办，断不置若罔闻。纵事属万难之中，亦必先尽本分以为之也。本公使既奉命来中华结约定事，喜得交易约册，拟议成就，则不能不循守而行。倘遇有乖约抗行者，本公使即照权文严办，或此权文尚有未及言明之处，即不顾逾权之失，只得擅自执意行办。缘事关国体，本公使但秉忠心，虽偶有逾权之过，想国律亦不以为罪耳。示仰所属英

国各人遵行。特示①。

自此中英官方各出告示，将《五口通商章程》十五条附带公布，从华历七月初一日开关互市，遂即开启近代中外商贸新局。自此前后维持协定关税之不平等对待之中国国耻，亦达百年之久。不得不谓其事关重大。

其二，《中英五口通商章程》十五条之公布，是随两方大臣所告示同时刊刻颁发五口海关并公告中外众商。此十五条章程，郭廷以著《近代中国史》第二册即已逐条列载。本书专论商约，若不附开于此，直是失职。今故不厌其篇幅过长而有所末减。惟本书取材则是出自英国国家档案局。志欲使后人可以对比有何异同②。兹开"议定广州、福州、厦门、宁波、上海

---

① Public Record Office, F. O. 17/70, No. 147, pp. 184—186 又, F. O. 17/68, NO. 88, pp. 192—233. Henry Pottinger, 1843 年 7 月 26 日致英外相报告：

1. A Proclamation issued by me on the 22nd of this month.

2. Tariff of Duties issued by me on the 22nd of this month.

3. General Regulations issued by me on the 22nd of this month.

② 《议定通商章程十五条》，原经著英奏陈，道光命军机大臣议复。是以最早在民国 19 年故宫公布《筹办夷务始末》时，只在其中登载军机大臣议复之件。惟郭廷以则据"道光条约"，卷二所载，录其全文。抗战后王铁崖收入其所编《中外旧约章汇编》，近年大陆又于 1992 年由第一历史档案馆收入《鸦片战争档案史料》第七册，确知著英于道光二十三年六月二十七日附于其奏折奏明道光皇帝。本书将不采录以上各书所载，而是英国所藏抄本，用为公诸于世。即使彼此全同，亦可见英方之所本文献记录。参证 Public Record Office, F. O. 17/68, No. 85, pp. 62—171, Forwarding the Tariff and Regulations of Trade, and the correspondence with the Chinese High Officers Regarding them. with 26 Enclosures. (1843 年 7 月 19 日)

又, Public Record Office, F. O. 17/70, No. 147, pp. 123—202, Forwarding copy of the instructions given to Her Maiesty's Cousul sin China. with 11 Enclosures. (1843 年 11 月 10 日)

五港通商章程"于次：

一进出口雇用引水一款

凡议准通商之广州、福州、厦门、宁波、上海等五处，每遇英商货船到口，准令引水即行带进，迨英商贸易输税全完，欲行回国，亦准引水随时带出，俾免滞延。至雇募引水工价若干，应按各口水程远近平险，分别多寡。即由英国派出管事官秉公议定酌给。

一口内押船人役一款

凡应严防偷漏之法，悉听中国各口收税官从便办理，凡遇英商货船到口，一经引水带进后，即由各海关拣派妥实丁役一二人，随同看押，预防走私，或自雇小船乘坐，或竟搭坐英船，均听其便。其所需食用，应由海关按日给银，自行备办，不得需索英商丝毫规费。有犯计赃论罪。

一货船进口报关一款

英国商船一经到口停泊，其船主限一日之内赴英国管事官署中，将船牌舱口报单各件，交与管事官查阅收贮。如有不遵，罚银二百元。若于未奉官准开舱之先，遽行开舱卸货，罚银五百元，并将擅行卸运之货，一概查抄入官。管事官既得船牌及舱口报单等件，即行文通知该海关。将该船大小，可载若干吨，运来系何宗货物，逐一声明，以凭抽验明确，准予开舱卸货，按例输税。

一英商与华商交易一款

现经议定，英商卸货后，自投商贾。无论与何人交易，听从其便。惟中国商人设遇有诓骗货物逃脱，及拖欠货价不能归还者，一经控告到官，中国官员自必即为查追。倘诓骗之犯实系逃匿无踪，欠债之人实已身亡产绝者，英商不得执洋行代赔之旧例，呈请著赔。

一货船按吨输钞一款

凡系进口商船，应查照船牌，开明可载若干，定输税之多寡，计每吨输银五钱。所有纳钞旧例，及出口进口日月规各项费用，均行停止。

一进出口货纳税一款

凡系进口出口货物，均按新定则例，五口一律纳税。此外各项规费，丝毫不可加增。其英国商船运货进口，及贩货出口，均须按照则例，将船钞税银扫数输纳全完，由海关给发完税红单。该商呈送英国管事官验明，方准发还船牌，令行出口。

一大关秉公验货一款

凡英商运货，进口货者，即于卸货之日，贩货出口者，即于下货之日，先期通报英官。由英官差自雇通事转报海关，以便公同查验，彼此无亏。英商亦必派人在彼眼同料理，倘或当时英商无人在场看验，事后另有告诉者，由英官驳斥不为查办。至则例内所载按价若干抽税若干各货，

31

倘海关验货人役与英商不能平定其价，即各邀客商二三人前来验货，其客商内有愿出某价买此货者，即以所出最高之价定为此货之价，免致收税有亏。又有连皮过称除皮核算之货，如茶叶一项，倘海关人役与英商意见或异，即于每百箱内听关役拣出若干箱，英商亦拣出若干箱，先以一箱连皮过称，得若干斤，再称其皮得若干斤，除皮算之，即可得每箱实在斤数。其余货物，但有包皮者，均可准此类推。倘有理论不明者，英商赴管事官报知情由，通知海关酌办。然必于当日禀报，迟则不为准理。凡有此尚须理论之件，海关暂缓填簿，免致填入后碍难更易。须俟秉公核断明晰，再为登填。

一何时何银输税一款

英商进口，必须钞税全完，方准出口。海关应择殷实铺户，设立银号数处，发给执照，注明准某号代纳英商税银字样，作为凭据。以便英商按期前往交纳，均准用洋钱输征。惟此等洋钱，色有不足，即应随时随地由该口英关（官）及海关议定某类洋钱，应加纳补水若干，公商妥办。

一称码丈尺一款

嗣后各口称货之大称，兑银之砝码，量物之丈尺，均须按粤海关向用之式制造数副。镌刻图印为凭。每口每件发交二副，以一副交海关，以一副交英国管事官查收。以便按查轻重长短，计货计银，遵例输税。倘验货人役与英商理论长短，较量轻重，悉凭此称码丈尺为准，以杜争端。

一剥货小船一款

每遇卸货下货，任从英商自雇小船剥运。不论西瓜扁及各项艇只，其雇价银两若干，听英商与船户自行议定，不必官为经理，亦不必限定何船揽载。倘有走私漏税情弊查出，将该船户自必照例惩办。至此等小船，倘有因剥运货物诓骗逃走者，中国官员即应严行查拿，而英商亦应各自留心防范，免贻后累。

一禁止剥货过船一款

凡英商进口船只，不准互相剥货。倘有必须将货剥过别船者，须先将实在情节禀请英官察夺给牌，并移请海关委员查验明确，方准剥运。倘有不先禀明候验私行剥货者，即将其剥运之货概查抄入官。

一设立属员约束水手一款

英国货船湾泊处所，由管事官分设妥善属员一员，就近约束水手人等，先须竭力禁止英稍，免致与内地民人词讼争论为要。倘不幸遇有此等事件，英国属员即应竭力设法解释。若英国水手上岸，属员必须派船内伙长一名伴同行走。倘有吵闹争端等事，俱惟该伙长是问。凡系船中水手应用衣食等物，内地官员不得拦阻小民傍船买卖。

一英人华民交涉词讼一款

凡英商禀告华民者，必先赴管事官处投禀，候管事官先行查察谁是谁非，勉力劝息，使不成讼。间有华民赴英官处控告英人者，管事官均应听诉，一例劝息，免致小事酿成大案。其英商欲行投禀大宪，均应由管事官投递。禀内倘有不合之语，管事官即驳斥另换，不为代递。倘遇有交涉词讼，管事官不能劝息，又不能将就，即移请华官公同查明其事，既得实情，即为秉公定断，免滋讼端。其英人如何科罪，由英国议定章程法律，发给管事官照办。华民如何科罪，应治以中国之法。均仍照前在江南原定善后条款办理。

一英国官船口内停泊一款
所有通商五口，每口内准英国官船停泊一只。俾管事官及属员严行约束水手人等，免致滋事。惟官船非货船可比，既不载货，又非贸易而来，其钞税等费，均应豁免。至官船进口出口，英国管事应先期通报海关，以凭查照。

一英商货船担保一款
向例英国商船进口投行认保，所有出入口货税，均由保商代纳。现经裁撤保商，则进口货船即由英官担保①。

《五口通商章程》十五条，今虽出于英国国家档案藏本，本人相信与中国政府所藏清廷档案原件无大歧异。但提出公布可以

---

① Public Record Office, F. O. 17/70, pp. 178—184.

坚定学者信念,亦极重要。此处所以列出之另一重大理由:盖除当年中英双方少数代表及两国钦差大臣明乎内情外,其余世人全不知晓一个事实,应当在本书申说明白。经过考察英国所藏档卷,发现昔日起草五口通商章程,其初草是英文本,抑且此英文本系马礼逊所拟。其原草稿注明:Draft of the Custom House Rules for the Trade of the Five Ports,by Morrison. 其下则有英文原稿俱在[①]。

当年《五口通商章程》先以英文起草为底本,然后再译成中文。相信黄恩彤、咸龄势必经手翻译润色,使之合于中国文牍形式。这其中自然透露充分讯息。是即中英双方代表会商中国官方当做之章程税则,英人在其中之意见、作为与影响之巨,自不须再进一步推测其分量。

其三,"五口各关英国进出口货物议定应完税则",在五口开放对外通商中整体事务,即是中国海关征税问题,亦是全局中最主要问题。由于英方立意要破除昔日旧规,一切海关陋规完全删除。重点即全部放在税饷征收之税率之上。

黄恩彤、咸龄自随伊里布到广州,即就中英会议税饷原则上,基本态度是主张增加大宗货物之税,减低冷僻货物之税,事得伊里布之同意[②]。后来耆英至粤,亦同意此项原则。据其奏报朝廷,所增加者为出口货之茶叶、大黄、生丝。所减税者则有入口货之人参、钟表、洋缎[③]。

① Public Record Office,F. O. 17/68,pp. 143—155.
② 王尔敏:《耆英外交》,《大陆杂志》30 卷,9—10 期。台北,1965 年 5 月刊。
③ 《筹办夷务始末》(道光朝)卷 67 页 40—45。

就当时所有增加税率货达五十六种，减低税率之货达六十四种，此外又添加新品种货色十三种，为当时进出口货品类全部，惟更细分在一定品种之下，尚有多项副种。自是相当繁夥琐碎。惟英方公布税率资料出口货为六十一种，进口货为四十八种，与中国计算不同。然其内容应该相同，盖为大品类之中附有副类，是英方并计一起之故。由于七月初一日开关验货抽税，因是海关税率亦于六月二十五日公布。而英方则在香港公布后，刊载于同年七月份之 *Chinese Repository*①。现就英国国家档案局所藏当年中文本海关税则列表于后。（此表内涵为当时海关开埠时公告之件，弥足珍贵。）由于关税税则表琐细繁多，不宜占据正文，特置于本章之后，以备资证，而免遗憾。请参考附录"中英五口通商税则"②。

本书专以中外通商新开口岸之海关税则为主要论域，且以探索关税税率及报关章则为目标，对于察见百五十年前之详确税则表，自不能不公之世，固不惮其长篇引据也。

---

① *The Chinse Repository*，Vol. 12, No. 7, July 1843, "Tariff of Duties on the Foreign Trade with Chinese." 此书当日所载进出口货税则表，每项之下，均附列旧例税则，为他书所无，极具珍贵价值。又，经核对英国国家档案局（Public Record Office）F. O. 17/68，pp. 136—137，所载同样标题同样内涵之出入口货物征税税率表。其出口六十一种，入口四十八种亦同。可知此一英文本即是当年在香港公告之本。

② Public Record Office, F. O. 17/70, No. 147, pp. 164—178，1843 年 11 月 10 日公布中文本五口海关入出口货议定应完税则。又，同前引书，F. O. 17/79, pp. 148—149，亦载英文本 "Foreign Trade with China." 其内涵文字，多有附属解说，排列次序与前不同。其篇幅更大，可备对勘查证而已。实无法——引入本书。又，王铁崖编《中外旧约章汇编》上册页 40—51，载有《中英五口通商章程》及"进出口货税则表"全文。

　　凡自耆英之公告告白、公布五口通商章程以至进出货征收税则，此三者，俱属中国内政主权，外人不得插手过问。然自近代五口通商之局开始，首先即无意中葬送此项主权。我人亦勿责难耆英、伊里布等人之昏庸。应知近代国际对等观念，系西方政治外交产物，只有英人熟知。知而故犯，侵略中国，欺愚华官，方是史家重视关键。耆英等人自非愚昧，实是不明西方外交体制，是即国际公认之游戏规则。

　　《中英五口通商章程》之重要，代表中国自古以来对外贸易制度之重大改变，实开商贸体制之新纪元。此三项文献，在近代史上之重要性，可以估断而知。永远具有划时代之价值，岂可不加重视？惟即就中英五口通商章程本身讨论，竟亦有丧失主权条款（请察阅第十三条）。原来规定英人与华民之间若兴诉讼，"其英人如何科罪，由英国议定章程法律，发给管事官（即驻华领事官）照办"。如此一来，遂开外人享受治外法权之恶例。由于在华英人诉讼俱由领事官承办，遂亦称之为领事裁判权。由此可见，中英五口通商章程即已进入英国强权枷锁，亦是不折不扣之不平等条约。

　　中英会议税则，除海关正税之外，尚有转运内地之通行税问题，称为子口税，此亦完全属于中国主权，然当耆英首次访香港之中，即与朴鼎查联名公告，按海关税则所定税率加若干分计算，亦即是子口税必须低于正税。于道光二十三年五月二十九日（1843.6.26）在香港公布①。

　　实际上，可以真正称得上中英通商条约者，应该是《通商

①　郭廷以：《近代中国史》册 2 页 548—549。

附粘善后条款》十七条。在英国一方称之为《虎门条约》。在道光二十三年八月十五日（1843.10.8）由耆英率领黄恩彤、咸龄，约同英使朴鼎查及其随员罗伯聃、李太国（即老李太国，又名李春，George Tradescant Lay）、巴富尔（George Balfour）在虎门签定此一商约，并加公布。计通商善后条约十七条并附小船定例三条①。此一《虎门条约》又开启另一个不平等先例，是即其第八条所定之"最惠国条款"，中国在不知不觉中送给英国。现就此一条文开列于次，以备参证：

> 向来各外国商人止准在广州一港口贸易，上年在江南曾经议明，如蒙大皇帝恩准西洋各外国商人一体赴福州、厦门、宁波、上海四港口贸易，英国毫无靳惜。但各国既与英人无异，设将来大皇帝有新恩施及各国，亦应准英人一体均沾，用示平允；但英人及各国均不得藉有此条，任意妄有请求，以昭信守②。

五口开放通商之后，各国纷纷来华建交，包括美国、法国以及欧洲小国，中国俱一视同仁，与其签订通商条约。虽然一仿英国前例，而未尝有侵犯主权之事。所有进出口货，经海关

---

① 《筹办夷务始末》（道光朝）69卷页14—17；又，页27—34。又，Public Record Office，F. O. 17/70，No. 142，pp. 106—107，Abstract of the Supplementary Treaty between Their Majesties the Queen of Great Brirain and Ireland and Emperor of China.（1843年10月18日）

② 王铁崖编：《中外旧约章汇编》页36。又，《总理衙门清档》，01—21号卷，46函，No. 2，有全部五口通商约章抄件。包括《中英五口通商章程》、两江总督耆英与英使朴鼎查会衔公告之通行税则告示，以及《善后事宜清册附粘条约》（即《虎门条约》）。台北中研院近代史研究所藏。

征收税饷船钞，亦俱依五口通商章程以及中国公布之税率表。

鸦片战争结束于中英《江宁条约》。依据条约，中国须开放五口通商，表现和平交际之开始。惟中英征税旧章必须完全改订，不能照旧沿用，因是展开中英和平对等通商之局。此在清廷并无疑猜，耆英、伊里布无不以开诚相待。而在此诚心交往会议商约之际，竟无形中带使英人侵入协定关税特权，自此造成英人援引先例，嗣后时时干预中国海关税率，视为权利所在，必须代议中国税则。其较当年之赔款何啻几万千倍。中国何时曾敢过问英国海关税则？真是不平等之对待。英人视特权为当然，此亦帝国主义时代必有之侵略特质，真可谓是无孔不入。

统观道光二十三年中英间合议代中国拟定五口通商章程与内地转口通行税规定之宣告以及《中英通商附粘善后条款》，形成嗣后各国立约通商典范，开中外议订商约先例。固自展开中外通商新世局，代表显著之历史里程碑。惟说来不幸，中国尚完全不明外情，一开始即受英国外交官所愚，造成严重之丧权侵损。可概括申述于次。

第一，《五口通商章程》第十三条，系援据《江宁条约》后在江宁所续订之善后条款。原是补充刚签订之"万年和约"。其中首次规定英民华民商务诉讼，英民归英官照英国法律科罪，华民则治以中国法律。今在通商章程中重复出现，文字尤清晰确定为英国领事裁判权的原始依据。为一中国丧失治外法权之起始。

第二，根据同年中英签订之《中英通商附粘善后条款》第八条规定，中国大皇帝设有新恩施及他国，亦应准英人一体均沾，此是对英最惠国条款，中国片面输送特权利益，英国不会给予中国任何可交换之好处，是即史家所熟称的丧失另一种主权。

第三，《中英五口通商章程》第十二条，规定英船进口湾泊，须由管事官（后来即是领事）派属员约束水手。第十五条规定："向例英国商船进口投行认保，所有出入口货税，均由保商代纳。现经裁撤保商，则进口货船即由英官担保。"这两个条文，充分侵夺中国海关行政权，并进而引致各口外国领事动辄干预中国海关行政。尤其领事约束水手，是直接插手中国海港防务①。

第四，中国议订入出口税则，原是内政海关主权。然自道光二十三年起，即须与英方代表共议，虽非英方侵逼，两厢情愿合作。但自此为英人抓到把柄，乃于第二次鸦片战争后，把商约定税一并视为外交特权，订入《天津条约》。中国海关主权丧失，永难翻身。而英国帝国主义者之得寸进尺，于此当有所认识。

---

① 姚贤镐撰：《第一次鸦片战争后中国海关行政权丧失述略》，《社会科学战线》1983 年 3 期，1983 年 7 月刊，页144—150。

附录：中英五口通商税则

今将广州、福州、厦门、宁波、上海各关英国出进口货物议定应完税则分类开列于后：(照英档原文)

出口油蜡矾类			
矾石	即白矾 原例作青白矾	每百斤	壹钱
八角油	原例并未赅载	每百斤	伍两
桂皮油	原例并未赅载	每百斤	伍两
出口香料椒茶类			
茶叶	原例分细土夷茶 细土松茶两款	每百斤	贰两伍钱
八角		每百斤	伍钱
麝香		每　斤	伍钱
出口药材类			
三籁		每百斤	叁钱
樟脑		每百斤	壹两伍钱
信石	即矾石一名人言又名砒礌	每百斤	柒钱伍分
桂皮		每百斤	柒钱伍分
桂子	原例并未赅载	每百斤	壹两
冷饭头	即土茯苓	每百斤	贰钱
澄茄	即荜澄茄 原例并未赅载	每百斤	壹两伍钱
良姜		每百斤	壹钱

石黄		每百斤	伍钱
大黄		每百斤	壹两
黄姜		每百斤	贰钱
出口杂货类			
手鈪	即烧料鈪 原例并未赅载	每百斤	伍钱
竹帘	各样竹器同例	每百斤	贰钱
土珊瑚	即假珊瑚 原例并未赅载	每百斤	伍钱
花竹响爆等类	原例作爆竹	每百斤	柒钱伍分
毛扇	即鹅毛等扇 原例并未赅载	每百斤	壹两
玻璃片玻璃 镜烧料等类	原例作土琉璃	每百斤	伍钱
七珠	即草珠	每百斤	伍钱
雨遮	即纸雨伞	每百斤	伍钱
云石	即花石片 原例并未赅载	每百斤	贰钱
蓪纸花	原例作纸蓪花	每百张	壹钱
纸扇		每百斤	伍钱
假珠	原例并未赅载	每百斤	伍钱
出口颜料胶漆纸札类			
铜箔		每百斤	壹两
藤黄		每百斤	贰两
红丹	原例作黄丹	每百斤	伍钱
土胶	即鱼胶牛皮胶各等同例	每百斤	伍钱

纸类	各色同例 　原例作各色纸	每百斤	伍钱
锡箔		每百斤	伍钱
砚朱		每百斤	叁两
画工	大油漆画　原例分大油画 　　　　　小油画两款	每　件	壹钱
铅粉		每百斤	贰钱伍分
出口器皿箱盒类			
骨器角器	各样同例	每百斤	壹两
磁器	粗细各样同例 　原例分作粗细中土磁器四款	每百斤	伍钱
铜器锡器	各等一例	每百斤	伍钱
杂木器	即家内所用物器	每百斤	贰钱
牙器	各样素雕象牙物件同例 　原例分作雕花牙器牙器两款	每百斤	伍两
漆器	各等同例	每百斤	壹两
海珠壳器	云母壳器 原例并未赅载	每百斤	壹两
藤帘藤席及藤 竹诸货	原例作藤竹丝器	每百斤	贰钱
檀香木器	各样同例 　原例作檀香器	每百斤	壹两
金银器各样	原例分作累丝金器银器两款	每百斤	拾两
玳瑁器		每百斤	拾两
皮箱皮杠等物	原例作皮箱	每百斤	贰钱
出口竹木藤椰类			

竹竿鞭竿	各等同例 　原例作藤鞭杆	每千条	伍钱
出口衣帽靴鞋类			
衣服	布衣绒衣丝衣各等同入一例 　原例分作番布衣各色哆啰呢番衣 　　　　绸缎番衣各色剪绒番 衣四款	每百斤	伍钱
靴鞋	皮缎各样同例	每百斤	贰钱
出口布匹花幔类			
夏布	决属诸类布匹同例	每百斤	壹两
紫花布	棉属诸布同例 　原例并未赅载	每百斤	壹两
出口绸缎丝绒类			
玳瑁器		每百斤	拾两
湖丝土丝 各等同例		每百斤	拾两
天蚕丝	即至粗丝	每百斤	贰两伍钱
湖丝经及 各等丝经		每百斤	拾两
丝带及丝线 各样		每百斤	拾两
绢绉纱绫剪绒 及各等绸缎	原例作各色绸缎	每百斤	拾贰两
丝棉杂货	如绵绸及丝毛各样	每百斤	叁两
向来各种绸缎论匹另行加税今统归一例征收不再另加			
出口毡绒席类			

席	如草席藤席竹藤各等同例	每百斤	贰钱
出口糖果食物类			
糖姜及各样糖果	原例作蜜饯糖果	每百斤	伍钱
豉油	即酱油类	每百斤	肆钱
白糖黄糖各样		每百斤	贰钱伍分
冰糖	各省冰糖同例	每百斤	叁钱伍分
生熟烟水烟黄烟孖古烟各等同例		每百斤	贰钱
凡出口货有不能赅载者即论价值若干每百两抽银伍两 金银洋钱及各样金银类免税 瓦砖瓦片等造屋之料免税			

计开

进口油蜡矾磺类			
洋蜡	即蜜蜡又名砖蜡	每百斤	壹两
苏合油		每百斤	壹两
洋硝	此物不准乱卖只准卖与官商 原例并未赅载	每百斤	叁钱
洋靛	即番靛 原例作靛	每百斤	伍钱
进口香椒类			
安息香安息油		每百斤	壹两
檀香		每百斤	伍钱
胡椒		每百斤	肆钱

凡属进口香料等货例未赅载者即按价值若干每百两抽银拾两 进口香油(水)按价值若干每百两抽银伍两			
进口药材类			
阿魏		每百斤	壹两
上等冰片	清的 　原例作好低冰片	每　斤	壹两
下等冰片	坭的 　原例作冰片坭	每　斤	伍钱
上等丁香	即子丁香	每百斤	壹两
下等丁香	即母丁香	每百斤	伍钱
牛黄		每　斤	壹两
儿茶		每百斤	叁钱
槟榔膏		每百斤	壹钱伍分
槟榔		每百斤	壹钱伍分
上等洋参	除净参须的 　原例作人参	每百斤	叁拾捌两
下等洋参	即洋参须 　原例作人参须	每百斤	叁两伍钱
乳香		每百斤	伍钱
没药		每百斤	伍钱
豆蔻花	即玉果花 　原例并未赅载		壹两
水硇		每百斤	叁两
上等豆蔻	即玉果	每百斤	贰两
下等豆蔻	即草蔻连壳的	每百斤	壹两
木香	原例作好低木香	每百斤	柒钱伍分

犀角		每百斤	叁两
进口杂货类			
火石		每百斤	伍分
珠海壳	即云母壳	每百斤	贰钱
进口醃腊海味类			
上等燕窝	官燕	每百斤	伍两
中等燕窝	常燕	每百斤	贰两伍钱
下等燕窝	毛燕	每百斤	伍钱
上等海参	黑的	每百斤	捌钱
下等海参	白的	每百斤	贰钱
上等鱼翅	白的	每百斤	壹两
下等鱼翅	黑的	每百斤	伍钱
柴鱼	即干鱼类	每百斤	肆钱
鱼肚	原例并未赅载	每百斤	壹两伍钱
进口颜料胶漆纸札类			
呀嘞米		每百斤	伍两
洋青	即大青	每百斤	肆两
苏木		每百斤	壹钱
进口竹木藤椰类			
沙藤		每百斤	贰钱
乌木		每百斤	壹钱
凡进口木料如红木紫檀木黄杨木等例不赅载者俱论价值若干每百两抽银拾两			
进口镜钟标玩类			
自鸣钟			

时辰标			
千里镜			
玻璃片及 各样玻璃			
水晶器			
写字盒			
梳　盒			
各样金银手饰			
各钢铁器 刀剑等物			

以上各货及同类杂货即论价若干每百两抽银伍两凡进口金银类各样金银洋钱锭课免税

进口布匹花幔类

帆布	即悝布　长七丈半至十丈 　　　　阔一尺七寸至二尺二寸	每　匹	伍钱
棉花		每百斤	肆钱
白洋布	长七丈半至十丈 阔二尺二寸至二尺六寸 　原例分作一、二等西洋布两款	每　匹	壹钱伍分
白袈裟布	长五丈至六丈 阔二尺九寸至三尺三寸	每　匹	壹钱伍分
原色洋布	长七丈半至十丈 阔二尺至二尺九寸 　原例作西洋粗布	每　匹	壹钱
原色斜纹布	长七丈半至十丈 阔二尺至二尺九寸	每　匹	壹钱

印花布	长六丈至七丈半 阔一尺九寸至二尺二寸 原例作锦花被面	每　匹	贰钱
棉纱	原例作棉线	每百斤	壹两
麻布白色幼 细洋竹布	长五丈至七丈半 阔二尺一寸至二尺七寸 原例并未赅载	每　匹	伍钱
羽布		每　丈	壹分伍厘

此外凡属进口棉布类如柳条巾旗方巾颜色布剪绒布丝棉布毛棉布又粗麻布半棉半决布丝决布毛决布等即价值若干每百两抽银伍两

进口绸缎丝绒类

大手帕	四方长阔在二尺六寸之上	每　条	壹分伍厘
小手帕	四方长阔在二尺六寸之下	每　条	壹分
上等金银线	即真金银的	每　斤	壹钱叁分
下等金银线	即伪金银的	每　斤	叁分
大呢	即哆啰呢阔三尺六寸至四尺六寸 原例作琐鞋喇	每　丈	壹钱伍分
小呢	即哗机番羓之类	每　丈	柒分
羽缎	原例作小绒	每　丈	壹钱伍分
羽纱		每　丈	柒分
羽绸		每　丈	叁分伍厘
绒线		每百斤	叁两
洋白毡		每　条	壹钱

凡进口绒货例未赅载者如素毛丝毛绵毛等即以价值若干每百两抽银伍两

进口酒果食物类

洋酒装玻璃瓶大的		每百瓶	壹两
洋酒装玻璃瓶小的		每百瓶	伍钱
进口铜铁铅锡类			
洋生铜	如铜砖之类	每百斤	壹两
洋熟铜	如铜扁、铜条之类	每百斤	壹两伍钱
洋生铁	如铁砖之类	每百斤	壹钱
洋熟铁	如铁条之类	每百斤	壹钱伍分
洋生熟铅	黑白同例	每百斤	肆钱
洋生钢	各样	每百斤	肆钱
洋锡	即番锡	每百斤	壹两
马口铁	即锡扁 原例并未赅载	每百斤	肆钱
凡属进口铜铁铅锡等类如白铜黄铜等例未赅载者即按价值若干每百两抽银拾两			
进口珍珠宝石类			
玛瑙石片		每百片	伍钱
玛瑙珠		每百斤	拾两
进口缨皮牙角羽毛类			
水、黄牛角	原例作药角	每百斤	贰两
生、熟牛皮		每百斤	伍钱

海龙皮	即海虎皮	每　条	壹两伍钱
大狐狸皮		每　条	壹钱伍分
小狐狸皮		每　条	柒分伍厘
虎皮豹皮貂皮等		每　条	壹钱伍分
獭皮貉獾皮沙鱼皮等		每百条	贰两
海骡皮等		每百条	伍两
兔皮灰鼠皮银鼠皮等		每百斤	壹钱
海马牙	原例并未赅载	每百斤	贰两
上等象牙	不碎的牙	每百斤	肆两
下等象牙	碎的牙	每百斤	贰两

凡属进口新货例内不能赅载者即按价值若干抽银伍两
又进口洋米洋麦五谷等皆免税

船钞
　向来系丈量船身按丈输钞今议改查照船牌所开此船可以载货若干每吨(积方计算以壹百二十二斗为一吨)输钞银伍钱其丈量旧例及出口进口日月等规全删免

　　资料来源:本税则表取材于英国国家档案局(Public Record Offece)F. O. 17/70, No. 147, pp. 164—178, 1843 年 11 月 10 日。至其英文本税则表,则参证 F. O. 17/68, pp. 136—137: Tariff of Duties on the Foreign Trade with China. 又,具详细说明之英文税则表,则参证 F. O. 17/79, pp. 148—149: Foreign Trade with China,除原表外并详附解说,篇幅巨大。

第二章　列强议订商约特权
之永久持续规定

《江宁条约》之后，中英间之开议海关税饷章程，中国无意中丧失海关订立税则主权。此若视为一次偶然疏失，由于只是一种实际行动，未尝不可以当作特例，下次则不必邀约外国官员参与订定税则，其事亦可消弭于无形。本书说明不讨论任何政治条约，自不详述《江宁条约》内容。而中英间正式签订商约之件，应为道光二十三年八月十五日中英双方代表在虎门所签订之《通商附粘善后条款》。包括政治条约之《江宁条约》，以及此次之《虎门条约》，均未明订英方可以参与中国海关税饷之让订特权，中国若在外交上坚持条约，实仍可摆脱枷锁。

事实上之转折，在中英商约完成后不久，耆英并已完成使命，返回两江旧任。但又有美国使节顾盛（Caleb Cushing）来华要求建立通商关系。道光二十四年正月到澳门，原在来华途中已由美领事福士（Paul S. Forbes）传说要上北京面见皇帝。乃使道光帝不得不再派耆英到粤亲与顾盛议约。其时耆英仍带同黄恩彤与美方代表顾盛、伯驾（Peter Parker）、卑治文（Elijah C. Bridgeman）等，在粤议订中美商约。于道光二十四年五月十八日（1844.7.3）在望厦签订《中美五口贸易章程》，是为正式名称。

而一般习称，谓为《望厦条约》[①]。

我人无意在此详论《中美五口贸易章程》之内容，惟其中一项并不十分显要之条款，即第三十四条所定者，却在中外关系上被英国利用，从而发展出第二次鸦片战争，自是产生关键性之重大影响。当须引证原条文以供参考：

> 合约一经议定，两国各宜遵守，不得轻有更改。至各口情形不一，所有贸易及海面各款，恐不无稍有变通之处。应俟十二年后，两国派员公平酌办。又和约既经批准后，两国官民人等均应恪遵。至合众国中各国，均不得遣员到来，另有异议[②]。

中英之间条约，原来并无任何修约条文，只是见到美约之中有十二年修约规定，根据中英《虎门条约》所定最惠国条款之权利，因此之故，常为英国外交官引用，并用"善后条款"之名，而不称《虎门条约》。英国可以借此援照美约向中国要求修约。于此可使后世史家识破英国政府之恃强蔑理，真是充分表现帝国主义者行径。一则若援美约，须待美国真正修约之后方可援例。二则即令要求修约之权可以成立，必须据规定，只是略加修改而已。按照 1844 年美约所定十二年修约，其时当在 1856 年，美国方可提出条约，其时英国外相克兰顿（Lord Clarendon）早在 1854 年 2 月当新任驻华公使兼香港总

---

① 郭廷以：《近代中国史》册 2 页 554—573，台北：商务印书馆 1966 年 5 月第 2 版。

② 王铁崖编：《中外旧约章汇编》上册页 56，北京：三联书店 1982 年 8 月第 2 次印。

督包令（John Bowring）回华履新职（包令原在广州）时，给予训令，命其向中国提出修约要求。更见狂妄荒唐之贪婪动机者，其要求于中国之要点有：一、准英人随意往来中国内地及沿海各城。二、确定鸦片为合法贸易。三、进出口货物不得征收内地通过税。四、准英使入驻北京。五、英使如欲与内地督抚会晤，须立即接见。六、肃清中国沿海海盗。七、订定华工出洋办法。八、新订条约应依英文本解释①。请看如此贪苛之要求，岂是修订商约所能做到？实等于另订政治条约。凡为有良知学者，能不会看出英国帝国主义者主动积极及其残狠之本性。简直是欺愚中国之荏弱，把中国看成是俎上肉而已。

事有确证，可幸本人已在英国国家档案局查到包令（John Bowring）新任港督及商务监督以及驻华公使，自英返华。其于咸丰四年三月二十八日（1854.4.25）致两广总督叶名琛照会，已正式充分表达援照"善后条款"利权，遵循美、法两国条约，开始要求修改旧订之"万年和约"。兹特引据包令照会原文英方附送译文。此一重要文献，必当暴表于中外学界，以备参证：

> 以本公使奉敕简任全权公使大臣，总理五港英商贸易，总督香港地方水陆军务，已于十五日抵港，越日接印视事。至会晤一节，再行照会等因。前文未接复音，应复行照会，请贵大臣详加披阅。本公使恭奉谕旨，抵中土之后，应即提论：首及本年闰七月初六日（1854.8.29）为

---

① 郭廷以《近代中国史纲》页123—124，香港中文大学出版社1979年初版。

"万年和约"议定扣计十二年期满。按照"善后约"第八条所载：凡有新恩施及各国者，英人亦一体同邀之词。自可援佛兰西、亚美利加二国条款，向贵国确要以前所定和约，重行订酌会议也。亦应提论质诸贵大臣，以历年前任各公使，屡有不平之件剖达，迄今积有多件，均未清理。所剖列之事，皆按诸成约，分所应得，无不相符。兹为胪述其最要者数款，惟先详解明晰，不致贵大臣误会。本国历年搁置而不强索和约所应得之事者，非因力薄无能致令遵办。只因本国素行宽容，深顾保全两国永久和好，不愿别有措置，致乖厚谊。早望贵国推知敦尚，然恐未能及此也①。

此一文件，极具重大关键意义。有确切日期，有明白要求修约提示，有清楚援引美、法修约条文依据，有指实引据最惠国条款之法源。所要修改者并非商约，而系指明江宁所订之"万年和约"，亦即中英间之政治条约。悍然指陈十二年期满，其日期在1854年8月29日。其图谋所在，其持强蔑理不顾永久政治条约岂不知何谓万年和约？岂不充分显露帝国主义者之狰狞面目，无非欺侮中国之愚弱而已。果真万年和约之《江宁条约》是十二年期满，中国亦可要求收回香港。废除领事裁判权，应为势理之当然。可惜中国不知外交，乃受其欺侮。

咸丰四年（1854），包令有重大使命要对中国政府展开交涉。无论在广东面对两广总督，或到长江面对两江总督、江苏巡抚，均受到中国地方官拒绝修约之答案。因是延至咸丰六年

---

① Public Record Office, F. O. 230/74, No. 2, pp. 33－34. 包令照会。

九月，广州英领事巴夏礼（Harry Parkes）乘借粤督叶名琛逮捕亚罗船（Arrow）十二名水手事件，藉口英国船只受侵并侮及英国国旗，因是发动攻击广州，终于由英国派兵来华，展开第二次鸦片战争。英方约同法国出兵，联合对中国施压①。咸丰七年占领广州，咸丰八年（1858）进军天津，并占大沽。清廷被迫派遣桂良、花沙纳与英法交涉，并与四国英、法、美、俄分别签订《天津条约》。

咸丰八年外人对华之外交活动，基本策动出自英国要实现其多年向中国冀求之重大企图，实是鸦片合法化。而出以修约要求，为此而联合美、俄、法向中国作联合外交行动。比之第一次鸦片战争更为复杂而应付棘手。惟美、俄只取外交行动，亦能得享渔利。仅英、法两国有意同时出以武力胁迫，要达成其要求目的。清廷昧于当日列强之合纵连横，一切因应，居于被动。中国武力不竞，战败屈服，终于被迫分与四国签订《天津条约》，虽彼此并不相同，而各国俱获其利。清廷之昏昧愚弱，实暴露无遗②。

本章不及细论各国条约内容，惟有关中外通商，各国均以英约为准，盖因英人所用心于对华商务实最深入而细密。尤其中英双方将各派代表，详订商约及海关税则，一切详细税目，亦照中英商约公布之本，作为海关税则基准。是以本文将以探

①　Public Record Office, F. O. 230/74, No. 2, pp 124—132.
②　《筹办夷务始末》（咸丰朝）同治六年成书，民国19年北京影印。卷27，中俄条约十二条，中美条约三十款。卷28，中英条约五十六款，中法条约四十二款，补遗六款。
　　又，《四国新档》，台北中研院近代史研究所1966年2月印。

讨英约为正式对象。

四国条约分别签订于天津，后世官私文书俱相沿称为《天津条约》。惟英约条文最多，更加改变中外来往关系，故后世引据亦多以英约为本。当咸丰八年五月十六日（1858.6.26），中国代表东阁大学士桂良、吏部尚书花沙纳与英国代表额尔金伯爵（Lord Elgin）在天津签订中英和约。此虽是政治条约，其中却将中英间商务关系列载甚详，全约五十六条，其中通商税钞条文占二十余款，足见商务之重要性。其中重要一条，关乎后此近百年之修约特权，即载于第二十七条款，可以开列如后：

> 此次新定税则并通商各款，日后彼此两国再欲重修，以十年为限期满。须于六月之前，先行知照，酌量更改。若彼此未曾先期声明更改，则税课仍照旧完纳，复俟十年再行更改。以后均照此限此式办理，永行勿替①。

此条规定中外通商税务，订定海关税则，中外之间须每过十年重新修订更改，并声明"永行勿替"。自此确定英人可借十年修约条款，一直永久性扼窒中国海关税收。故此一种普通修约行为，已变成外人掌制中国命脉之外交特权。此是片面给予英国特权，自是一种不平等条约。

关于实质修订商约行动，英方援引《江宁条约》及其时之双方派员议订之前例，亦更切实载入约文，订明此次签订和约之后，仍须双方简派要员，指定到上海会议中英通商约章。其

---

① 《筹办夷务始末》（咸丰朝）册 3 页 1018—1019，北京：中华书局标点本。

约文载于和约第二十六条款：

> 前在江宁立约，第十条内定进口出口各货税。彼时欲综算税饷多寡，均以价值为率，每价百两，征税五两，大概核计，以为公当。旋因条内载列各货种式，多有价值渐减，而税项定额不改，以致原定公平税则，今已较重，拟将旧则重修允定。此次立约加用印信之后，奏明钦派户部大员，即日前赴上海，会同英员迅速商夺。俾俟本约奉到朱批，即可按照新章，迅行措办①。

由此中英商约即必须再派遣大员与英方在上海会同议订。何以必须定在上海，而不再到广州共同商议修改通商章程？事情十分明显，一则此次鸦片战争，已由英法军攻占广州，十三行地区已在战火中焚烧毁坏，海关旧案已无从参酌。二则自五口开放通商以来十余年间，上海商务发展飞速，早已凌驾各口，出入货物多样而齐全，税则自须优先以上海为其准的。是以和约中明定双方派员到上海议约。

中英间《天津条约》正式签字后，清廷上谕即于五月十八日（6.28）任命两江总督何桂清、江苏巡抚赵德辙一面防守上海绝夷进入，一面妥议通商章程。本意尚欲自图设定章程②，而桂良、花沙纳实又建议改派赵德辙及江苏按察使薛焕在上海会同英方议订通商章程。英方全权公使额尔金亦在一星期后，五月二十三日（1858.7.3）致照会给桂良、花沙纳，催其尽速派员到上海会议：

---

① 《筹办夷务始末》（咸丰朝）册 3 页 1018，北京：中华书局标点本。
② 同前引书，页 1001。

　　照得现定新约第二十六条内载，此次立约加用印信之
后，奏明钦派户部大员即日前赴上海，会同英员迅速商
夺。第二十八条内载，俟在上海彼此派员商酌重修税则
时，亦可将各货分别种式应纳之数议定各等因在案。查本
月二十一日来文，以请派江苏巡抚赵、前上海道现任江苏
按察司薛等，前往商办等因。准此本大臣以贵国实能按照
所议早日兴办为要。宜合切实指明，须至照会者①。

阅此英方照会，可见出一点破绽。按之当时桂良、花沙纳于五
月十六日与英方签定《天津条约》，应即根据约文第二十六条
奏请朝廷派遣大员赴上海会议通商章程。自完全是中国行政体
系内之权宜。然中国全权大臣何以早在立约签字不久，即于五
月二十一日照会英方，决定派遣人员？其实桂良、花沙纳于五
月二十一日以后方才奏请朝廷。其中关键有重要曲折。原来
《天津条约》签字后，英方急于展开议订通商章程，实于五月
二十一日派李泰国（Horation Nelson Lay）面见桂良等，要
求中国派遣前上海道已升任按察使之薛焕在上海会议，或亦加
派江苏巡抚赵德辙会同查办。由是始完全同意英方要求。最后
于五月三十日（7.10）方行奏明朝廷。可见英方于双方交涉中
之强势主动，加紧催办之积极②。此一曲折，即可充分见出中
国战败，受到强国代表之予取予求。

　　清廷正式于六月初五日（1858.7.15）明谕派遣桂良、花
沙纳、基溥、明善等，携带钦差大臣关防，前往江苏，会同两

---

① Public Record Office，F. O. 230/74，No. 27，p. 116.
② 《筹办夷务始末》（咸丰朝）册 3 页 1045，北京：中华书局标点本。

江总督何桂清，妥议通商税则。自是正式进入中英间会议通商章程及海关税则之交涉时期①。

中英上海商约交涉，进行中颇不顺利，其中委曲，自在中方之拖延。原来五月二十一日，桂良答允英方要求，由朝廷派遣赵德辙、薛焕会同英方议订章程，乃使英军兵船早日撤出天津赶赴上海。然未料朝廷于六月初五日正式派遣桂良等人到江苏会合。额尔金在沪等候十日，已感不耐，而于六月十二日（7.22）致照会给桂良、花沙纳，一则表示已久候十日，二则说明赵德辙、薛焕一直未奉到朝旨，催其速办。其照会并为何桂清转报朝廷②。接着得悉清廷已另遣重要大员：桂良、花沙纳、明善、基溥前来上海议约，相信中朝之郑重其事，始解除焦急疑虑。额尔金相信桂良等人可在七月初来江苏，乘此空暇到日本游历，一切委托威妥玛（Thomas Francis Wade）在上海等候③。

中英间酌定于上海会议税饷章程，本来应当顺利进行，早日定案，惟自五月下旬开始，英船一一南回上海，等候双方开议，英使额尔金且反复在沪久候，中经六、七两月。七月上旬，竟收到桂良、花沙纳照会，声明改派刑部员外郎段承实代替基溥，并定于七月十一日自京启程。桂良、花沙纳则应于八

---

① 《筹办夷务始末》（咸丰朝）册 3，北京：中华书局标点本，页 1064，任命桂良等上谕。页 1065，给何桂清上谕。

② Public Record Office, F. O. 230/74, No. 31, P. 118，英使致桂良照会。又，《第二次鸦片战争》册 3 页 472—473，何桂清奏，上海：上海人民出版社1978 年 7 月第 1 版。

③ Public Record Office, F. O. 230/74, No. 32, P. 119A，额尔金致何桂清照会。

月底可抵达上海。真使额尔金震怒。遂又致照会严重抗议，一面表达不满，一面声明再北上天津与清廷直接讲话：

> 接据贵大臣七月初四日来文内称，八月底想可到沪等因。本大臣披读之下，甚为骇异，殊属不欢。查五月二十四日来文，内以照约更定税则一事，贵大臣到上海时前后数日此旨即可到彼等词。准此到沪。迨及六月十二日，因见前次所议毫无音报已得兴办，当以不宜耽延，行文才经去后，即接两江总督何（桂清）来文，内以奉派大员数位驰驿前来，计七月初旬方可到苏等因。阅悉。独思似此日延，无非前日贵大臣公堂应允，在本大臣未离天津时屡有保其必无有误复之语。今复轻于转移，不践前约，明为有据。本大臣觉之颇不悦意。为前恭奉恩旨前往日本地方。因贵国稽迟，迫令本大臣闲暇，立意乘间暂往日本京都，经与彼国大吏会议定约，所载皆为本国益荣之全，即于二十五日回沪。讵知派员明、段可于七月十一日起程，贵大臣或于八月底不能早到等因。试问据此相待，大英国秉职大员，能作甫定条约欲立交谊之首次成效乎？抑或彼此两国友睦之情长保其全，永防其损乎？且查新约置之不问，亦不仅此议，容本大臣别将其情另外备文先以一言奉达。时季尚早，事务仍有耽延，亦不难再上天津河。是将在沪应办之事亟为竣成，贵大臣亦免跋涉远劳，一举两得。为此照复，须至照会者①

① Public Record Office, F. O. 230/74, No. 27, pp. 119B—120A，额尔金致桂良、花沙纳、何桂清照会。

在《天津条约》签定后，实际有三个月时间一直未能真正开始中英间之会议税章。其事令人甚启疑窦。我人须在此考索明白。显然可见稽延会议时间，其责实在中方，此期间清廷谕命频繁，廷臣疆吏奏折不断，却构成使人难于置信之委婉曲折。

表面上，选定于上海地方开议，主因在于其口岸海关历年征税情形可以稽考。六月二十六日（1858.8.5）有上谕命何桂清派薛焕清查上海历年海关税饷。而何桂清亦于七月初奏报明白，申明薛焕已有回禀。以为口岸各关夷税数目，户部有册可稽，外商完税俱依固有章程。可知关键不在于征税细节①。外人不知内里，而自六月桂良等受任以来，咸丰皇帝再三谕命桂良、何桂清等向各国宣告，所有外洋入口货物完全免税。然于七、八两月之奏牍中可以反复见及何桂清、明善及桂良等多次奏复争持，期期以为不可冒然作此宣布②。然而咸丰帝坚持主张免除洋商入口税。但因大臣反对，未能对外宣布。

咸丰帝何以如此慷慨指令所遣议订通商章程大臣？原来是咸丰另有出奇之想。其思考于任命桂良、花沙纳为会议税饷章程大臣，并佩钦差大臣关防，宗旨在欲借此机会，挽回《天津

---

① 《第二次鸦片战争》册 3 页 478－479，上谕。页 483－484，何桂清奏。页 487，上谕。

② 《筹办夷务始末》（咸丰朝）册 3，北京：中华书局标点本，页 1126－1127，明善等奏。页 1130－1131，桂良。页 1132－1133，何桂清奏。册 4，页 1153－1154，何桂清奏。页 1156－1157，上谕。页 1165－1166，桂良、花沙纳、明善、段承实奏。页 1169－1170，何桂清奏。页 1172，桂良奏。页 1177，桂良奏。页 1179－1181，桂良奏。以上各文，均在详议海关入口洋税完全免税之案。

条约》中之所失。此一重大使任，欲使桂良在上海会议中，交涉取消所失之四项重大项目。是即希望撤消《天津条约》中之一、派员驻京。二、内江通商。三、内地游行。四、兵费赔完后英法军退出广州。咸丰所要免除入口税，换取此四个要项之同样免除。是以此次之上海会议税饷章程，变得复杂而艰难①。

咸丰帝在多次上谕中，亦透露出此次会议何以派遣桂良等高层次大员？其真正用心所在。咸丰八年十月初二日（1858.11.7）上谕云：

> 在该夷自不肯轻弃前议。原欲桂良等竭力设法，以图补救。乃历次奏报，于内地办法业已置之不论。而此次折内，竟并驻京一节亦有不能挽回之势。然则朕派桂良等前往上海，又命何桂清会同商办，岂真专为税则计耶②？

此处表白最为明白，咸丰帝想借议订税则之机，以完全免除入口洋税，换取撤消外国公使驻京、洋人内地游历、长江内口通商以及赔款付清后交还广州等四端。当然是移花接木之计。然而其想像亦太过天真。如此帝君昏聩头脑担当国派民命，其必招致二次兵祸，首都沦亡，圆明园被焚，乃是固然。若不如此万民涂炭，又何能使元首醒觉？

最后，桂良在十一月十六日（12.20）再次上奏，说明

---

① 《筹办夷务始末》（咸丰朝）册4，北京：中华书局标点本，页1156－1157，上谕。页1166－1167，上谕。页1173，上谕。页1191，上谕。页1196，上谕。页1205，上谕。页1223，上谕。咸丰帝各次上谕，无不再三谕令桂良等撤换津约所失重大四项，尤其更着重于洋使驻京一项。

② 同前引书（咸丰朝）册3页1191，上谕。

洋人坚持进京，求请皇帝再授机宜，取决是否定议。而咸丰上谕于四项仍坚持取消，但却同意双方互换《天津条约》，是故原有《天津条约》内容，并未丝毫更动。关于咸丰帝所嘱命之四项重大交涉议题，桂良等亦于十二月二十六日（1859.1.29）作一最后结果之奏复①。根本改变甚少，不过是聊作搪塞而已。

自咸丰八年五月二十一日中英双方在天津提论派员在上海会议通商税则。六月初五日中朝正式派遣桂良、花沙纳等前赴上海议约。可谓起始甚具时效，颇为认真。未料中间竟出意外周折，咸丰帝欲借此机挽回《天津条约》中已定妥之若干利权，遂致事有迁延。拖至十月初三日（1858.11.8）方始签定《中英通商税饷章程》。其间从事交涉会议者，中英方高层代表自是桂良、花沙纳、明善、段承实、何桂清及英方之额尔金。其实实际商讨细节者则英方为李泰国、威妥玛。其初承命研议中英通商章程者为俄理范（Lawrence Olip hant）与威妥玛，并出于额尔金所任命②。中方实为薛焕出面并带若干通英文之广东官商，其中见之于奏牍上谕者，则为桂良所奏保之粤人同知衔知县黄仲畲，是其间最重要之译员。至所签订之《中英通商章程》，共为十款，开载如次：

----

① 《筹办夷务始末》（咸丰朝）册 3 页 1242－1244，北京：中华书局。又，Public Record Office, F. O. 230/74, No. 2, pp. 134－135, 英使额尔金致桂良等照会中文本，对于英人来华之内地游历作详细保证。亦提议中国派大员访问英国。

② Public Record Office, F. O. 17/291, No. 189, p. 35; F. O. 17/291, No. 192, pp. 77－87; F. O. 17/291, No. 203, pp. 174－181; F. O. 17/291, No, 205, pp. 224－227.

中英通商章程善后条约

第一款　一、此次新定税则，凡有货物仅载进口税则未载
　　　出口税则者，遇有出口，皆应照进口税则纳税；或有
　　　仅载出口税则未载进口税则者，遇有进口，亦皆照出
　　　口税则纳税。倘有货物名目，进、出口税则均未赅
　　　载，又不在免税之列者，应核估时价，照值百抽五例
　　　征税。

第二款　一、凡有金银、外国各等银钱、面粟、米粉、砂
　　　谷、米面饼、熟肉、熟菜、聿奶酥、牛油、蜜饯、外
　　　国衣服、金银首饰、换银器、香水、碱、炭、柴薪、
　　　外国蜡烛、外国烟丝烟叶、外国酒、家用杂物、船用
　　　杂物、行李、纸张、笔墨、毡毯、铁刀利器、外国自
　　　用药料、玻璃器皿，以上各物，进、出口通商各口，
　　　皆准免税。除金银、外国银钱、行李毋庸议外，其余
　　　该船装载无论浅满，虽无别货，亦应完纳船钞。倘运
　　　往内地，除前三项仍毋庸议外，其余各货，均每百两
　　　之物，完纳税银贰两伍钱。

第三款　一、凡有违禁货物，如火药、大小弹子、炮位、
　　　大小鸟枪，并一切军器等类及内地食盐，以上各物概
　　　属违禁，不准贩运进、出口。

第四款　一、凡有税则内所算轻重、长短，中国一担，即

系一百斤者，以英国一百三十三磅又三分之一为准；中国一丈，即十尺者，以英国一百四十一因制为准。中国一尺即英国十四因制又十分因制之一；英国十二因制为一幅地，三幅地为一码，四码欠三因制即合中国一丈，均以此为例。

第五款 一、向来洋药、铜钱、米谷、豆石、硝磺、白铅等物，例皆不准通商，现定稍宽其禁，听商遵行纳税贸易。洋药准其进口，议定每百斤纳税银叁拾两，惟该商止准在口销卖，一经离口，即属中国货物；只准华商运入内地，外国商人不得护送。即天津条约第九条所载英民持照前往内地通商，并二十八条所载内地关税之例，与洋药无涉。其如何征税，听凭中国办理，嗣后遇修改税则，仍不得按照别货定税。

又铜钱不准运出外国；惟通商中国各口，准其以此口运至彼口，照现定章程遵行；该商赴关报明数目若干，运往何口，或令本商及同商二人联名具呈保单，抑或听监督饬令另交结实信据，方准给照。别口监督于执照上注明收到字样，加盖印信，从给之日起限六个月缴回验销，若过期不缴销执照，即按其钱货原本，照数罚缴入官。其进、出口，均免纳税；至船载无论浅满，均纳船钞。

又凡米谷等粮，不拘内、外土产，不分由何处进口者，皆不准运出外国；惟英商欲运往中国通商别口，则照铜钱一律办理，出口时照依税则纳税，其进

66

口毋庸纳税。至船载无论浅满，均遵纳船钞。

又豆石、豆饼在登州、牛庄两口者，英国商船不准装载出口。其余各口，该商照税则纳税，仍可带运出口及外国俱可。

又硝磺、白铅均为军前要物，应由华官自行采办进口，或由华商特奉准买明文，方准进口。该关未能查明该商实奉准买，定不发单起货。此三项止准英国商人于通商海口销售，不准带入长江并各内港，亦不准代华商护送；除在各海口外，即系华民货物，与英商无涉。以上洋药、铜钱、米谷、豆石、豆饼、硝磺、白铅等项，止准照新章买卖，敢违此例，所运货物全罚入官。

第六款 一、天津条约英国第三十七款所载，英船进口，限壹日报领事官知照，并照第三十条所载，英国货船进口，并未开舱，欲行他往，限贰日之内出口，即不征收船钞；以上二条，无论先后，总以该船进口界限时刻起算，以免参差争论。至各口界限并上、下货物之地，均由海关妥为定界，既要便商，更不得有碍收税，知会领事官，晓谕本属商民遵办。

第七款 一、天津条约第二十八条所载内地税饷之议，现定出入税则，总以照纳一半为断。惟第二款所载免税各货，除金银、外国银钱、行李三项毋庸议外，其余海口免税各货，若进内地，仍照每值百两完税银贰两伍钱。此外运入内地各货，该商应将该货名目若干、原装何船进口、应往内地何处各缘由，报关查验确实，照纳内地税项，该关发给内地税单。该商应向沿途各子口呈单照验，盖戳放行，无论远近均不重征。至运货出口之例，凡英商在内地置货，到第一子口验货，由送货之人开单，注明货物若干、应在何口卸货，呈交该子口存留，发给执照，准其前往路上各子口查验盖戳。至最后子口，先赴出口海关报完内地税项，方许过卡。俟下船出口时，再完出口之税。若进出有违此例，及案经报明指赴何口，沿途私卖者，各货均罚入官。倘有匿单少报等情，将单内同类之货全数入官。听运各货，如无内地纳税实据，应由海关饬令完清内地关税，始行发单下货出口，以杜隐漏。内地税则经此次议定，既准一次纳税，概不重征。所有英国第二十八款所载，经过处所，应纳银实数，明晰照复，彼此出示，晓布华、英商民，均得通悉一节，可毋庸议。

第八款　一、天津条约英国第九条所载，英民持照前往内地通商一款，现议京都不在通商之列。

第九款　一、向例英商完纳税饷，每百两另交银壹两贰钱，作为倾镕之费，嗣后裁撤，英商毋庸另纳倾镕银两。

第十款　一、通商各口收税，如何严防偷漏，自应由中国设法办理，条约业已载明；然现已议明，各口画一办理，是由总理外国通商事宜大臣或随时亲诣巡历，或委员代办。任凭总理大臣邀请英人帮办税务，并严查漏税，判定口界，派人指泊船只，及分设浮桩、号船、塔表、望楼等事，毋庸英官指荐干预。其浮桩、号船、塔表、望楼等经费，在于船钞项下拨用。至长江如何严防偷漏之处，俟通商后，察看情形，任凭中国设法筹办①。

评断此次通商章程之签订，虽是沿承道光二十三年旧贯，然有此次之突出特点，至少有两款值得注意。最须注意者为第五款，是即鸦片之合法征税，入口鸦片，每百斤征银三十两。英人自《江宁条约》之后，一直经营鸦片合法化之交涉，最后借修约理由展开一战，终于达到目的。惟其更可奇怪者，此项条文中并无鸦片字样而代之以"洋药"二字。洋药实即此次以至后来长期使用之海关征收鸦片税之货目代称。英人即得其实益，又不愿承担输入鸦片恶名，真是欺愚中国无往不用其极。

另一可注意者为第二款，规定外人进关，携带金银首饰、香水、烟丝烟叶、洋酒、药料一律免税。华人固不至购用，而

---

①　《第二次鸦片战争》册2页584—587，《中英通商章程》。又，《筹办夷务始末》（咸丰朝）册4页1247—1253，此中之《中英通商章程》正文自与前书相同，惟每款之下，均附以桂良等之签注，所占篇幅甚长。又，Public Record Office，F. O. 17/332，pp. 284—289，Convention and Treaty of Peace between Great Britain and China，with Tariff and Rules。

在华洋人则不能缺少，且其价昂贵，竟使之免税。实予洋人坐享一种特权，中国反丧失税收。嗣后因为外人来华者日增，各以携带大量烟丝烟叶、洋酒、香水、药料为便，包括金银首饰、各式衣着，俱以自用名义免税入口，终亦形成中国海关重大漏卮①。

中英通商章程同时附列海关入出口货税则表，每项货品，征税若干，均有详细列载，由于琐碎繁多，不便叙入正文，但作本章附录一，用备参考比较。（参见本章附录）②

中英通商章程既定，而因内地转口税及长江通商之新问题尚待解决，而中英之间竟于咸丰九年再生冲突，英、法二度用兵。于咸丰十年（1860）又进攻天津、通州，终于进占北京。咸丰出狩热河，而留恭亲王奕䜣面对和战之局。

咸丰十年九月十一日（1860.10.24）奕䜣与英国签订《中英续增条约》，史称《北京条约》。完全承认履行《天津条约》，并又增开天津口岸，对英法各增赔款至八百万两。其原在上海所订通商章程自亦同样生效③。但又在咸丰十一年二月十五日（1861.3.25）在九江由中英双方议订《长江各口通商暂订章

---

① 姚贤镐撰：《两次鸦片战争后西方侵略势力对中国关税主权的破坏》，载入宁靖编：《鸦片战争史论文专集续编》，北京：人民出版社1984年版。

② 王铁崖编：《中外旧约章汇编》页119－132，通商章程、税则表。又，《第二次鸦片战争》册2页588－610，海关税则。又，1858年上海所议订之海关税则表英文本，可见：Public Record Office, F. O. 17/291, No. 204, pp. 208－210，入出口货目税率列载详备；又可见同卷F. O. 17/291, pp. 182－187，亦为打字详表。

③ Public Record Office, F. O. 17/291, No. 204, pp. 200－212, Convention between Her Majesty and the Emperor of China, Signed at Peking, October 24, 1860.

程》，共为十款，为江西布政使张集馨与英国代表巴夏礼会同签订①。由于较多近于咸丰八年之通商章程规定，自不须引录其全部条文。

我人就中外商约重点了解，中外通商章程自居于主要地位，为各口征税之依据。惟在此一阶段，又有一新进展，即在1843年初定税则之时，仅仅规定进口报关纳税后之货物，若要转运内地，须再征一次内地通行税。然未明订税率若干。此次中英之间再议通商章程，则于各口征税税章之外，再作明确子口税之规定，称之为"子口半税"，是即按同一项货物，完纳正税之外，再照其税则之半，征收子口税，即可通行内地。此项协议之详细条文，原始载于《天津条约》第二十八款。条文甚长，规定具体。惟中国官方典籍不见载录此项子口半税章程。却保存于英国国家档案局，乃英使卜鲁斯（Frederick William A. Bruce）于1861年向英商所公布，极具参考价值。兹就此转运子口半税章程，列为本章附录之二。备资参酌②。

在此必须明确提醒学者注意，此处所论之子口半税及复进口免单章程，原应属中国海关主权决定并公布，而此一章程实际为英使卜鲁斯自主代拟，并自主发布公告。虽然只限于通告英商，却特别于咸丰十一年九月初六日（1861.10.9）照会恭亲王，建议其通告通商大臣，查照施行。兹引据其照会

---

① 王铁崖编：《中外旧约章汇编》页154—156。

② Public Record Office, F. O. 230/74, pp. 208—210. 1861年，英使卜鲁斯公告子口半税章程。又，Public Record Office, F. O. 17/354, No. 116, pp. 177—181, Regulation on Transit Duties, August 22, 1860.

所言：

贵亲王复文所议，将子口收纳税饷，复进口税，免单三件，皆为各口长行通商之事。本大臣之见，莫若专出告示，晓谕英商等一体遵办。至于来文内订大江通商章程，实系大江南北未得平复通融办理。此拟另出告示，晓谕各商知悉，务于遵照，以示长暂之别。兹子口税一节，查前约定出入正税则例。其时思虑内地抽厘，未定常规，各省随机加重。以致我商虽有正税额数之名，实无必免重纳正税之便。是以条约专加半税之款。至于大江一节，军务未竣，先准暂解江禁，亦为使商取益之议。以上两层，本大臣酌定章程，无不切想。保我商民有益无损。一面防于贵国例所应得之项，亦可毫无所缺。合将告示二张底稿抄录，并送贵亲王阅览。自悉本大臣无不秉公之意。至复文所言，土货必须有洋商亲到子口领照，不准雇用华商代办。此实难行。若如此办理，是英商如不能亲请给照，必雇外国人专为代办。此意据本大臣所见，不与条约相宜。况如有华商安心偷漏，何难自请外国人假作货主，同赴子口报货。现拟凡有英商欲运土货，令其呈报单内注明，本商允承纳内地半税。并书明本商姓名，本行字号为凭。如此设计全备，似较令亲到子口领照之议更为妥便。至于复进口税及给支免单两节。查土货复进各口，向于上海准免税饷，旧有成规。近在粤关亦为仿照此办。嗣因贵国近有咨文，拟改以将来土货出口先完正税，复进他口，尚今另纳半税等情前来。本大臣当即允行，实与国帑有益之举。惟现时上海口系长江宁波来货下船出洋之区，而湖丝一项，因各等处尚未平定，所有上海左右出口之货，必须先在宁波下船后运上海出洋。英商觉路远维艰，诸多迟滞。今有免单之例定妥，务望贵亲王札谕通商各大臣，必须照办。嗣后不致再生辨论①。

此外有关咸丰十一年清方同意履行《天津条约》，开放长江通商，辟九江、汉口为口岸。惟时长江尚在与太平天国交战之中，无法真能达成进出货运并征收入出口税之实。故而清、英双方订定《长江通商暂订章程》，在各口公告，并知照英使卜鲁斯。此章程原系出以中英双方下级官吏议订，而公布之时，卜鲁斯亦尚有不同意处，签注其上，要求中国修改。故至同治四年方行再订《长江通商章程》。此亦可见英方对于中国海关行政权之种种干预②。

我人所见，第二次鸦片战争后，中英再次会议签订通商章程，不但条款减少，而且亦合乎海关之真实职权与商贸实情。此点并不出人意外，更非帝国主义列强对中国有何示好。因为此时远比《江宁订约》时更加侵损中国，但不须十分牵强写入通商章程，自有政治条约可以写尽所需要之在华特权，更显得理据充实，庄严典重。凡此种种侵损中国之特权，均早已详细列入于《天津条约》。本文不再广涉不平等条约之政治条文，是以未加深论，亦无须在此列举。

---

　　①　Public Record Office, F. O. 230/74，No. 31，pp. 207－208，英使卜鲁斯致恭亲王照会。

　　②　Public Record Office, F. O. 230/74，No. 31，pp. 207－210，卜鲁斯对于《长江通商暂行章程》签注之意见。

中英通商章程订定之后，接着在咸丰八年十月初三日（1858.11.8）中美之间亦在上海议订《中美通商章程》十款。大致与中英间之章程相同，盖其亦如道光时所订商约。基本上援英国通商章程为蓝本。尤其中美两国间所详定之海关税则，无论出口入口，均与英商约所附完全相同①。

中英、中美之外，稍后半月余，中法之间亦在上海于咸丰八年十月十九日（1858.11.24）双方议订《中法通商章程善后条约》十款。大致亦仿照英约为蓝本，而于中国海关税则，除将度量单位改为千米、千克，其余亦完全相同②。

---

① 《第二次鸦片战争》册 2 页 616—620，《中美通商章程善后条约》。又，王铁崖编：《中外旧约章汇编》页 137—147。其附注云："本通商章程善后条约及海关税则，均见'咸丰条约'，卷 2 页 32—57。"同书又云："本通商章程善后条约，又称'中美通商上海条约'。"

② 《第二次鸦片战争》册 2 页 611—616，《中法通商章程善后条约》。又，王铁崖编：《中外旧约章汇编》页 133—137，其附注云："本通商章程善后条约，见'咸丰条约'卷 6 页 25—29。"又云："海关税则，见'咸丰条约'，卷 6 页 30—50。"

附　录（一）

海关税则

1858 年 11 月 8 日（咸丰八年十月初三日），上海

进口货物税则　均系外国出产：

进口油蜡矾磺类			
蜡	日本	每百斤	陆钱五分
苏合油		每百斤	壹两
硝	只准按章程发卖	每百斤	伍钱
黄蜡		每百斤	壹两
硫磺	只准按章程发卖	每百斤	贰钱
进口香椒类			
安息香		每百斤	陆钱
安息油		每百斤	陆钱
檀香		每百斤	肆钱
白胡椒		每百斤	伍钱
黑胡椒		每百斤	叁钱陆分
沈香		每百斤	贰两
降香		每百斤	壹钱肆分伍厘
进口药材类			
阿魏		每百斤	陆钱伍分
上冰片		每　斤	壹两叁钱

下冰片		每　斤	柒钱贰分
丁香		每百斤	伍钱
母丁香		每百斤	壹钱捌分
牛黄	印度	每　斤	壹两伍钱
儿茶		每百斤	壹钱捌分
槟榔膏		每百斤	壹钱伍分
槟榔		每百斤	壹钱伍分
参	美国	每百斤	陆两
拣净参须参	美国	每百斤	捌两
乳香		每百斤	肆钱伍分
没药		每百斤	肆钱伍分
豆蔻花	即肉果花	每百斤	壹两
肉果豆蔻		每百斤	贰两伍钱
白豆蔻		每百斤	壹两
木香		每百斤	陆钱
犀角		每百斤	贰两
水银		每百斤	贰两
洋药		每百斤	叁拾两
槟榔衣		每百斤	柒分伍厘
砂仁		每百斤	伍钱
肉桂		每百斤	壹两伍钱
虎骨		每百斤	壹两伍钱伍分
鹿角		每百斤	贰钱伍分

血竭		每百斤	肆钱伍分
大枫子		每百斤	叁分伍厘
进口杂货类			
火石		每百斤	叁分
云母壳	即珠海壳	每百斤	贰钱
铜钮扣拾肆粒		每壹百肆	伍分伍厘
漆器		每百斤	壹两
绳	吕宋	每百斤	叁钱伍分
伞各样		每　斤	叁分伍厘
香柴		每百斤	肆钱伍分
煤	外国	每　吨	伍分
火绒		每百斤	叁钱伍分
进口腌腊海味类			
上燕窝		每　斤	伍钱伍分
中燕窝		每　斤	肆钱伍分
下燕窝		每　斤	壹钱伍分
黑海参		每百斤	壹两伍钱
白海参		每百斤	叁钱伍分
白鱼翅		每百斤	壹两伍钱
黑鱼翅		每百斤	伍钱
柴鱼	即干鱼	每百斤	伍钱
鱼肚		每百斤	壹两
咸鱼		每百斤	壹钱捌分

鱼皮		每百斤	贰钱
海菜		每百斤	壹钱伍分
牛鹿筋		每百斤	伍钱伍分
虾米		每百斤	叁钱陆分
淡菜		每百斤	贰钱
鲨鱼皮		每百斤	贰两
进口颜料胶漆纸札类			
呀粳米		每百斤	伍两
大青		每百斤	壹两伍钱
苏木		每百斤	壹钱
紫梗		每百斤	叁钱
水靛		每百斤	壹钱捌分
鱼胶		每百斤	陆钱伍分
皮胶		每百斤	壹钱伍分
藤黄		每百斤	壹两
栲皮		每百斤	叁分
进口竹木藤椰类			
沙藤		每百斤	壹钱伍分
乌木		每 根	壹钱伍分
桅	重木,长不过肆拾幅地	每 根	肆两
桅	重木,长不过陆拾幅地	每 根	陆两
桅	重木,长过陆拾幅地	每 根	拾两
桅	轻木,长不过肆拾幅地	每 根	贰两

桅	轻木,长不过陆拾幅地	每 根	肆两伍钱
桅	轻木,长过陆拾幅地	每 根	陆两伍钱
梁	重木,长不过贰拾陆幅地,四方不到拾贰因制	每 根	壹钱伍分
板	重木,长不过贰拾肆幅地,宽拾贰因制厚叁因制	每百根	叁两伍钱
板	轻木各样	每百片	贰两
板		每四方长阔千幅地	柒钱
板	麻栗树,长阔方圆	每幅地	叁分伍厘
红木		每百斤	壹钱壹分伍厘
毛柿		每百斤	叁分
呀畑治木	长不过叁拾伍幅地,宽壹幅地捌因制厚壹幅地	每 根	捌钱
进口镜钟表玩类			
自鸣钟		每值百两抽税伍两	
时辰表		每 对	壹两
珠边时辰表		每 对	肆两伍钱
千里镜、双眼千里镜	挂镜、穿衣镜、挂屏	每值百两抽税伍两	
八音琴		每值百两抽税伍两	
进口布匹花幔类			
麻棉帆布	长不过伍拾码	每 匹	肆钱

棉花		每百斤	叁钱伍分
布	原色、白色,宽过叁拾肆因制,无花、斜纹,长不过肆拾码	每　匹	捌分
布	原色、白色,宽过叁拾肆因制,无花、斜纹,长过肆拾码	每拾码	贰分
布	美国原色、白色,宽不过叁拾因制,无花、斜纹,长不过肆拾码	每　匹	壹钱
布	美国原色、白色,宽不过叁拾因制,无花、斜纹,长不过叁拾码	每　匹	柒分伍厘
布	原色、白色,宽不过叁拾肆因制,无花、斜纹,长不过肆拾捌码	每　匹	捌分
布	原色、白色,宽不过叁拾肆因制,无花、斜纹,长不过贰拾肆码	每　匹	肆分
色布	有花,宽不过叁拾陆因制,无花,长不过肆拾码	每　匹	壹钱伍分
花布白提布白点布	宽不过叁拾陆因制,长不过肆拾码	每　匹	壹钱
印花布	宽不过叁拾壹因制,长不过叁拾码	每　匹	柒分
袈裟布	宽不过肆拾陆因制,长不过贰拾肆码	每　匹	柒分
袈裟布	宽不过肆拾陆因制,长不过拾贰码	每　匹	叁分伍厘
袈裟布	稀、即洋纱　宽不过肆拾陆因制,长不过贰拾肆码	每　匹	柒分伍厘
袈裟布	稀、即洋纱　宽不过肆拾陆因制,长不过拾贰码	每　匹	叁分伍厘

缎布	宽不过叁拾陆因制,长不过肆拾码	每 匹	贰钱
柳条布	宽不过肆拾因制,长不过拾贰码	每 匹	陆分伍厘
毛布各色	宽不过贰拾捌因制,长不过叁拾码	每 匹	叁分伍厘
绒绵布各样	长不过叁拾壹码	每 匹	贰钱
棉线		每百斤	柒钱贰分
棉纱		每百斤	柒钱
鳌布	细　长不过伍拾码	每 匹	伍钱
鳌布	粗　长不过伍拾码,即鳌竹布、棉丝布	每 匹	贰钱
回绒	长不过叁拾伍码	每 匹	贰钱
羽布	宽不过贰拾肆因制,长肆拾码	每 匹	贰钱
进口绸缎丝绒类			
手帕	四方长阔不过壹码	每拾贰块	贰分伍厘
金线	真	每 斤	壹两陆钱
金线	假	每 斤	叁分
银线	真	每 斤	壹两叁钱
银线	假	每 斤	叁分
哆啰呢	宽伍拾壹因制至陆拾肆因制	每 丈壹百肆拾壹寸为壹丈	壹钱贰分
哔叽	宽叁拾壹因制	每 丈	肆分伍厘

羽缎	荷兰国　宽叁拾叁因制	每　丈	壹钱
羽纱	英国　宽叁拾壹因制	每　丈	伍分
羽绸		每　丈	叁分伍厘
小呢番鲥等类		每　丈	肆分
绒线		每百斤	叁两
床毡		每　对	贰钱
花剪绒	长不过叁拾肆码	每　匹	壹钱伍分
羽绫	宽叁拾壹因制	每　丈	伍分
小羽绫	宽叁拾肆因制	每　丈	叁分伍厘
下等绒	即至粗绒	每　丈	壹钱
剪绒	长不过叁拾肆码	每　匹	壹钱捌分
进口酒果食物类			
橄榄	无论干鲜	每百斤	壹钱捌分
鼻烟	外国	每百斤	柒两贰钱
进口铜铁铅锡类			
生铜	如铜砖之类	每百斤	壹两
熟铜	如铜扁铜条之类	每百斤	壹两伍钱
生铁	如铁砖之类	每百觔	柒分伍厘
熟铁	如铁条、铁皮、铁箍之类	每百斤	壹钱贰分伍厘
铅块		每百斤	贰钱伍分
钢		每百斤	贰钱伍分

锡		每百斤	壹两贰钱伍分
马口铁		每百斤	肆钱
日本铜		每百斤	陆钱
铅片		每百斤	伍钱伍分
白铅	只准按章程发卖	每百斤	贰钱伍分
黄铜钉黄皮铜		每百斤	玖钱
商船压载铁		每百斤	壹分
铁丝		每百斤	贰钱伍分
进口珍珠宝石类			
玛瑙		每百块	叁钱
玛瑙珠		每百斤	柒两
玳瑁		每 斤	贰钱伍分
玳瑁碎		每 斤	柒分贰厘
玻璃片		每 箱 四方每壹百幅地	壹钱伍分
珊瑚		每 斤	壹钱
进口缨皮牙角羽毛类			
牛角		每百斤	贰钱伍分
生牛皮		每百斤	伍钱
熟牛皮		每百斤	肆钱贰分

海龙皮	即海虎皮	每　张	壹两伍钱
大狐狸皮		每　张	壹钱伍分
小狐狸皮		每　张	柒分伍厘
虎皮豹皮		每　张	壹钱伍分
貂皮		每　张	壹钱伍分
獭皮		每百张	贰两
貉獾皮		每百张	贰两
海骡皮		每百张	伍两
灰鼠皮银鼠皮		每百张	伍钱
海马牙		每百斤	贰两
象牙	不碎的	每百斤	肆两
象牙	碎的	每百斤	叁两
兔皮麂皮		每百张	伍钱
犀皮		每百斤	肆钱贰分
翠毛孔雀毛等类		每百张	肆钱

出口货物税则　均系中国出产：

出口油蜡矾磺类			
白矾		每百斤	肆分伍厘
青矾		每百斤	壹钱
八角油		每百斤	伍两

桂皮油		每百斤	玖两
薄荷油		每百斤	叁两伍钱
牛油		每百斤	贰钱
庵油		每百斤	叁钱
油	芝蔴油、豆油、棉油、茶油、桐油各等	每百斤	叁钱
草蔴油		每百斤	贰钱
白蜡		每百斤	壹两伍钱
出口香料椒茶类			
茶叶		每百斤	贰两伍钱
八角		每百斤	伍钱
麝香		每　斤	玖钱
八角渣		每百斤	贰钱伍分
时辰香		每百斤	贰钱
出口药材类			
三奈		每百斤	叁钱
樟脑		每百斤	柒钱伍分
信石		每百斤	肆钱伍分
桂皮		每百斤	陆钱
桂子		每百斤	捌钱
土茯苓		每百斤	壹钱叁分
澄茄		每百斤	壹两伍钱
良姜		每百斤	壹钱

石黄		每百斤	叁钱伍分
大黄		每百斤	壹两贰钱伍分
姜黄		每百斤	壹钱
高丽、日本参	上等	每 斤	伍钱
高丽、日本参	下等	每 斤	叁钱伍分
鹿茸	嫩	每 对	玖钱
鹿茸	老	每百斤	壹两叁钱伍分
牛黄	中国	每 斤	叁钱陆分
班猫		每百斤	贰两
桂枝		每百斤	壹钱伍分
陈皮		每百斤	叁钱
柚皮	上等	每百斤	肆钱伍分
柚皮	下等	每百斤	壹钱伍分
关东人参			每值百两抽税伍两
薄荷叶		每百斤	壹钱
甘草		每百斤	壹钱叁分伍厘
石羔		每百斤	叁分
五棓子		每百斤	伍钱
蜂蜜		每百斤	玖钱

出口杂货类			
料手镯	即烧料矿	每百斤	伍钱
竹器		每百斤	柒钱伍分
假珊瑚		每百斤	叁钱伍分
各色爆竹		每百斤	伍钱
羽扇		每百柄	柒钱伍分
料器		每百斤	伍钱
各色料珠		每百斤	伍钱
雨遮	即纸伞	每百柄	伍钱
云石		每百斤	贰钱
蓪纸画		每百张	壹钱
纸扇		每百柄	肆分伍厘
珍珠	假	每百斤	贰两
古玩			每值百两抽税伍两
葵扇	细	每千柄	叁钱陆分
葵扇	粗	每千柄	贰钱
骆驼毛		每百斤	壹两
棉羊毛		每百斤	叁钱伍分
山羊毛		每百斤	壹钱捌分
毡碎		每百斤	壹两
纸花		每百斤	壹两伍钱
土煤		每百斤	肆分

出口颜料胶漆纸札类			
铜箔		每百斤	壹两伍钱
红丹		每百斤	叁钱伍分
锡箔		每百斤	壹两贰钱伍分
银朱		每百斤	贰两伍钱
油漆画		每 件	壹钱
铅粉		每百斤	叁钱伍分
黄丹		每百斤	叁钱伍分
朱砂		每百斤	柒钱伍分
纸	上等	每百斤	柒钱
纸	下等	每百斤	肆钱
油纸		每百斤	肆钱伍分
墨		每百斤	肆两
漆		每百斤	伍钱
辄		每百斤	壹钱
鍪		每百斤	叁钱伍分
灯草		每百斤	陆钱
绿胶		每 斤	捌钱
索	广东	每百斤	壹钱伍分
索	苏州	每百斤	伍钱
漆绿		每百斤	肆钱伍分
蛎壳		每百斤	玖分

绿皮		每百斤	壹两捌钱
土靛		每百斤	壹两
坑砂		每百斤	玖分
出口器皿箱盒类			
牛骨/角器		每百斤	壹两伍钱
磁器	细	每百斤	玖钱
磁器	粗	每百斤	肆钱伍分
紫黄铜器		每百斤	壹两壹钱伍分
木器		每百斤	壹两壹钱伍分
象牙器		每斤	壹钱伍分
漆器		每百斤	壹两
云母壳器		每斤	壹钱
藤器各样		每百斤	叁钱
檀香器		每斤	壹钱
金银器		每百斤	拾两
玳瑁器		每斤	贰钱
皮箱皮杠		每百斤	壹两伍钱
皮器		每百斤	壹两伍钱
嘴货		每百斤	伍分
黄铜器		每百斤	壹两
铜钮扣		每百斤	叁两

铜丝		每百斤	壹两壹钱伍分
生铜		每百斤	伍钱
旧铜片		每百斤	伍钱
出口竹木藤椰类			
各色竹竿		每千根	伍钱
藤肉		每百斤	贰钱伍分
木	桩、梁、舵、柱	每 根	叁分
出口衣帽靴鞋类			
衣服	布	每百斤	壹两伍钱
衣服	绸	每百斤	拾两
靴鞋皮缎各色		每百双	叁两
草鞋		每百双	壹钱捌分
绸帽		每百顶	玖钱
毡帽		每百顶	壹钱贰分伍厘
草帽缠		每百斤	柒钱
出口布匹花幔类			
夏布	细	每百斤	贰两伍钱
夏布	粗	每百斤	柒钱伍分
土布各色		每百斤	壹两伍钱
旧棉絮		每百件	肆分伍厘

棉被胎		每百斤	贰两柒钱伍分
棉花		每百斤	叁钱伍分
出口绸缎丝绒类			
湖丝土丝各等丝经		每百斤	拾两
野蚕丝		每百斤	贰两伍钱
丝带栏杆挂带丝线各色		每百斤	拾两
绸缎绢䌷纱绫罗剪绒绣货等类		每百斤	拾贰两
丝绵杂货	如丝毛之类	每百斤	伍两伍钱
四川黄丝		每百斤	柒两
同功丝		每百斤	伍两
川绸	山东茧绸	每百斤	肆两伍钱
纬线		每百斤	拾两
各省绒		每百斤	拾两
绒	广东土产丝做成	每百斤	肆两叁钱
蚕茧		每百斤	叁两
乱丝头		每百斤	壹两
出口毡绒毯席类			
席子各样		每百张	贰钱

地席		每百斤	肆钱
皮毯		每　张	玖分
毡毯		每百匹	叁两伍钱
出口糖果食物类			
蜜饯并各色糖果		每百斤	伍钱
酱油		每百斤	肆钱
白糖		每百斤	贰钱
赤糖		每百斤	壹钱贰分
冰糖		每百斤	贰钱伍分
烟丝各样	如黄烟、水烟之类	每百斤	肆钱伍分
烟叶各样		每百斤	壹钱伍分
鼻烟	中国	每百斤	捌钱
木头菜		每百斤	壹钱捌分
粉丝		每百斤	壹钱捌分
酒		每百斤	壹钱伍分
海菜		每百斤	壹钱伍分
火腿		每百斤	伍钱伍分
皮蛋		每千个	叁钱伍分
榄仁		每百斤	叁钱
杏仁		每百斤	肆钱伍分
香菌		每百斤	壹两伍钱
金针菜		每百斤	贰钱柒分

木耳		每百斤	陆钱
桂圆		每百斤	贰钱伍分
桂圆肉		每百斤	叁钱伍分
荔枝		每百斤	贰钱
莲子		每百斤	伍钱
芝鳌		每百斤	壹钱参分伍厘
花生		每百斤	壹钱
花生饼		每百斤	叁分
瓜子		每百斤	壹钱
豆	牛庄、登州不准出口	每百斤	陆分
豆饼	牛庄、登州不准出口	每百斤	叁分伍厘
米麦杂粮		每百斤	壹钱
蒜头		每百斤	叁分伍厘
栗子		每百斤	壹钱
黑枣		每百斤	壹钱伍分
红枣		每百斤	玖分

　　此税则表取材于王铁崖编《中外旧约章汇编》册1页119—132。英文本见于英国 Public Record Office，F. O. 17/291，No. 204，pp. 200—212，商约及税则表。又见 F. O. 17/291，No. 203，pp. 182—187，入出口税则表。

附 录（二）
子口税章程（1861 年）

照得子口税饷，复进口税，并免单三节，本大臣现已定明章程，开列于左，英国各商遵行。

第一款　子口税饷

一、英商欲将洋货进入内地贸易，或运土产前往海口下船。准其或照内地例逢关纳税遇卡抽厘。或照善后条约第七款所载：洋货请有税单，土货请有运照，则照约完一次子税，即正税一半。以上两层，各听其便。

一、英商运土货出口，到第一子口，开单报明呈单，或本商自去，或使用本国人，或内地人均可。惟闻已有到子口报货，假称前往海口。准过以后，沿途私卖。内外税饷，皆为偷漏之情弊。现定报单内声明该货某日到某子口，应运通商某口，实属本商土货，自必纳完半税等词，注明单内。并在报单之底，填注或本商姓名或本行字号为凭。此等报单，通商各口海关自行备办。俟准领事官咨请发给，并无使费。

一、土货运进内地，不得只完半税，总按各省内地例，逢关纳税，遇卡抽厘。

一、长江议订章程，暂准商船自上海前赴汉口九江贸易。所有土货下江，洋货上江，若系仅在本口买卖，均无应纳内地税饷。惟洋货到汉口九江等处后，复进内地，及内地买土货，如领有子口执照，纳完半税，若无执照，逢关纳税，遇卡抽厘。以昭分别之道。

第二款　各货免单

一、洋货进口纳税后，复运通商他口之时，该商向关请给免单，实无论何口海关，自不得重纳税饷之据。

一、土货出口，先完出口之税。该商欲运通商他口，必向该关请给"免单"。已完出口税之单照。俟到他口，复纳进口之半税。嗣欲复运通商他口，亦必先向该关请给已完复进口半税之单照，方可前往各口，海关毫不重征。惟遇海关验明，查出该货有拆动抽换之弊，即不准请免。

第三款　土货复进口税

一、土货出口，先完出口之税饷。该商欲运他口，应完复进口税，其数现定正税之半。

一、土货复进他口之时，倘该商报明该货欲往外国。亦准将复进口半税交与海关存储，限期三个月，于限内出口，运往外国，即将半税给还该商收入。如逾现未出口，即为入帐。日后再要运往外国，自应重纳一正税。

一、土货如限内虽报出口，而实非原包原货，显有拆动抽换情形。除已纳复进之半税不能交还外，尚应纳出口之正税。

一、土货复进他口，该商实有失去出口单照，即将出口正税交关存留，俟该关咨会某口查明，是否完过税项，如查明是实，立准照数发还正税。

一、土货复进各口，该商呈经在他口纳完复进半税之单照后，无论何口海关，毫不得重征税饷。

一、上海与汉口九江通商，仍照暂订章程办理。所有土货上下大江，应纳出入之正税，及由上海土货进长江，长江运土货回上海，应交复进口之半税。现定均在上海纳完。俟大江平靖，另行办理。惟有该商报明是复出外洋之货，则照本款第二节，当将半税交关存留，该货果得限内出口，半税亦准照数交还。

（说明：本章程取材于 Public Record Office，F. O. 230/74，pp. 208—210）

第三章　中俄会订陆路通商
约章之权舆

中俄之间，政治条约创生甚早，有康熙二十八年（1689）之《尼布楚条约》以及雍正五年（1727）之《恰克图条约》之先例，各有具体条文，出以两国间代表之郑重议订，可以视为近代外交史上一定之实证①。但二者俱属政治条约，实并非商约。

《尼布楚条约》订定后，随之即发生两国陆上之贸易商务问题。盖必须知道中俄之间商贸之地点与方式。其方式自然具体包括商队人数、交易定点、纳税问题与通商频度。实际凡此商贸关系，并不是仗恃双方议订商约任何条文，而是根据中国方面封贡贸易习惯，由康熙帝恩命特许，使俄国商队每四年到北京一次，每次商队以二百人为上限。所有售卖俄货及购买华货，均不必纳税。商队在北京住于俄罗斯馆。亦如其他来华朝贡国相同待遇（如朝鲜、越南），可在北京准予做买卖八十天为度。此即康熙时代以固有封贡贸易方式对待俄国②。

由于中俄两国陆路接壤，双方边界亦不可避免发生商贸关系。正式确定中俄边界贸易，实则载于《恰克图条约》第四条。其中除重申规定每隔三年（即四年一次）来华商队不超过

---

① 郭廷以：《近代中国史》页 29—40、57—78。
② 同前引书，页 43。

二百人。或买货卖货，均予免税。惟双方边界之地，则称之为
零星买卖，自与商队不同，在《恰克图条约》中指定在尼布
楚、色楞格二处，择平安地面，建造住房，令愿往贸易者前往
贸易，亦不征税①。

凡此中俄间北京及边地之两种贸易形式，其根源俱本之于
中国传统式之封贡贸易体制，是出以大皇帝之特恩，故而全部
免税。虽已载入《恰克图条约》，实只限于一种原则，并未进
而再订通商章程。可以追溯其创始渊源，而并不同于后日之议
订通商约章。

近代中外通商之局，肇始于《江宁条约》后之五口通商，
而两国会同议订通商章程，则亦同起始于开放五口通商之同
时。惟由于英国积极向中国推动鸦片合法化之贪馋动机，欲巧
妙援引中美条约中十二年修约条文，竟于咸丰四年（1854）由
英、美、法三国联合行动，共同向中国提出修约交涉。先是英
使包令与美使麦莲（Robert M. Mclane，当时又译称为麦莲勒
毕奄，或麦克莲）二人，于是年五月到上海，见及江苏巡抚吉
尔杭阿，提出节略，要求中国派重臣查办变通贸易事，准许其
进入长江通商。是为主动要求中国修约之始。接着更在八月初
七、初八等日（1854.9.28—29）由英、美、法三国公使包令、
麦莲以及布尔布隆（Alphonse de Bourboulon）联樯而至上
海，求见吉尔杭阿。吉氏派遣苏松太道蓝蔚雯、苏州知府乔松
年以及上海知县孙丰接见三国使节。三使明白申明修约要求。
吉尔杭阿立即奏报，于八月十三日（1858.10.4）到达朝廷。

---

① 郭廷以：《近代中国史》页 63—64。

吉氏引括重要关键之点有谓:

> 但据包酋云:十二年之期已过,前定章程,皆不足为据。又据麦、布二酋云:伊等在香港奉该国王之命,凡事皆由包酋商定办理等语①。

吉尔杭阿除奏明委婉关节要点之外,亦并正式表白建议,主张派大臣与三国议论修改商约。其所申叙,更可见出三国外交折冲用力之重点:

> 米、佛二夷章程内既有十二年变通之文,英夷章程内又有恩施别国,英人一体均沾之语,可否钦派重臣会同两广督臣妥为查办。所求如可允准,不妨曲示包荒,许其所请。倘大为悖谬,亦不妨直言杜绝,免其觊觎。若但令其仍回广东,致任跋涉风涛,久无成议,该夷心未惬服,终恐别滋事端②。

于此可见第二次鸦片战争,非始于咸丰八年。其冲击动力早开始于咸丰四年。当时中国主政者尚不知未来潜伏之危机,何可立国于近代世局? 惟我等治史者则不能不运用深思,细加探索。一开始即不可以"英法联军"定史乘之命义。

比较英、美、法三国行动,俄国行动最迟,但不甘被摈于外。且另包藏祸心,借三国之力,掩护其囊括东悉毕尔领土之野心。启步虽晚,而更具狡狯图谋。

---

① 《筹办夷务始末》(咸丰朝)卷9册1页304,北京:中华书局标点本,吉尔杭阿奏。
② 同前引书,页306。

当咸丰七年（1857）初，英国派定专使额尔金，法国派定专使葛罗（Baron Gros，又称葛巴伦）合作来华进行武装外交交涉。同一时期，俄国亦通知中国，派遣使节普提雅廷（Putiatine）来华会商中俄通商问题，要求中国接待。值得注意之事，是俄国利用驻北京达喇嘛巴拉第，通知中国理藩院，要求接待俄国来使，乃能迅速引致中国朝廷注意[1]。

在此时此事，可见出俄国遣使来华，立旨重大，意义相当深远。其一，中俄之间通商，早自清康熙、雍正时期已循一定规制，双方早已存在商贸关系。只是其时中国对邻邦藩属全袭封贡贸易制度。俄国四年一次到北京商队，与朝鲜、越南相同，而朝鲜则每年一次、越南十年一次，所有贡使商队三十二人，马匹百乘，全由中国供给食用居处[2]。俄国纯为商队二百人，并非随伴贡使，故一路旅费全须自备。只有在京免税买卖八十天，与朝鲜、越南相同。及至咸丰七年其制已行之二百年。当鸦片战争开启通商新局，俄国正要乘机改变旧有格局。既见英、美、法联合行动，自亦积极力争与英国相等待遇，极力要配合英、美、法三国行动，向中国施加外交压力。其二，更深一层动机，此时俄国已向黑龙江下游扩张领土，其原有外兴安岭之界极欲打破，欲伸向太平洋扩张，正是中国北方边界。今则一面实力东进，与中国边防上黑龙江地区作实地扩张。另一面同时亦正可乘英、美、法联合外交

―――――――――

① 《第二次鸦片战争》册 3 页 105－106。大学士裕诚奏，并附俄国达喇嘛巴拉第原呈。

② 张存武：《清朝宗藩贸易》，台北中研院近代史研究所专刊之 39，1978 年 6 月印。

行动，掩护其领土要求动机。借力使力，可乘势而谋更大利益。此时正当清廷颠顶糊涂，中国国力外强中干，真是给予俄国大好良机。当时之俄国遣使行动，自能见出其重大意义与深远计虑。

咸丰七年四月清廷得悉俄国遣使来华，满清王公大臣等亦多深感疑虑。朝廷军机大臣，俱作极度防范，在此时期，朝廷分别指示库伦办事大臣德勒克多尔济、吉林将军景淳以至直隶总督谭廷襄，命其尽力阻止俄使循其各处孔道来华①。当日清廷对俄使之极力防范，可见之咸丰七年四月初三日（1857.4.26）给库伦办事大臣上谕：

> 据德勒克多尔济等奏，俄罗斯欲遣使来京商办密事一折，览奏均悉。俄罗斯狡猾性成，所称英夷纠约各国，欲往天津，伊欲来京密商等语，无非借端恐吓，欲于黑龙江外占据地方，并索赔塔尔巴哈台夷圈货物起见②。

同一上谕，又嘱命德勒克多尔济据理严加阻止俄使进入，并特指示中方所持理据，甚值参考：

> 大皇帝念尔国道路遥远，向无差大臣进京之事，已谕理藩院行知该国，照例但送学生进京，毋庸特派大臣前来。从前英夷滋事，中国自行御侮，不借外国帮助之力。至外国互相争斗，中国亦从不与闻，并无机密要事，应与尔国相商。至尔国既诚心交好，从前只有恰克图一处通

---

① 《第二次鸦片战争》册2页105—112，各日上谕。
② 《四国新档》，俄国档，台北中研院近代史研究所1966年2月印，页235。军机大臣字寄库伦办事大臣上谕。

商，今大皇帝又准在伊犁、塔尔巴哈台两处通商，相待可谓优厚，尔国当知感激①。

同时又于四月初八日（1857.5.1）给吉林将军景淳上谕，嘱其同样阻止俄使来华：

> 前据德勒克多尔济等奏，俄罗斯欲遣使来京商办密事，并据理藩院奏，俄罗斯达喇嘛巴拉第具呈，亦称该国欲遣大臣进京各等语。已谕知德勒克多尔济等，告以中国与俄罗斯从无差大臣前来商办之事，即称英夷窥伺，从前中国并未借助外国，此时亦无机密可商，并谕理藩行知该国，毋庸派大臣前来。倘该夷不遵，即据理拦阻，不可仍请理藩院指示，谅德勒克多尔济等必当遵谕办理矣②。

此外，更因防范俄使若由陆来华受阻，或径改由海道而来。于是又在闰五月初二日（1857.6.23）给直隶总督谭廷襄上谕，详论俄国多年来之领土野心，贪欲难测。此次遣使来华，若陆上受阻，必循海道由天津来京，特嘱令其严加阻止③。于此可见清廷对俄国动机之怀疑，与防范之周严，本来是步步为营，深具戒心。

原不出清廷计虑所料，俄使无法取道陆路来华，果然循海道而抵天津。同时形成英、美、法、俄四国公使连袂北上天

---

① 《四国新档》，俄国档，台北中研院近代史研究所 1966 年 2 月印，同一上谕。
② 同前引书，页 237，上谕。
③ 同前引书，页 248—249。

津。其时当在咸丰八年二月之内。至少俄船于二月三十日（1858.4.13）到达天津，原是配合英、美、法，实则捷足先登。自此即进入四国联合对华之外交局面[1]。亦足以谓第二次鸦片战争前夕之外交序幕。

清廷原先早已言明拒绝接见俄使。此时情况有变，已至四国协力对华局面，今当俄使先至，朝廷态度软化。由军机大臣先拟因应对策。于同年三月十三日（1858.4.26）指令直隶总督谭廷襄、仓场侍郎崇纶、内阁学士乌尔棍泰、直隶布政使钱炘和等作为接见英、法等使节之依据。惟此四位官员亦于前一日，即三月十二日与俄使普提雅廷及其随员明常、安文公等会见。俄使至此即提出其四项要求大略，正式展示俄方四国外交活动中之力占机先：

> 是日午刻，该公使普提雅廷率领通事明常、安文公及文武夷官四员，驾舢板船到口，由镇道禀经臣崇纶、臣乌尔棍泰，会同臣钱炘和前往接见，以礼相待。告以大皇帝接据总督奏报，钦派前来查办。询以所求何事，当据说出四款：一系欲进京面见大学士；二系现见钦差，只说大概情形，其详细俟进京再说；三系查明黑龙江、伊犁边界；四系各国通商，该夷亦欲仿照办理。并称俄国使臣进京，

------

[1] 《第二次鸦片战争》册3页217—231。江督何桂清奏报英、美、法各使北上天津；上谕命直隶总督谭廷襄防范英、美、法、俄四国使节；长芦盐政乌勒洪额、直隶总督谭廷襄分别奏报俄船到津；上谕命直督谭廷襄因应接见俄使；直隶布政使钱炘和奏报到天津驰赴海口接见俄官；江督何桂清奏转呈美、法、俄使各照会，要求到津与中国大臣开议；以及乌勒洪阿两度奏报接见俄官情形。

雍正、乾隆年间，均有成例等语①。

普提雅廷之四条要求，第三条明显在中俄东西两面边界，第四条则要援照英、美、法之通商形式。惟第二条更是隐伏其根本动机，不敢事先暴露，以免遭受峻拒。其包藏狡诈权谋之计，即在此点。俄国与中方贸易俱在双方边界，包括北京买卖，俱得享受免税待遇。在此既得权益之下，又要求援照英、美、法之五口通商，原实无俄国商务可言，而其所争者不在商，而在与英、美、法三国在华地位之平等，其所以积极伴随三国联合外交行动，宗旨亦在此点。

普提雅廷使团因复与谭廷襄等官员约定于三月十六日（1858.4.29）在大沽相见。此次提出书面照会，向中国要求两点，均经谭廷襄派人译出，奏报至于朝廷。所译俄方要求两点如下：

> 所当议定紧要公事者，第一，为欲定二国早先未定交界；第二，现在各外国人在中国之通商者，无论何项得利益处，俄国之人亦欲得之，来时亦欲照此办理。倘若此二件不至驳回，附此书明白照议，请大皇帝谕旨定夺。将来

---

① 《第二次鸦片战争》册3页250，谭廷襄等密奏。又，《四国新档》，俄国档，页348，同一文件所载俄使四条要求相同，而其他字句较为简略。

二国之间忿争之处，皆可断绝①。

本文在此处说明俄使来华宗旨背景，明其真正图谋所在，以见转折重点，自无意涉论至于界务问题。其时英、美、法、俄公使先后到津，四国更番交涉，要求频频，亦正是清廷穷于应付之时。最后导致英法动武，中国战败，遂有各国《天津条约》之签订，俱发生在咸丰八年五月。此处原不须多所申叙，盖当略去原已著闻之第二次鸦片战争以及先后签订之《天津条约》。惟在中俄之间实有《瑷珲条约》使中国丧失东北广大领土。至其《天津条约》十二条，亦有四条与中俄间通商有

---

① 《第二次鸦片战争》册 3 页 258，谭廷襄三月二十四日奏，附呈俄使照会。

又，同前引书，咸丰八年三月十六日俄使向中国所提议约节略，重点只有两条，其详细内容经事后译出，直督谭廷襄特又于三月二十四日奏折中附列呈报。就此两条条文所见，足知俄使之来，重在东北黑龙江流域之领土，其援英、美、法之例要求通商，只是陪衬提出。本文当不讨论中俄界务，但可将其原始要求详情，附于注中，可见出俄使修约要求的真正动机，以备比较参阅。

附件：俄使送来前定和好仪文补入二条

第一条，雍正五年，二国相定和好仪文，内立定二国之间分界地方，自沙比奈岭迤东，至额尔古纳河，入黑龙江迤内地方，旧迹不改，来时出自二国之间，有应避争竞疑窦之处。再自额尔古纳河口迤东至海，尚在未定边界，自然亦须立定，逐处踏勘。凡沿河各岸，一半属于中国，一半属于俄国，惟是无河之处，与山上未明边界，按形势定例，以此决定二国边界。自额尔古纳河入黑龙江迤东，溯黑龙江之流，向乌苏里河口，然后至乌苏里上流河源。自乌苏里河源方近之绥芬河源起，溯此河流以至于海，将边界情形，详细定出，由二国派出可信任之人，饬将地方查出，绘为图式，一图与中国，一图与俄国，看视议定之后，立与边界执照。二国之间，未定边界，若再分时，自沙比奈岭地方之西，绕向伊犁，因地方尚有不知者，应由二国派出可信任之人，速为查出，互相议定。

第二条，现在各外国人在中国之内生聚贸易，无论何项得利益处，俄国之人亦欲得之，来时照此办理。并无他议。

（文载《第二次鸦片战争》册 3 页 280—281）。

关。据此条约，即是代表中俄间结束固有之封贡贸易体制，与英、美、法、具相同意义[1]。接着因咸丰九年英、法再度用兵，而有咸丰十年在北京所签《续增条约》，中俄间之《北京续增条约》共十五条，其中所涉买卖贸易者有五条[2]。凡此两次条约，虽原为政治条约，然均已构成中俄之间陆路海路通商权益之依据。

根据《天津条约》，俄国商人除原有陆路口岸外，并可在沿海之上海、宁波、福州、厦门、广州、台湾（台南）、琼州等七处运货贸易。根据《北京续增条约》，俄国约中更注明陆路口岸于恰克图外增添库伦、张家口。并于西疆边界各口喀什噶尔、伊犁、塔尔巴哈台试行贸易。惟东北之乌苏里江、绥芬河以及旧制中恰克图双方边界，均完全免税。清廷即于咸丰十年十二月以至同治元年间连番往返，羽书交驰，与东西北边防疆吏作陆路通商之安排与因应[3]。

中俄之间政治条约，往往只说明原则，亦如英、美、法

---

① 王铁崖编：《中外旧约章汇编》页 85—89。

② 同前引书，页 149—154。

③ 《总理衙门清档》，现藏台北中研院近代史研究所，清档原件，"通商税务档"，01—20 号，第 1 函，"俄国通商税务档"：

1. 咸丰十年十二月初一日，总理衙门通筹洋务全局章程：俄国新议行销货物之库伦、喀什噶尔、张家口，并旧有通商之恰克图、塔尔巴哈台等处商务之因应。

2. 第 4 函，"俄国通商税务"，中俄边界贸易旧制，沿边百里内贸易免税之制。

3. 第 4 函，"俄国通商税务"，咸丰十一年三月、四月、五月、十月，塔尔巴哈台参赞大臣、库伦办事大臣等来文及奏折四件。

4. 第 4 函，"俄国通商税务"，咸丰十一年十一月十九日俄国照会：请照续增条约第一款内所定，交界两国贸易概不纳税。

约。在咸丰十年之后，通商新局开辟，中俄之间陆路通商章程，亦须议订，自此走上中外通商新局。惟中俄之间会议税饷章程，费时最久，周折更多，是以签订通商章程亦较晚。

中俄之间会议《陆路通商章程》，始于咸丰十一年春，而完成于同治元年（1862）二月。中间一个重要争执，是俄国尚欲保留康熙以来的北京贸易之待遇，中经多次交涉论辩，俄始同意改在天津。事后恭亲王奏明及之：

> 窃查俄国条约（即天津条约）第四款内载：海路通商上纳税课等事，俄国商船均照各国与中华通商总例办理。又续约（即北京条约）第五款内载：俄国商人除在恰克图外，其由恰克图照旧到京，经过之库伦、张家口地方，如有零星货物，亦准行销各等语。上年春间，该国以条约内有照旧到京字样，坚请京城通商。经臣等极力阻止，始行改赴天津贸易①。

此次总理衙门与俄使会议陆路通商税饷章程，将交涉经过与所持立场以至最后完成订约，均向皇太后、皇帝奏明：

> 是以臣等与俄国初议章程时，原拟征税从重，蒙古地方不准任意行走，张家口不准设立行栈，陆路通商必处处皆有稽查，方能与之定议。无如臣等从上年夏间起，与俄国公使把里玉色克（L. de Balluzeck）等往返商议不下数十次。始而该国欲由古北口、独石口任意行走，继而张家

---

① "同治条约"，俄约。台北中研院近代史研究所藏，《总理衙门清档》，01—21号，第60函，第62宗。恭亲王奏折。

口欲多留货物行销，并欲设立行栈及领事官。至于应纳税课，该国深知华商应交之正税甚轻，必欲援照华商办理。且自口至津各关隘，不愿中国官吏认真盘查。臣等与之反复争论，几至舌敝唇焦。而该使于一字一句之间，利己者益之，不利己者去之。是以稿经屡易，数月之久而不能定妥。诚以该国之愿望太奢，臣等实有不敢过事迁就故也。迨本年（同治元年）正月间，该国公使复与臣等重加斟酌。见臣等立持定议，该国始允进出货物照华税从重征收，张家口不再设立行栈及领事官。其陆路行走，亦任凭中国官吏盘查，均照臣等原议①。

中俄双方会议地点及对谈代表，俄方即其驻华公使把留捷克（L. de Balluzeck），中国方面原计派三口通商大臣崇厚在天津与俄使交涉。俄使坚持须在北京与总理衙门王大臣会议，终于接受俄使要求，由恭亲王主持对谈，历数十次会商，终于同治元年二月初四日（1862.3.4）中俄双方签订《中俄陆路通商章程》二十一条。内中明定此章程试行三年，限满六个月内任何一方提出修订，则可作修订会议，如未经彼此知照，可展至五年再议。兹将全部章程条文附列于后：

中俄陆路通商章程

大清钦命总理各国事务王大臣

---

① "同治条约"，俄约。台北中研院近代史研究所藏，《总理衙门清档》，01—21号，第60函，第62宗。恭亲王奏折。

大俄钦差全权二等御前大臣把

前因议定北京和约，而通商章程及税务条款并未核定。兹拟行会议，彼此酌定所有陆路通商章程条款如左：

第一款

两国边界贸易，在百里内均不纳税。其稽查章程，任便两国各按本国边界限制办理。

第二款

俄商小本营生，准许前往中国所属设官之蒙古各处，及该官所属之各盟贸易，亦不纳税。其不设官之蒙古地方，如该商欲前往贸易，中国亦断不拦阻。惟该商应有本国边界官执照，内用俄字、汉字、蒙古字钤印，并商人姓名、货色、包件、驼牛马匹数目若干。如无执照前往，查明除货入官外，将该商按照北京和约第十条被逃获送之法办理。该领事官严查，不准未领执照商民前往贸易。

第三款

俄商运俄国货物前往天津，应有俄国边界官并恰克图部员盖印执照，内用两国文字，注商目及随人姓名、货色、包件数目。此项货帮，止准由张家口、东坝、通州直抵天津。任凭沿途各关口中国官员迅速点数，抽查验照，盖戳放行。其照限六个月在天津关缴销。如各口有抽查拆动之处，查毕后仍由各口加封，其拆动件数，并于照内注明，以凭查核。该关查验，不得过一个时辰。倘有商人遗失执照，将货物扣留中途，即行报明原给执照之官。并呈明日期号头，妥速补给执照，注明补给字样，以便查验放行。

第四款

俄商路经张家口，按照运津之货总数，酌留十分之二，于口销售。限三日内禀明监督官，于原照内注明验发准单，方准销售该口，不得设立行栈。

第五款

俄商运俄国货物至天津，应纳进口正税，按照各国税则，三分减一，在津交纳。其留张家口二成之货，亦按税则三分减一，在张家口交纳。

第六款

如在张家口二成货物，已在该口纳税，领有税单，而货物有未经销售者，准该商运赴通州或天津销售，不再纳税。

第七款

俄商所运，无论何项货物，如至天津查有拆动抽换，或张家口截留之货，数目多于十分之二，及绕越他处不按第三款之路而行。一经中国官查出某商违例，其货物全行入官。

第八款

俄商如由天津运俄国货物由水路赴议定南北各口，则应按照各国税则，在津补足原免三分之一税银。俟抵他口，不再纳税。如由天津及他口运入内地，均应按照各国税则，纳一子口税。以上进口事例。

第九款

俄商在议定南北各口贩买土货，由水路出口进口，及由俄国贩洋货由水路进口出口，仍照各国总例一律办理。

第十款

俄商在他口贩买土货运津回国，除在他口按照各国总例交纳税饷外，其赴天津，应纳一复进口税。即正税之半。该领事官发给两国文字执照，天津关盖印，注明商人姓名、货色、包件若干，方准起运赴恰克图，不再重征。并饬令遵照第三款之路而行，沿途不得销卖。如违即将该商货物全行入官。所有经过通州、东坝、张家口查验之例，按照第三款章程办理。

第十一款

俄商在天津、通州贩买土货，照第三款之路由陆路回国，均按照各国税则完一正税，领取执照，不再重征。沿途不得销卖，如违罚办。

第十二款

俄商在张家口一处贩买土货，应交出口税银，按照各国税则，交一子税，即正税之半。在张家口交纳。该口发给执照，以后不再重征。沿途不得销卖，如违罚办。

第十三款

俄商在通州买土货，应预先报明东坝，按各国税则完一正税，由东坝收税，发给执照，注明货色包件若干。沿途亦不准销卖，如违罚办。

第十四款

俄商在天津或他口贩买别国洋货，由陆路回国，如别国已交正税子税，有单可凭，不再重征。如别国只交正税，未交子税，该商应按照各国总例，在该关补交子税。

第十五款

俄商由天津、通州、张家口贩货回国，务须单货相随，以凭查验。自起程日为始，限六个月内到恰克图销照。如遇有耽延，应于限期前报明领事及地方官。如违罚办。倘有商人遗失执照，将货物扣留中途，即行报明原给照之关，并呈明日期号头，该关妥速补给执照，注明补给字样，以便查验放行。以上出口事例。

第十六款

所有各国税则第二款所载，俄商由陆路贩货，亦按照一律办理。

第十七款

俄商如有偷漏及挟带违禁之物，如各国税则第三第五两条所载各物件，均应将货入官。如该商自备军器护身，应在恰克图报明，填入执照，每人各带兵器一件。

第十八款
凡有洋货土货为各国税则未载者，应照各国值百抽五总例一律办理。惟值百抽五总例定税数目，以后俄商与中国各关恐有争端，即将所有俄国货物于各国税则未载者，或几处不符者，及中国砖茶各等货，现应于天津定议续则，补于此款以及各国税则之内。

第十九款
俄商不得包庇华商货物运往各口。

第二十款
此次新定章程，试行三年为限。俟限满，或俄国或中国有欲行更改之处，应于六个月内照会。如限满未经知照，仍应展至五年后，六个月内会议酌改。如有紧要妨碍之处，尚未满限，立即会议酌改。

第二十一款
凡有严防偷漏诸法，按照各国总例，任凭中国官随时设法办理。

以上各款议定，两国

钦命王大臣

　　　画押盖印后行知各该处遵照办理。

钦 差 大 臣

　　同 治 元 年二月　初四　日

　　一千八百六十二年三月　四　日①

　　本通商章程与英、美、法三者不相雷同，自须特别引据于本章，抑且货税品目亦大不相同。故本章程所附税则表亦须作为本文附录，供作参考比较。（见本章后附录）

　　根据同治元年中俄通商章程二十一条所定，此章程原系两国初订故作为试行三年为限之语。本来无论试行几年俱不重要。关键在中俄两国派专使议订，此种议订，已是俄国履践试行三年要求修改通商章程权利，决不迟疑延缓，实可谓剑及履及。同治四年（1865）二月，中俄通商章程执行刚满三年。（二月初四日满期）俄国驻华公使倭良嘎哩（General A. Vlangaly）即于二月二十九日（1865.3.26）照会总理衙门，提出修改对俄商有碍之条款②。

　　当时总理衙门亦迅速于三月初六日（1865.4.1）照复俄使，同意会商修订通商章程③。总署同时亦展开一些收集地方口岸资料之作为，——咨函三口通商大臣及库伦办事大臣，以

　　① "同治条约"，俄约。台北中研院近代史研究所藏，《总理衙门清档》，01—21号，第60函，第62宗。"中俄陆路通商章程"。

　　② 《总理衙门清档》，"陆路通商"，原抄本。台北中研院近代史研究所藏，01—20号，第22函，"通商税务"类，"俄国通商税务"。

　　③ 《总理衙门清档》，原抄本，总署给俄使倭良嘎哩照会。

便了解征收税饷关键及华商受损状况，备作因应准备。

此次中俄会议修订通商章程，俄使倭良嘎哩熟悉两国陆路商务，并深悉康熙、雍正时期两国订约历史。尤其坚忍沉毅、冷静深稳，是西方极为干练之外交家。总理衙门方开始接触西方外交未久，对于俄使完全居于被动，领会到俄使之晓晓论辩。如此一个通商章程，竟至连议四年之久，至同治八年（1869）三月方始完成。其间种种面议，自已流逝无存，而双方照会，以及总署与三口大臣来往函牍，俱保存于《总理衙门清档》之中，当可充分见出俄使倭良嘎哩之得寸进尺、理势逼人、措辞委婉、多展善意，而意态坚定，毫无商量余地。

倭良嘎哩在同治四年八月初二日（1865.9.21）详悉重述其要求修改章程之处两大重点，兹直接引据如次：

> 查本大臣所改，其紧要大端不过二条：一，如旧章第四款内载：俄商路经张家口，按照运津之货总数，酌留十分之二于口销售，其余货物，均应运赴天津等语。查俄商陆运本国货物前往中国，乃系张家口较天津为近。如欲往内地通商马头地方贸易，遇有离口甚近离津较远之处，乃必先令至津方准前往。以致先已至津，又行回口，然后前往。该商未免纡途受累。此譬如他商将货先至上海酌留十分之二，其余悉赴天津，从津仍回上海，方准运入内地也。其水路通商，进口者以在第一海关交税为便，其陆路通商者，亦应在第一口交税为妥。今本国通商张家口为第一开，又系华商运货进口皆至此纳税销售。俄商何以未能一律办理？此系第一要改。一，第十款内俄商在他口贩买土货运津回国，除在他口按照各国总例交纳税饷外，其赴

天津，应纳一复进口税等语。查他国贩买土货由水路出口，仅纳一正税，并不重征。今俄商由陆路贩买土货出口，应纳正子税各一。是同一出口，而俄商纳税独重，未免向隅。况陆路驼马脚价，于华民则有利，于俄商则多费，更觉较苦。是以本大臣拟除该商从张家口至恰克图已经将货销售，无庸给还复进口税外，如将全货回国，复有全到凭据，应将所交复进口税给还，方为平允。此系二应改。其余拟改各条，不过为两国官员借免各种争端，及商民免致妨碍而已①。

俄使两条早在三月间即已提出，总理衙门以为可以接受，关于第二项要求，首先答应取消俄商在津运货回国之子口半税。关于第一项要求，退让将俄货在张家口酌留二成销售，改为十分之四（即四成），原在七月十九日（1865.9.8）已照会倭良嘎哩，可谓十分迁就俄方。而中方要求修改之处，竟然提不出来。实际自同治元年中俄通商新章程执行以来，在恰克图、张家口已是有利俄商，有损华商，总署大臣明告俄使"华商无计谋生，关闭歇业者十居八九"。俄使竟不为所动，一味要求，寸步不让。总署终不得已而将中方要求更改之点，暂置不论。其间委曲情形可见同年八月二十八日（1965.10.17）总署致俄使照会：

> 自试行以来，华商因俄商自贩茶货等物，税轻利重。华商无计谋生，关闭歇业者十居八九。久已纷纷呈请设法

---

① 《总理衙门清档》，原抄本，俄国公使倭良嘎哩照会。

改章，体恤商艰。本王大臣明知系属实在情形，仍不肯先行照会酌改。迨接贵大臣二月照会，欲行酌改，嗣将新章一纸送来。本王大臣始将华商呈请大意，拟定一纸送阅。并将为难情形屡次申明。原期贵大臣得悉颠末，庶可彼此通融，使俄商华商两无大碍，不致过于偏枯也。是以贵大臣谓第十款于俄商不便，拟改天津复进口半税。本王大臣虽知于国课有碍，但既欲体恤俄商，无论如何为难，已勉强相让。至拟将第四款俄商在张家口酌留二成货物一条，改为四成一节。本王大臣所以未遽允从者，因如此改章，不但不能体恤华商，反使苦益加苦。嗣知贵大臣于此节有许多难处，虽知难免华商抱怨，不得不曲意相从。独张家口通商，及不拘成数在口销售之说，并蒙古地方不拘大本小本商人前往贸易各节。本王大臣曾屡次面谈，其中大有妨碍。嗣经贵大臣再四辩论，本王大臣仍不肯明言不允，乃酌定俟三年后察看情形再议。而于本王大臣前送拟改之章，深悉贵大臣为难情形，遂暂置不论①。

中俄双方接着九月以至十二月并未终止。至十二月二十三日（1866.2.8）总理衙门王大臣为求迅速完成订章，再作让步，迁就俄方，以为必可终结辩论，其所让重点，在于恰克图口岸一次缴完正税，俄商即可通行张家口、天津，不再有其他通关手续，并再取销酌留二成或四成之规定：

　　本王大臣极欲此事速定。固于无可通融之中，再设格

---

① 《总理衙门清档》，原抄本，总署致俄使照会。

外迁就之法。如俄商运洋货欲赴张家口及天津销售，须由恰克图而来。莫若即于恰克图交界地方，按照水路税则纳一正税。此后持有恰克图收税印据，不拘到张家口及天津任便销售，均无庸再纳税项。其张家口销售，即可不拘成数，以副贵大臣之意。其欲赴前经准许之蒙古地方贸易者，亦即于恰克图收税处，领取前准之蒙古地方贸易执照，亦可免税。如此变通，庶一则便于稽查税项，不致有亏。二则恰克图华商生计不致尽绝，且仍于俄商多有利益，毫无窒碍。昨经与贵大臣公同面议，均尚可行，为此特备照会，声叙前件，想贵大臣当亦必以为然也①。

时至同治五年，中俄之间辩论约仍未终止，每月仍有面议与照会往来。总署先于二月二十五日（1866.4.10）以公文函牍，通知三口通商大臣，嘱其自三月初一日起停止征收俄商子口税。同时更在三月初一日（1866.4.15）正式奏明朝廷。简要说明此次议改陆路通商章程中国让步之要点②。就此可知中国对俄商之善意宽待，通商章程尚未签订，中方已免除天津之子口半税，自是充分表现让步诚意。

俄使倭良嘎哩继续哓哓争持，毫不妥协。继经同治五年、六年、七年，其间关键在于俄方因恰克图一次征税，于俄商无利，拒不接受中方建议，而仍坚持最初要求。凡此若在自主国家在何处开口岸、何地设关征税，本是主国自定。俄国拒绝接

---

① 《总理衙门清档》，原抄本，总署致俄使照会。
② 《总理衙门清档》，原抄本，行三口通商大臣文，致三口通商大臣函，总理衙门奏折。

受，已表现恃强蔑理。其原因乃在讨固有雍正《恰克图条约》边界免税之便宜。俄方一面要求内地与各国取相同通商权利，一面又要在陆路保留固有关系，得以享受免税权利。因是继续施展其外交研磨，今日可见之《总理衙门清档》，凡同治五年、六年、七年，中俄双方仍是照会来往不断，俱可复按。在此不须多所引述，而可确信倭良嘎哩之沉毅宏忍，冷静阴鸷。历四年对华交涉，双方终于同治八年三月十六日（1869.4.27）签订《中俄改订陆路通商章程》二十二款①。更值得关注与讶异之点，是倭良嘎哩在外交任务完成，未等签约已先数日在三月初十日（4.21）离华返国。其签约则为后继人代理公使布策（Eugene de Butzow）完成。俄国外交人员之机敏运用及其沉着表现，应启发中国朝野多所深思。

中俄之间嗣后再有改订陆路通商章程之举，重要代表，则为光绪七年（1881）双方议订之《中俄改订陆路通商章程》。其时中外所注重之重大问题，是伊犁边界收回问题，而史家向所关注的条约不是通商章程，而是最著名的《中俄圣彼得堡条约》，当时官方又称《中俄改定条约》，此是中国驻俄公使曾纪泽在圣彼得堡与俄国外务部大臣格尔斯（Nicholas K. de Giers），而重要交涉对手为俄国外部侍郎热梅尼（Aleksandr Genrikhovich Jomini）、原已驻华十余年的布策公使、俄国外务部总办梅尼阔夫（A. A. Melnikov）等，于光绪七年正月二

———
① 《总理衙门清档》，原抄本，同治八年七月二十九日，总署奏呈《改订中俄陆路通商章程》二十二款全文。

又，本书正文只引据最早同治元年之《中俄陆路通商章程》正稿，以见创始，其后多年反复改议，均无须再附章程全文。

十六日（1881.2.24）签订《中俄圣彼得堡条约》①。此是政治界务条约，本文提及其转折之点，不再深论。

惟在曾纪泽俄京会议改订伊犁条约，同时兼议中俄间改订陆路通商章程，更重要者，此一《中俄改订陆路通商章程》共十七款，实与政治界务条约同一天签订。但所有论述中俄伊犁事件或伊犁危机之史家，绝不一言涉及此一通商章程。

惟是中俄间第三次改订，重要者双方仍然维持边界免税。其他重要各点，内容实甚冗长。大致重点，其所固有获得权利，仍必列入，俄国永远不放弃边界贸易，免税通商仍列第一条。其在第二次改定章程中所得利益，如购货回国天津免征子口税，张家口报关纳税后已不拘酌留四成之说。同时增加西疆俄商贩货至肃州（嘉峪关），亦仿天津入口报关售货通行内地办法。同时援照其他西方国家免税物品米面、洋酒、洋烟、牛奶、蜜饯、面饼、熟肉、熟菜、药料、香水、西洋衣服、玻璃器皿、金银首饰、纸张笔墨等物，一律列明免税，此一通商章程更详附中俄两国各个商路卡伦名表，是一特色。至于正式全部章程条款，自无须引入本文②。

---

① 李恩涵：《曾纪泽的外交》页86—163，台北中研院近代史研究所专刊之15，1966年5月初版。

又，袁同礼译：《伊犁交涉的俄方文件》，全书106页，台北中研院近代史研究所，史料丛刊2，1966年11月初版。

又，曾纪泽：《金轺筹笔》，袁同礼校订，台北：新疆研究丛书，1964年5月影印本。

又，王绳祖撰：《中俄伊犁交涉始末》，《史学评论》第1期，民国30年刊。

② 《总理衙门清档》，01—21号，45函，45宗，中俄各约全文。又，王铁崖编：《中外旧约章汇编》页386—390。

附　录
俄国续增税则

进口货物

布匹花幔类			
布	原色白色，如南哈科连廓耳等照各国税则第二种布	每拾码	贰　分
色布	如南哈等	每　丈	壹分伍厘
印色布		每　丈	玖厘肆毫
回绒		每　丈	贰分叁厘
雨过天晴布		每　丈	叁分捌厘
碎花绵布		每　丈	叁分柒厘
绒绵布	柯西　聂特　米立　挪思 六色　特债　忒耳讷	每　丈	贰分柒厘
绸缎类			
哈喇	宽不过柒拾因制	每　丈	壹钱叁分贰厘
哈喇	宽不过陆拾肆因制	每　丈	壹钱贰分
大呢	宽不过柒拾因制	每　丈	壹钱贰分
哈喇大呢	宽不过伍拾陆因制	每　丈	壹钱
皮张类			
羊皮板		每百张	贰两柒钱伍分
色香羊皮		每百张	贰两贰钱伍分
香羊皮		每百张	贰两

牛皮		每拾张	柒钱伍分
骆驼绒		每拾张	壹两贰钱伍分
狼皮		每拾张	叁钱
香鼠皮		每百张	伍钱
沙狐皮	科尔薩其	每拾张	贰钱伍分
太平貂皮		每拾张	壹两贰钱伍分
猫皮		每拾张	伍钱
野猫皮		每拾张	柒钱伍分
公达什狐皮	哈喇敢喀	每拾张	叁钱
白狐皮	别斯此	每拾张	贰钱伍分
月儿熊皮		每拾张	叁钱
猞猁狲皮		每拾张	壹两伍钱
灰　羢羊皮		每拾张	肆钱
黑　羢羊皮		每拾张	贰钱
黑白哈喇羊皮		每拾张	壹钱捌分
白哈喇羊皮			壹钱
貂腿、扫雪腿皮		每百对	伍钱
白狐腿皮		每百对	贰钱伍分
黑狐腿皮		每拾对	叁钱伍分
红狐腿皮		每拾对	柒分伍厘
海龙尾		每　个	壹钱贰分

生羊、生山羊皮		每百张	陆钱
药材类			
羚羊角		每百斤	壹两

出口货物

油　腊　类			
黄油		每百斤	叁钱
椒茶类			
砖茶	别种茶叶另有税则不得援照此例	每百斤	陆钱
右所载码因制丈尺斤两均照各国税则第四条款为准			
同治元年二月十一日			

资料来源：据《总理衙门清档》，01—21，通商税务档。

第四章　英日外交势力对中国商权之扩张

甲、中英烟台条约扩大在华通商特权

我人所知在第二次鸦片战争后，以英国为首注重中国沿江沿海商务，已经取得大量商业特权，其时所订《中英善后通商章程》及《长江通商章程》已成为各国通商立约因袭之准则。此时中国内河水域，已因长江开放三口，实已在此开放内河航行权，确定说是丧失主权。当是列强所得长江三口岸通航住泊商船之权，并可谓由外交取得之特权。

惟自光绪二年（1876）之中英《烟台条约》，则使列强更扩大长江水域十二处以上之轮船停泊权，较三口扩大四倍，实已包罗长江自四川以下主要水域全部精华地带。继至光绪二十二年中日之间又订中日通商行船章程，在行船而言，已非创例，但就此项条约名称言，则是晚清十年中外议订通商行船条约，也构成一个先例。各国在《辛丑和约》中之使用此名，乃是第一步援例。晚清之展开对各国议订通商行船条约，则是履行《辛丑和约》所明确之规定。因是我人须在本章中一一交代。

自 1860 年签定《中英通商善后章程》及《长江通商章程》由于十年须再修订，自须在同治九年（1870）修改商约。但列强欲望甚奢，表达甚急，特以英国为然。清廷大臣反应尤其茫昧张皇，揣测又会引起战机。又遇到醇亲王昏悖糊涂，一味主

124

战，鼓动人民挑起天津教案，几至真启战端。最后幸而由中国罚官惩凶，赔恤死者，并遣使至法国谢罪，方得和平了结。修约限期一过，仍须再等十年。

不过为时不久，在光绪元年（1875）初，在云南省境发生英国翻译马嘉理（Augustus Raymond Margary）被杀案件，引致轩然大波，中英几启战祸。英国驻华公使威妥玛两度决绝离京，拒与中国谈判。声言下旗返国。最后乃在光绪二年七月二十六日（1876.9.13）签订《中英烟台条约》。英方全权代表为威妥玛，而以参赞格维纳（T. G. Grosvenor）为赴云南实地勘察代表，以翻译梅辉立（William Frederick Mayers）始终奔走于北京、天津，作重要传话沟通。事经一年半交涉谈判，分别在北京、天津进行，主要重点在于惩凶、谢罪、赔恤死者。俱非关乎商务，而威妥玛立意阑入商务。中国在不能抗拒之下，乃派李鸿章为全权代表，赴烟台会同威妥玛谈判立约。随行带有随员钱荣增、许钤身、朱其诏、马绳武、薛福成、徐庆铨、朱采、戴作楫、诸可权等，在烟台会议。未及一个月时间，集中谈判有六次之多。惟实有早期之北京、天津多次会谈，英方要求重点，中国让步要点，早已反复驳辩，其先期谈判，为时约达一年半之久[1]。

---

[1] 王彦威、王亮编：《清季外交史料》，北京，民国 23 年印，卷 1、卷 2。总署与英使来往照会及奏折。光绪元年六月以前为总署主持谈判。卷 3 至卷 6，光绪六年七月以后，总署与李鸿章分别与英使交涉滇案善后，分别行于北京、天津，威妥玛两次决裂出京赴上海。自卷七以后始进入烟台会议。全程收载于页 2—24。又，李鸿章著《李文忠公全集》，金陵刻本，光绪三十一年刊，上海：商务印书馆，民国 10 年影印，奏稿，卷 27 页 26—61。

又，岑练英著：《中英烟台条约研究——兼及英国对华政策之演变概况》页99—153，香港：珠海书院中国文史研究所 1978 年印。

我人确知《烟台条约》应系政治条约，本不当阑入本书讨论。尤且当时中国当事人李鸿章力持只以马嘉理事件所牵涉之种种关节为范围，实即后时条约中"昭雪滇案"以及相关"两国官员来往礼节"，为其谈判范围。惟威妥玛恃强蔑理，一意要阑入通商税饷以至增开口岸，长江非通商口岸允许英船停泊（实即扩大长江内河航行权），中方包括总理衙门、李鸿章均经据理力争，而威妥玛屡表决裂，出京两次，胁迫开战。并拒绝在北京、天津谈判。最后始折中改在烟台议约。

事实上，"滇案"一个杀洋人、惩凶、索赔、罚官之外交问题，本来并不至有诸多牵掣。惟在华英国外交官则往往别怀居心，务在扩大案情，推波助澜，其时驻华公使威妥玛，即欲在外交上立额外之功，亦特欺中国之愚弱。据薛福成之推测，因见及梅辉立之积极，以为出于梅氏之唆使。实则欲求至切，抱扩张利权之需求者，当在于旅华之英商。尤以上海为策动根源。由威氏三次出京，均必暂居上海可知。威氏由"滇案"扩大，除赔款、谢罪、惩凶、罚官之一大端，号称"昭雪滇案"，当属外交交涉主题。惟威氏扩大解释案意以谓华官对英官无礼，要求明订中英官员来往，必须循照一定礼遇。此点总理衙门及李鸿章亦接受要求。惟威氏更欲扩大至两国商务，要求增开口岸五处（宜昌、芜湖、温州、北海、重庆），更要求长江内河开放非通商口岸六处停泊轮船。实即扩大长江之内河航行权，更要求旅华英商洋货，一律免纳厘金。要求洋货由华再出口退税，以存票存关，以抵下次来货当作新纳关税。由于威氏之一再扩张要求，乃使北京、天津谈判数度决裂。惟其所示技俩，早被中方朝野看穿。薛福成即清楚指出威妥玛装腔作势而用心只在扩张商权，代表当时人明白识见：

> 威使所索八条（原注：英使威妥玛所索八条：一、滇
> 案前后事宜，由总署奏明请旨，宣示惋惜之意。先索观折
> 底，再会商入奏。咨会各省，遍发示谕，张贴各府厅州
> 县。一、听英使派员赴各处查看所张示谕，以两年为期。
> 一、内地有关系英人身家案件，由英使派员观审。一、滇
> 省与英缅边界商务，两国派员妥议章程。一、五年为期。
> 由英派员驻寓重庆及云南大理等府稽查通商事宜。一、补
> 救通商大局一节，原有另议其余正子并交之议，另具节略
> 声明。一、钦派使臣赴英，克期启行，所有宣明惋惜之意
> 之玺书，该使先查看底文。一、偿款由英使咨呈本国作
> 主。）惟商务尤关紧要，尤其全力所注。其余似皆非其本
> 意。此次怫然出都，故作决裂之势，盖为洋货免厘一事而
> 发也。然彼不专就此事措辞者何也？彼欲侵我自主之权，
> 于理既为不顺，擅各国使臣应议之柄，于情又为不公，且
> 与滇案毫无关涉，究属节外生枝，威使其自知之矣。故忽
> 允忽翻，以布其势，旁敲侧击，以纡其途。其诬及疆臣，
> 吠及枢府，怵我以所甚危也。其请觐见，请提滇案，逆料
> 我所不能行也。而要无非为商务一端作引而不发之机，欲
> 使我屈服于无形，甘心以厘税全数相让，彼乃安坐而享其
> 利。吁可谓黠矣①。

我人所当注意，乃在英人利用外交时机扩张商权，并非一

---

① 薛福成：《庸庵全集》，《庸庵文外编》卷3页25，上海：醉六堂石印本，光绪二十三年印。

定十年修约所能约束，而随事兴风作浪，节外生枝，借故扩张利权，动辄以开战要胁，使中国防不胜防。李鸿章适时于光绪元年八月十三日致刘秉璋信，倾诉周旋其间，至于舌敝唇焦，仍未能使英方满意，往往决裂，其所言为当事人所表蹶跌困顿，足备后世之参证：

> 即如滇边一案，威使来津吵闹月余，所要七条，大半案外之事。兄与总署商议，有准有驳。仍不见允。昨已赴向总署饶舌，谓半月内如不定议，即率北方英属官商南下，请伊国另行派员办理。其意谓南北炮台兵力皆不足以阻遏。一经决裂，如探取囊中物耳。能不令人气愤。至于滇案尚无头绪，彼必欲归咎于岑彦卿、杨玉科之主使。已查得凭证多端。家兄（指李瀚章）此行，将来何以交卷。昨由兄奏准，令薛觐翁（薛焕）就近驰往，帮同办理一切。办案是一事，其议边界通商又是一事。非得同心数人，协力维持，如何下手。威使七条，内有各口内地厘卡太密，请将洋货在口完纳正子税后通行天下，不准重征。兄允照约整顿半税单。渠尚不谓然。即半税单通行验免，无论华洋商人，厘饷势必大绌。此层亦必办到，各省厘款必更入不敷出①。

李氏于对英交涉艰苦争辩一年，乃在光绪二年闰五月二十日函告沈葆桢，痛苦申述其交涉一年来困难结案之苦况：

---

① 《李文忠公朋僚函稿》卷15页27，金陵刻本，光绪三十一年刊，上海：商务印书馆影印。

月来威使轩然大波，不才焦头烂额，究无丝毫补救。意绪颓沮，以致音问阔疏。歉甚念甚。倾阅沪上新报，执事将赴沪商论，启行果有日否。威使至沪后，日肆谣诼，其势甚张，不可向迩。全仗大力旋乾转坤，解此纷结。否则将不免兴师动众矣。叠次与威使、梅使在津议论，总署已抄致台端，不再赘叙。昨总署又令赫德往沪劝说，该总税司有节略七条，总署允其大半。信局、银局两层，属由敝处酌定。赫过此会议半日，因系持与威使议和，不得不略与通融。惟银钱交税，不另贴水，将来须费计较，且未便令该税司独揽中国利权。复总署函及与赫德问答节略，梅辉立由沪复许道钤身函，均抄呈电阅。华洋各商，洋土各货，皆准请半税单，本口及沿途别项税厘，均不重征。可谓一网打尽。赫德犹谓一二分可望成议。威之大欲可知。时事至此，真堪痛哭①。

于此当可探知，英人扩张外交利权，无往不用其极，使商务利益化为外交特权，直是侵夺中国主权岂有别解？因是使烟台政治条约可以契入与马嘉理案毫无关系之"通商事务条款"，构成烟台条约三大部分之一。是即《烟台条约》中之指明之商务专条，共为七条如后：

一、所有现在通商各口岸，按前定各条约，有不应抽收洋货厘金之界。兹由威大臣议请本国，准以各口租界，作为免收洋货厘金之处，俾免漫无限制。随由中国议准。

_____

① 《李文忠公明僚函稿》卷16页16，金陵刻本，光绪三十一年刊，上海：商务印书馆影印。

在于湖北宜昌、安徽芜湖、浙江温州、广东北海四处，添开通商口岸，作为领事官驻扎处所。又四川重庆府，可由英国派员驻寓，查看川省英商事宜。轮船未抵重庆以前，英国商民不得在彼居住开设行栈，俟轮船能上驶后，再行议办。至沿江安徽之大通、安庆，江西之湖口，湖广之武穴、陆溪口、沙市等处，均系内地处所，并非通商口岸。按长江统共章程，应不准洋商私自起下货物。今议通融办法，轮船准暂停泊，上下客商货物，皆用民船起卸，仍照内地定章办理。除洋货半税单照章查验免厘，具有报单之土货，只准上船，不准卸卖外，其余应完税厘，由地方官自行一律妥办。外国商民不准在该处居住开设行栈。

一、新旧各口岸，除已定有各国租界，应无庸议。其租界未定各处，应由英国领事官会商各国领事官，与地方官商议，将洋人居住处所，画定界址。

一、洋药一宗，威大臣议请本国，准为另定办法，与他项洋货有别。令英商于贩运洋药入口时，由新关派人稽查，封存栈房或趸船。俟售卖时，洋商照则完税，并令买客一并在新关输纳厘税，以免偷漏。其应抽收厘税若干，由各省察勘情形酌办。

一、洋货运入内地，请领半税单，照各国条约内原已订明，自当遵办。嗣后各关发给单照，应由总理衙门核定画一款式，不分华洋商人，均可请领，并无参差。洋商将土货由内地运往口岸上船，条约内亦有定章。英商完纳子口半税，请领单照，即可运往海口。若非英商自置土货，该货若非实在运往海关出口，不再援照办理。所有应定章程，免致滋生弊端之处，威大臣即愿会同总理衙门设法商办。至通商善后章程第七款，载明洋货运入内地及内地置买土货等语，系指沿海、沿江、沿湖及陆路各处不通商口岸。皆属内地，应由中国自行设法防弊。

一、咸丰八年所定条约第四十五款内载：英商若将已经完纳税项洋货复运外国，禀明海关监督，发给存票。他日均可持作已纳税饷之据等语。原约并未定有年限，今订明三年为期，限满不得将此项存票持作完纳税项之据。

一、香港洋商，粤海关向设巡船，稽查收税事宜。屡由香港官宪声称，此项巡船，有扰累华民商船情事。现在议定，即由英国选派领事官一员，由中国选派平等官一员，由香港选派英官一员，会同查明，核议定章遵办。总期于中国课饷有益，于香港地方事宜无损。

一、以上议准添开通商各口岸，及沿江六处准起卸货物一节，愿由李大臣奏奉旨准，于半年期限开办。各口租界免洋货厘金，及洋药在新关并纳厘税两节，俟英国会商各国，再行定期开办①。

中英《烟台条约》签订后，经总理衙门奏准施行。为了切合条文规定之口岸、租界洋人免厘以及正式画定租界界址，并加沿江新口岸与轮船可停泊口岸，总理衙门及南北洋大臣李鸿章、沈葆桢，自光绪二年十月通知沿海沿江各口岸省分画分厘金界限。中经光绪三年以至光绪四年（1878）方始完全定出清楚厘税范围，并准长江各口轮船停泊之地。以致影响及于南北洋十余省份。

中英《烟台条约》在七月签订，自同年九月起，直至光绪四年五月，中国朝野上下为之受到全面牵动。最先一步属于影响全国之政治条款。中国首须遣使谢罪，并驻使英都。经李鸿章推荐，派遣郭嵩焘担任首届出使英国大臣。另一实践，系向全国各省及边疆地方普遍出示贴黄，戒止歧视抢掠洋人，北京五城御史、九门提督，均一一接受指示，公告全城。由总署明白昭告，英使派人到各处查看，是否真实。惟赔付马嘉理恤款，二十万海关两（合库银二十一万两），为最先完案。已在光绪二年九月十一日交付英国驻天津领事孟甘（James Mongan）收妥②。凡此牵动全国之重大影响，并不在商务条款之内，自无须再叙。至于中国因应商务条款者有三大重点，可略述其梗概于次：

①　王彦威、王亮编：《清季外交史料》卷7页7—13。又，李鸿章著《李文忠公奏稿》，卷27页54—56，金陵刻本，光绪三十一年刊，上海：商务印书馆，民国10年影印。
②　《总理衙门清档》，台北中研院近代史研究所藏，01—21号宗号31第1—2册。

其一，沿江沿海新开四口岸，宜昌、芜湖、温州、北海，此为英国政治条约外之重大收获。然在总理衙门及总税务司，与相关地方官南洋大臣，湖广、两广、闽浙等总督，湖北、江西、安徽、浙江、广东各巡抚往返文书，羽檄纷驰，安排口岸开埠地区，并设关征税等准备，大抵至光绪四年方始完成，为时虽仅两年，已使各省为之疲于奔命①。

其二，专对长江水域言，在增开宜昌、芜湖之外，尚须有六处内地江岸城市，计大通、安庆、湖口、武穴、陆溪口、沙市等，须准外国轮船停泊，但须利用中国民船上下载驳货物，并由中国卡员抽收厘金。此事亦颇骚扰地方。因其稽查甚难，主要须使海关及地方官增添人员从事查验。亦使南洋大臣及湖北、江西、安徽各巡抚为之妥加安排。其中漏洞即连洋关税司亦为之棘手。例如武穴、陆溪口、沙市非口岸，而洋轮可以上下货物，如此则究须汉口关派员或宜昌关派员检验已极费思考。而安徽有大通、安庆上下货物，江西有湖口上下货物，既许其上下货，即须有税关稽查问题，此使总理衙门及李鸿章、沈葆桢往返与各省督抚会商，亦极费思虑，直至光绪四年，方才理出头绪②。

其三，造成中国对领土内丧失征税权。造成外国租界进入半独立领治之机，并造成中国口岸租界全面骚动之事，即是此次条约所定，所有口岸租界内居住洋人，可以完全不纳厘金，

---

① 《总理衙门清档》，01－2号，宗号31第1－2册，宗号32第2册（总第4册），宗号33第1册（总第5册）。

② 《总理衙门清档》，01－21号，宗号31第1－2册，宗号32第1－2册，宗号33第1册。

为此洋人免厘宗旨，除上海、天津两口已有明确租界界址可以不动外，其他沿海沿江各口岸，必须与当地各国领事清楚画定洋人居住界址。如此骚动各地事小，中国之管辖权亦自此退出租界，自是丧权甚巨。中国亦并为此损失大量税收①。

《中英烟台条约》本来在政治条款中对外交官权力有所扩张，特别是领事裁判权与中英会审公堂对于英民刑事之命案、盗案之裁决权几已至于独行裁判。但此非商约条款内涵，自不在此讨论。且画定口岸洋人居住界址，系与免厘金有关，但自此使洋人有画定口岸租界特权。惟在七条商业条款所关之扩大商权，可略加综合条贯，扼要判析于后：

第一，添开新口四处，为湖北之宜昌、安徽之芜湖、浙江之温州、广东之北海。此外四川重庆地方准英国派员居住，查看川省英民。暂不开放口岸，并不准英民居住开设行栈。一俟轮船可以径达重庆，到时中国允许再行议办。此条除沿海口岸不计，则使英国扩大长江商利，由原来三口岸扩大至五口岸。由于第二次鸦片战争，中国战败屈辱，迫于情势，开放长江三口岸，等于开放长江内河航行权。后来只准洋船径驶汉口、九江、镇江停泊卸货上货。惟其他沿江口岸仍不准轮船停靠。此次开放芜湖、宜昌，乃可自上海上驶至当时轮船可驶入之极限。又允许英官居住四川重庆，以待轮船能够上达，重庆势必开为口岸。此次英方图谋，几已完全取得长江内河航行权。

第二，英方取得全面长江内河航行权，固已在此条约达到目的，惟上中下六个要点尚不满足。又在中国未开放之长江口

----

① 《总理衙门清档》，01－21号，宗号31、32、33各册。

岸安徽之大通、安庆，江西之湖口，湖广之武穴、陆溪口、沙市等六处，俱属中国内地，原来不准洋船停泊下货。而在此次条约，特别通融，洋船可在此下货，但不准上货，且必须用民船起卸转运，并照内地章程查验免厘单，中国虽注明防范手续，实则等于供给内河航行权。实是丧失主权。

第三，中国沿江沿海口岸之洋人租界，规定由英领事会同各国领事与中国官员画定洋人居住界址，造成各口岸洋人租界经营与统治权扩张之条约依据。自亦明显侵损中国领土主权。

第四，使李鸿章最费唇舌亦最感谈判失败之处，是允许口岸地区之租界内居民完全免征厘金。此是中国内地之税，口岸被画出内地之外，威妥玛十分坚持。原来更想扩大一百里范围，被李鸿章拒绝。然口岸商务最大，免收厘金，严重影响国家财政。此是清廷重大损失。

第五，英人最满意的一项，是规定鸦片税厘并征，称为洋药税厘并征。即鸦片入口之后，卖出之先，先缴正税，一俟售出，再由华商缴纳厘金，是即同时出货即连税带厘金一并缴清。于鸦片销转最为方便有利。中国方面亦并未减收洋药厘金。

七项商务条款，重点以英人拒抗厘金，扩大内河航行，与增开口岸为主轴。而画定口岸租界领域之规定，则以《烟台条约》形成法理根据。影响亦甚深远。李鸿章受命谈判，心中岂无算计，明知必受挟制，且须一意主和，避免战祸。所负清廷使命，必不免丧权辱国，亦料定负天下毁诋，难逃清议。李氏受命赴烟之前，于六月初十日致函沈葆桢，已充分表明其所持立场：

　　威使初不愿在津商办，至沪后其气愈张。执事向未与
谋面，冒然前往，绝无裨益。卓识定力，钦仰奚似。此事
相持愈久，愈难收拾。赫德乃乘机怂恿鄙人赴烟会商。总
署又迫令敝处据情入告。遂被特旨。应有者从前已有，应
无者以后仍无。不知有何新样办法。彼族以便宜行事求朝
廷，弟岂敢以便宜行事应付彼族。稍不如愿，恐兵端随其
后。若使其如愿，天下之恶皆归焉。此所谓进退两难
者也①。

　　在中国积弱国势之下，复当帝国主义时代西方强国扩张之
际，中国若不能抵挡列强军事胁迫，其所为外交、所为商约谈
判，实不免任洋人提条件、任洋人横肆扩张，中国自不免受其
宰割。李鸿章当任艰巨，毫无外交着力点可言。后世亦不免深
责其丧权辱国。此是中国之悲剧，非关一二人之荣辱②。

　　在此尚须再延申陈叙，以见英国于输入中国鸦片之重要，
《烟台条约》达到洋药税厘并征目的。而执行细节，在封关存
验及提取售卖，往往并非整批过关，必至一再分割大批小批，
以至拆封包封，重复估验，使双方不胜其烦。终至光绪十一年
六月初七日（1885.7.18）由英国外相侯爵沙士勃雷（Marquis
of Salisbury）与中国驻英公使侯爵曾纪泽会议签订《烟台条
约续增专条》，共十款，全部仔细规定洋药进口一切存关验货，
提货，分售，复存关，再提货再验货等手续。至为深细详备。

---

① 《李文忠公朋僚函稿》卷16页18。
② 岑练英著：《中英烟台条约研究——兼及英国对华政策之演变概况》页
155—189。

我人在此可以评估一下洋药进口关税之不合理，仍按咸丰八年（1858）所定，洋药进口税每百斤仍是抽征银三十两。自 1858 直至 1885 年，二十八年间，原来税则未稍改变。只是中国民人买货到手，须付厘金银每百斤八十两。于此可以想见中国海关税收无非是肥了洋商而困敝华商[①]。

乙、甲午战后中日新订通商行船条约

光绪二十年（甲午）中日因朝鲜问题，展开全面性战争。清廷政府不识世界变局，承平不知准备，官僚敷张升平，万民徒劳用命。以中国之肥脔，当列强之宰割。而日本处心积虑，欲求一试而崛起东亚，睥睨当世。中国战败难免，日本亦自此跻身于强国之林，中国可谓一败涂地，正见清廷之昏庸误国，将带使全国步入万劫。已至世人共知。

甲午中国战败，日方迫使清廷遣李鸿章在日本签订《马关条约》，时在光绪二十一年三月二十三日（1895.4.17）。由于《马关条约》是政治条约，而在《马关条约》第六款有以下条文规定：

> 日中两国所有约章，因此次失和自属废绝。中国约俟本约批准互换之后，速派全权大臣与日本所派全权大臣会

---

① W. S. K. Waung, *The Controversy Opium and Sino-British Relations*, *1858—1887*, pp. 79—168 (1) *The Chefoo Convention*, (2) Further Negotiations to 1884, (3) Final Negotiations and Settlements. Hong Kong, Lung-men Press, 1977. 又，王铁崖编：《中外旧约章汇编》第 1 册页 471—474。

　同订立通商行船条约及陆路通商章程。其两国新订约章，
　应以中国与泰西各国现行约章为本①。

　大凡研究近代外交史或近代中日关系史，俱多用心于《马
关条约》之研究，绝少及于此一重要之政治条约后，尚有一个
重要的商约。我自不拟再涉论《马关条约》约文内容。然却须
自其中之第六款规定，而会伸展出一个中日通商行船条约之议
订，乃是本节应探索之主题。

　日本对华外交进展敏速积极，三月二十三日签订《马关条
约》，随即酝酿与中国复交。在一个多月时间，即派定林董
（前外务副大臣）为驻华公使，托美国驻华公使田贝（Charles
Denby）代日本政府通知总理衙门，时在光绪二十一年五月初
一日（1895.5.24）。可以见出日本主动恢复外交的积极态度。
其事原经总理衙门大臣在五月初三日复函田贝告以暂缓遣使，
明白阻止日使来华。具可见出中方不求复交之意。日本再托田
贝转达，声明日使即将启程来华，时在五月初九日
（1895.6.1）。清廷为此紧迫之请，遂于五月十一日奉旨命接待
日本驻使，并派遣李鸿章、王文韶为全权大臣，在天津接待日
使，再进而会商中日外交事件。日本政府对于中方答复十分满
意，但又托美使转告总理衙门，主要希望立即恢复日本驻北京
使馆，而日使到华，势将进驻北京。美使于五月十九日函致总
理衙门，亦并获得中方首肯，日方先头人员使馆书记生高洲太
助、翻译生钜鹿赫太郎遂即赶自天津出发于五月二十五日
（6.17）至北京日本使馆料理复馆工作。亦足可见日本得步进

---

① 《清季外交史料》卷 109 页 13。

步之积极行动①。

日本驻华公使林董，于五月三十日（6.22）到京，次日闰五月初一日（6.23）照会总理衙门相约会见。双方遂于闰五月初三日（1895.6.25）正式会见，亦正式代表中日两国之正式复交②。

同一时期，日本政府一面派遣林董到华出任公使，一面因据中日《马关条约》第六款规定，中日两国必须各派全权代表会同重新议订商约。原自出于日本主动要求。因是而日本即随着展开其在华商务问题之调查评估，以备最先拟出对华谈判节略，以及事先准备条约约文。可谓剑及履及，积极进取③。

日本政府态度积极，自光绪二十一年三月二十三日中日签订《马关条约》之后，约有四个月准备时间，即于同年七月初二日（1895.8.21）由内阁总理大臣事先拟妥向中国要求议订之商约约文草稿计四十条。同日由日本明治天皇玺书派遣驻华全权公使林董在北京与清方代表会议商约约文之谈判。且先经林董与总理衙门大臣商定，择定北京为双方谈判地点④。

接着在七月十三日（8.22）日本外务大臣西园寺公望又给林董训令，主要授予谈判权宜而同时授予委任证书并附送条约草文本日文本五册，英文本十册，海关税则日文本五册，英文

---

① 郭廷以、李毓澍编：《清季中日韩关系史料》卷 7 页 4277、4292、4300、4311、4316，台北中研院近代史研究所，1972 年 12 月印。

② 《清季中日韩关系史料》页 4327。

③ 《日本外交文书》卷 28 第 1 册页 193－197，（明治二十八年一月至十二月）日本东京，日本外务省印，昭和 28 年（1953）。

④ 同前引书，页 200－209，林董任命玺书，日清通商航海条约约文全案日文本。致林董授任全权议约国书中文本，则见于页 220。

本十册，以供其谈判依据，可谓准备十分充分①。

中日有关商约谈判，第一次接触是在七月二十八日（1895.9.16），系由林董率同书记官内田康哉至总理衙门会见翁同龢、敬信、汪鸣銮三人。由于清廷方面尚未派定全权代表，因是只可视为一次非正式会谈。中方实以翁同龢为首要对象，日方保存有对话纪录。此时日方一个动作具关键性，当日正式照会中国首要催促清方速派全权代表，口头上要派重要大员，实属意于李鸿章，逼使翁同龢明白答复中方考虑派遣李鸿章或翁同龢。故此次虽非正式会议，自应代表商约谈判之开始。日本政府急切希望知道中国反应态度②。

清廷因总理衙门思考因应，酝酿十余日，终于同年八月初八日（1895.9.26）上谕任命李鸿章为全权大臣与日使商办两国商约事件。总理衙门在第二天（八月初九日）一面咨照李鸿章，一面照会日本公使林董，答复林董七月二十八日照会，告以朝廷已派李鸿章与之会议商约。日方代表林董，中方代表李

① 《日本外交文书》页210—214。

② 《日本外交文书》页214—215。又，同前引书，页218，我人可从日本外相与公使林董的来往密电，以见出日本政府对于谈判对象之中国代表由谁出任，实表现密切注意：

Sept. 20，1895（八月初二日）日本外相致林董电：

43. Have you opened negotiations for commercial treaty if so telegraph names of Chinese plenipotentiaries and progress and prospect if not do so at once as speedy conclusion is highly desirable.

Sept. 21，1895（八月初三日）林董致日本外相电：

52. Regarding commercial treaty I have made 九月十六日 formal request to Chinese Government for the appointment of plenipotentiaries to which they have agreed but not yet done so. It is very likely 李鸿章 and 翁同龢 will be nominated as such.

鸿章，亦并在八月初十日（1985.9.28）彼此各以照会通知对方。至此可以算是中日商约谈判之正式展开。①

　　光绪二十一年八月十二日（1895.9.30）下午二时半，中日双方代表及属员，在总理衙门正式展开中日商约第一次会议。中方代表李鸿章随带伍廷芳及另随书记人员八名，会同日本代表林董随带书记官内田康哉及翻译官郑永邦。双方互相验看全权证书，随即展开对话。首先重点全集中在各人所受政府任命之地位权力以至其代表皇帝御宝授权书之凭据。林董一再据国际公法规定，质疑李鸿章所奉皇帝上谕格式不适合，以及授权正确性。一开始林董抗议刁难，大部在论辩李鸿章全权证书问题。李鸿章反复辩说，以向来惯例，支持其全权代表地位。反讽讥林董拘泥于文书形式。凡此冗长对话，构成第一次谈判之重心，仅在最后双方略于商约条项作一大致说明。双方酌定，于此次日方四十条款，先加考虑修订。故并未进入辩难。我人在此尚须郑重说明，此际中日各派代表会议商约，中日双方均十分重视，是以双方均作谈话纪录。日方纪录，一一送呈东京外务

　　① 敦廷以、李毓澍主编：《清季中日韩关系史料》卷7页4456－4457，总理衙门给李鸿章文、致林董照会，李鸿章给总理衙门文、附李氏与林董来往照会。是即代表中日商约谈判之开始。又，《日本外交文书》卷28第1册页218－220，总理衙门、林董、李鸿章之间来往照会。

　　又，《日本外交文书》卷28第1册页220－226，中日谈判对话录。

　　又，我人可确信，李鸿章重要随员伍廷芳、徐寿朋、陶大均、罗丰禄等，必将每次会议纪录立即抄送总理衙门，主要根据《清季中日韩关系史料》卷7页4680载有伍廷芳致送第六次中日问答纪录。页4692载有徐寿朋抄送第八次中日答问纪录。然只有公文，而无纪录全文。盖凡每次会议对话录，凡送交总理衙门者，必定工楷正书，并单订成册，十分郑重。惟今此次商约谈判，各次对话纪录，已全不见于总理衙门清档，无从复按。

省,中方纪录亦须抄送总理衙门,惟中方资料,今已不见。

十月初二日(1895.11.18)下午二时半,在总理衙门开谈第二次会议。中方代表李鸿章率同伍廷芳、汪豫源、陶大均,日方代表林董率同内田康哉、郑永邦会合进行谈判。此次谈判内容在于中方对于日方四十条款提出英文辩论修订。惟在口头辩难重点,集中于日本公使要求中国降低入口税问题。李鸿章对策则指出关系其他各国之相同待遇,中国不能对日本特别优惠,任何新规定均会引起各国要求援例,势必有损中国政府收入。因是拒绝作任何让步[1]。

在此期间,有一个中外关系新问题,浮现于中日商约谈判中,是因为依据《马关条约》六个月后苏州开放口岸。因此日方视为商船可以径达苏州。但苏州不临长江,于是日方可因苏州开口岸而要求扩大内河航行权。日本早有一定谋画,有意把内河航行权扩大至长江以外之内地。因此在《马关条约》第六款中,明白指示中日两国速派代表签订之《中日通商行船条约》,行船二字立为条约正名,此是最新创例。

自光绪二十一年五月,日使林董到华复交,闰五月初拜会总理衙门后,即展开一切对华外交活动。单据《马关条约》所定项目,已是头绪纷繁,其相关还辽、赔款、画界、商约,以及口岸开放沙市、重庆、苏州、杭州等地,均必一一推动。其

---

① 《日本外交文书》卷28第1册页228—230,中日全权代表对话录。页230—241,中日通商条约草案中方英文本拟改条文。

又,郭廷以、李毓澍主编:《清季中日韩关系史料》卷7页4555—4556,光绪二十一年十月十四日,军机处交出李鸿章奏片。说明中方修订商约条款,交付日使经过。

中关于开放口岸，日使林董在八月十八日（10.6）分别照会总署及李鸿章，派遣驻上海总领事珍田舍己到苏州、杭州、沙市等地勘察开埠及所选租界。按照《马关条约》所载，签字后六个月，开口岸，设关通商。即时应在八月二十九日（10.17）满六个月，故此时应即派人前往察看，并画定外国人所选租界地带。要求中国指示新开各口地方官会同查勘。总署为此要求，连日分别文电通知南洋大臣刘坤一、湖广总督张之洞、四川总督鹿传霖饬令地方官查照料理，并札饬总税务司赫德速办新开四口之海关税务[1]。

八月下旬四口开埠行动，事经一个月，问题即行发生。由于沙市、重庆早已允许外洋轮船停泊，并未成为问题。而苏州开埠即因未开放内河航行，自是不允轮船经内陆水道直驶苏州，因是中国地方官不能答应日本商船直接驶入苏州水域，必须在长江换中国船只转载运货。本来此是国际公例，然日本以为违背《马关条约》，阻碍苏州开埠。适中日商约谈判第二次会议后之次日，即十月初三日（11.19）照会总理衙门，抗议中国地方官阻止日本商船驶进苏州水域，以其违背《马关条约》[2]。自此遂使扩大内河航行权问题，亦形成中日商约谈判

---

① 郭廷以、李毓澍主编：《清季中日韩关系史料》卷7页4464—4466，日使林董照会总理衙门及李鸿章文。页4470及4473—4474，总署致南洋大臣文。页4477，总署给日本公使照复。页4483，总署致四川总督电。页4485，总署给总税务司赫德札。页4488，总署给湖广总督张之洞电。

② 同前引书，页4538，林董照会。页4545，林董照会。页4546，总署给日使林董照会。页4549—4550，十月十一日，日使林董照会总署，强烈要求苏州水域内河航行权。页4561—4563，李鸿章致文总署详叙林董要求苏州内河航行权。页4567，总理衙门致林董照会驳斥日方要求扩大内河航行权。

中一个争执重点。

第二回谈判之后，日方代表自于中国修正条款全不满意，报告日廷作对策回应。其时因关系到各国商税，英国最为关心，尤以上海洋商商会（Shanghai Chamber of Commerce）最为积极，促请在退休中的英使欧格讷（Nicholas R. O' Conor）出面向日本公使提出一些有利外商的建议。由欧格讷以长函提具意见。更越俎代庖，清楚提具英文草拟本《通商贸易章程》十五条，外加《长江通商章程》之详细说明，用以供林董参考，林董亦俱转报日本政府①。

日方经过参考中方答辩及林董转来英使建议，由外相西园寺公望训令林董，重点指示：中国此次议约必须符合《马关条约》所规定之原则。此使林董在十一月初五日（1895.12.20）照会李鸿章作相同重点要求，李鸿章立即于十一月初六日照会答复林董，词旨明确而正当：

> 本月初五日，接准贵大臣来文。以本大臣面交拟改新约底稿，颇失马关条约本意，且将该约让与，辄行限制，碍难遵议。仍希按照原稿订期会商等因。查马关条约第六款内载：如有因以上加让之事，应增章程规条，即载入行船通商条约内等语。本大臣前交改拟约稿，系照马关和约所载酌增章程规条，本系照约办理。国课攸关，事期经久，不能不稍存限制。并未失该约本意。至贵大臣前交原稿，内多窒碍难行之处，惟须两国大臣当面剖晰，约事庶

① 《日本外交文书》卷28第1册页242—258。

可就绪①。

就中日开谈商约之始，虽只两次交手，则知重点争持必在于入口税问题，再加上英国重视长江，亦使日本着重于内河航权之扩张。细绎李鸿章的回答照会，一切未作明言，而坚持条约文意，立场亦站得坚定。

十一月十四日（1895.12.29）下午二时，中日第三次商约谈判，在总理衙门开议。中方全权大臣李鸿章带领随从官员有伍廷芳、罗丰禄、徐寿朋、陶大均等，日方全权专使林董带内田康哉及郑永邦一同参与。此次会议内涵丰富而重要，但凡日本所提条款，广泛涉及增开口岸、轮船航行中国口岸及长江内河、人民游历保护、口岸设厂制造征税，均有争辩。中方有备而来，已将日本所提商约草案四十款，或拒绝、或修订、或接受均加详注，申明所以然之理由，足以表现外交折冲之议断言辩，值得于此披露。兹附开李鸿章于日本条约草案之修订批注：

> 查通商行船条约原稿未经改动者：第一款永远和好、第三款公使权利、第二十款洋货存票、第二十五款严防偷漏、第二十八款日本在中国人民财产、第三十八款商定通商章程、第三十九款缮约文字、第四十款换约年月，**计共八款**。其中第三款虽有更易字句，第三十八款删节数字，均于原款办法，并无出入。

---

① 《日本外交文书》页262，李鸿章致林董照会。页261—262，林董致李鸿章照会。

原稿只论一面改为两面者：第二款公使携带眷属随员常住、第四款设立领事、第六款日本臣民准带家属仆婢并享通商利益、第八款请照游历、第九款保护遭害臣民、第十款日本臣民财产船只不得擅动擅取、第十一款雇用主国人民、第十二款雇夫雇船、第二十三款雇用引水、第二十四款商船损坏、第二十六款船只被盗、第二十七款巡海师航（船）进口买取食物、第二十九款商民欠债、第三十款臣民犯法、第三十二款欠债逃避、第三十三款查交逃犯、第三十四款办理官商案件、第三十五款商民船货事件、第三十六款均沾利益，**计共十九款**。所以改为两面者，以中、日两国系同文之国，唇齿之邦，两国商民，往来近便，中国既已遣派公使，必须保护旅居华民，不能不彼此从同，以期周妥。从前中国与英法初立和约，专就一面立论。以彼时中国不知外洋情形，不知华人出洋多寡，故约文遂从简略，断不得援为定例。嗣后与各国立约，即多有保护华民条款。现在重订商约，自无不兼顾两面之理。凡事彼此一律，最属均平。况优待保护之方，虽应各尽其道，而一切征税讯案之法，仍自各守定章，洵可谓至公至允矣。

原稿全款删去者：第十八款厘金章程、第十九款违例征收、第三十一款罚办充公案件归日本官员判断，**计共三款**。所以删去者，因厘金系中国内政，日本商民货物进出通商各口，及请领单照出入内地之货，并不征收厘金。其章程如何，并厘卡若干，非日本所应过问。至中国官员于日本商人货物如有违约误征情事，必应照例追还，无庸列入约款。其商人违章运货例应罚办充公之件，海关有权办理。即使商人不服控告，亦应照中国原定会讯船货入官章程，由监督税司与领事官会讯，岂能专归日本官员判断，喧宾夺主。此以上三条应删也。

原稿改拟者：第五款公牍文字、第七款沿长江卸货、第十三款附入进出口各货税则、第十四款由日本装货运入中国，并日本人在中国制造各货，由此租界运彼租界、第十五款各货应税者照进口税五分之三输纳内地税，其免税货物，并日本商民在中国制造之货，按照货价，每百抽三输纳、第十六款日本臣民于中国通商口岸内外买货，或制造货物，以备出口、第十七款日本船装载中国货物、第二十一款设立关栈、第二十二款日本商船应纳船钞、第三十七款修约期限，**计共十款**。兹将改拟之故，逐条详晰言之。原稿第五款，日本官员与中国官照会公文概用日本文等语，查中国现在通晓东文者甚少，故改为暂以汉文译录配送。日本通中文者极多，此事固非强以所难。原稿第七款，中国沿江各处所有现在已准停泊之港，及将来所准停泊之港，均准日本船卸载货物客商等语。查中国沿江各处轮船卸载货物，章程各有不同，原稿词句太简，故改稿叙明，沙市应照长江通共章程，重庆有川省专章应行照办，并引烟台会议条款，申明长江以内大通、安庆、湖口、武穴、陆溪口等处，装卸货物办法，期于各国通商现行约章不背。兼叙明新添通商口岸城镇四处，由中国官择地设立通商场所，以昭周密。原稿第十三款，本条约附入税则，一进口各货,凡日本商民运进中国,或他商由日本运进中国者,均照此办理。一出口各货,凡日本商民运往日本,或他商由中国运往日本者,均照此办理等语。查所附税则,进口货均照各国通行税则减轻,出口货则拟将蚕茧生绵等全行免税。马关和约载明,两国新订约章,应以中国与泰西各国现行约章为本,并无减免货税之说。故改稿将减免各货税则删除。仍抄附各国通行税则,以符马关条约本意。又凡货物由日本运进中国者只输进口税,由中国运出口者只输出口税等语。查进口货如运入内地,应完内地半税,出口货如由内地采买,亦应完内地半税。此系中国与泰西各国现行约章。故改稿增入,如日本商民欲运洋货入内地,及入内地采买土货,应照请领税单报单办法,另完出入内地半税。以期与各国通行约章不背。又日本臣民所输进出口税,比相待最优之国臣民所输之数不得加多。并增设别项名目一节。查中国于通商各国应征进出口税数,俱系一视同仁。此次日本新约,马关约内声明,应以各国现行约章为本。嗣后如非修改条约,断无于本约所载应征税银,及按各国通行章程税则应征税项以外加重税数,增设名目,苛派日本商人之事。原稿殊属过虑,故改稿将此节删去。

原稿第十四款,凡日本臣民或他国民,由日本照章装货运入中国;并日本臣民在中国制造各货,该货在外国人租界之内,或由此租界运至彼租界,无论由水路、陆路运送,所有税赋、钞课、厘金、杂派各项一概豁免等语。查彼此两租界，如系同一口岸，由此运彼，自无征税之事。如非同一口岸，按照中国与泰西各国现行约章，应分别出口进口办法。故改稿特为申说明晰。原稿第十五款，凡免税货物，并日本商民在中国制造之货，按照货物价值，每百抽三输纳。无论货主与经手系何国人，该货在中国各处地方，所有赋税钞课厘金杂派各项，均当豁除等语。查马关条约第六款内载，日本臣民在中国制造一切货物，其于内地运送税内地税钞课杂派，以及在中国内地寄存栈房之益，即照日本臣民运入中国之货物一体办理。夫既云照日本臣民运入中国之货物，则非免税之货无疑矣。今乃云，凡免税货物并日本商民在中国制造之货，按照货物价值每百抽三云云。竟以制造货物与免税货物相提并论。殊非马关条约本意。马关约不过撮举大纲，故于制造货物应如何征税未经议及。查各通商口岸机器制造货物，从前各国屡经求请，中国从未肯以利权让人，日本一且（旦）得之，其为利益甚多。故必须较别项购买转运之货加重税银，方昭公允。中国穷民萃众，全赖手艺营生，每日所制几何，仅堪糊口。今日商得设厂制造，以机器人力，一人一日所造，可抵华民千百人累月所成。男业女工，均被占夺。日复一日，恐中国游民游匪更多。既有损于民生，不得不思少裨国计？改稿拟将此项制造货物按值百抽十，征收离厂税银。比照日本国内现行税章相同。在中国官民固犹以为太少也。原稿第十六款，日本臣民在中国通商各口岸内购买中国货物土产，不运往内地者，所有内地税赋钞课厘金杂派各项一概豁除。如运出，只完出口正税等语。查中国与泰西各国通商约章，向无在本口采买土货复运内地之例。按照各国通商章程，洋商运土货出口，如无内地纳税实据，应由海关饬令完清内地关税，始行出单下货出口。此款原稿所载与各国现行约章不符，故必须更改。又日本臣民在中国各处制造货物，或购买货物，以备出口，准由此通商口岸运到彼通商口岸，无论水陆装运，均无庸完纳复进口半税等语。查出口土货由此口运至彼口，不完复进口税，海关难于稽查，恐易滋弊。与约准严防偷漏之意不符。故拟仍照向章，改为先完复进口税，俟出口运往外洋时给还存票。实为两便。又由此通商口至彼通商口，只能由水路装运，不能由陆路装运。盖遵陆则必须取道内地，中国与泰西各国约章，向来无此办法。原稿第十七款，日本船可装载中国货物土产，由此通商口岸到彼通商口岸，或运至沿江可停泊之港，以便在本地销售，该货如系应完税之货，只完复进口半税，如系应免税之货，只完每百抽二五之税。其货于运载时，所有出口进口，及各项杂税，一概豁除等语。查土货出口复进口，按照中国与各国现行约章，应于出口时先完出口正税，及进通商别口时再完复进口半税。今云该货如系应完税之货只完复进口半税，是土货无出口税矣。又云：如系应免税之货只完每百抽二五之税。查中国向无出口免税之土货，此节亦与各西国现行约章不符。故改为均照中国海关现行章程办理。以期与各国约章相合。

　　原稿第二十一款，中国国家允在通商各口岸设立关

栈，或栈棚，其一切章程，即由两国从速议定等语。查关
栈之设，必须因地制宜，如何妥定章程，应照通例由海关
为政。故略加更改。原稿第二十二款，日本商船在中国修
理之时无庸纳钞等语。查商船碰坏修理，准扣修理期限，
无庸纳钞，已订入通商章程，故此处可以删去。又日本大
小船只所纳船钞不得过于华船及最优待之国各船所纳之数
等语。查各国通商行船条约，向无与主国人民船货比拟
者，故华船字样应删。亦犹第三十五款，船货事件，均照
中国臣民中国船中国货等语。必须删去。同此意也。至纳
钞之船未满期限，以他船替代，诸多窒碍，亦不可行。是
以一并删去。原稿第三十七款，改稿酌增数语，不过为将
来如遇别国修约，可期一律而已。

改稿增入者三款：第十八款京师不在通商之列，系中
国与泰西各国现行章程。第十九款，日本商人请领单照进
出内地买卖货物，只准暂住，不准久居，系照各国现行章
程。亦与马关条约暂行存栈语意相符。至房主应摊本地公
举费用，其原有者，未便因日本人租房而减，其本无者，
亦断不能因日本人租房而增。至日本人与中国人，言语虽
殊，面貌无异，彼此同申改装之禁，亦不至稍有偏枯。又
改稿第二十一款，增列日本小轮船驶赴苏杭，应将该船宽
长若干，豫先报关查明给照。因该两处河道窄狭，恐致碰
撞生事，不能不设此办法，以期两有裨益。至于开行到
埠，及有无装货，应须报关候验，固系一定之理。以上改
拟约款缘由，业经详细申明。至另拟通商章程各款，大抵

皆照各国一律。惟第十四款制造货物之机器进口税，拟值百抽十，稍与机器征税向章不同。盖制造货物税银既须加增，其用以制货之机器应征税银数目，自不能不与所造货物一律。又章程内第十一、十二两款所载，日本商人前赴重庆雇用民船办法，即条约改稿第七款内开重庆有川省专章应行照办者是也。虽与马关和约第六款所载，日本轮船得驶至重庆，微有不合，但从前英国欲用轮船至重庆，川省因民情不顺，滩碛太多，无法保护，经总理衙门奏准，仍用民船运驶，各国遵行在案。况马关条约第六款第一端，载明添设口岸均照向开通商海口，或向开内地镇市章程，一体办理。川省专章，即系内地镇市章程，是按之马关原约并无不符也①。

我人所能见到中国近代因应列强外交表现其精细具体而并具国际眼光之对策者，此项解说详注为最早文献，亦即最详资料。可惜中国全无保存，只能见之于日本外务省纪录。中方则只见到李鸿章向总理衙门行文报告与林董在照会中互辩修改条约短文②。

十一月二十一日（1896.1.5）下午二时，中日第四次商约会议在总理衙门举行。李鸿章仍带同伍廷芳等出席，

---

① 《日本外交文书》页269—272。又，同前引书，页272—283，中国于日本商约草案四十款全文，逐条详另加签注迎拒修订意见。由于太占篇幅，故不加引据。至于此种就条约全文之下，逐条签注修订意见之做法，实早起始于鸦片战争中之《江宁条约》。乃是中国外交作业之惯例。此次则先正式提交日方代表。可充分见出中方之修约意见。

② 郭廷以、李毓澍编：《清季中日韩关系史料》卷7页4575—4576。

日方仍为林董及其随员。中日代表谈话录中注明与前次相同。

此次会谈，日方首先就中方对条约评注各点提出反驳。惟先以长江新开口岸之沙市、重庆入手。换言之，正是各国所盼望扩张长江之内河航行权，直至上游之重庆。此是中国进一步全面开放长江的一个重点。

次一个新重点，是根据《马关条约》，日本人民可在中国口岸设厂制造货物。按之条约权利，中国不能拒绝。然中国官方则恐外洋全面援例设厂，进口外洋原料，制造成熟货出售予华民。中国工业不但大受打击，而国家税收亦毫无着落。因此中国要对设厂制货物开征制造税后来中习称为"出厂税"，但凡由原料制造熟货，如非重新运出外洋，凡出厂售予华人，视同外洋货之输入，即加征出厂税。日方为新设税目大为反对，极费唇舌。为此次辩论最大重点①。

十二月初九日（1896.1.23）下午二时半，中日商约交涉第五次会议在总理衙门开议。谈话笔录注明，双方代表及随员与前次相同。

此次谈判重点，制造税仍居最重要重心。中国代表更坚持在本国内有充分权力征抽内地原有之各项厘税。外人无权干涉。但凡本国土货、或在本国设厂制造之货，中国一定征税。林董极加反对，但无法说服中方，亦难有正当可恃之理以反对中国内地之税。最后只好向日本外务省请示，转告中国坚持之点，要求给予训令。日方态度强硬，虽在中国设厂将进口生货

---

① 《日本外交文书》卷29（明治二十九年一月至十二月全年文件）日本东京，外务省，昭和29年（1954）印，页337—384，中日代表对话纪录。

造成熟货，但不允许负担任何制造税或出厂税。日本官方来往文书，清晰可见①。

---

① 郭廷以、李毓澍编：《清季中日韩关系史料》卷7页4649—4650，光绪二十一年十二月初五日李鸿章致总理衙门文，具引同日日使林董来函云：

贵国政府所提之制造货物征税一层，

贵大臣前嘱本大臣转询我

政府意见。但据本大臣旋所奉之训条，似此一切，我

政府并不允准。已属明白。转询一节，勿庸照办矣。再者，此函不是公文，并闻。顺请

勋安。

又，《日本外交文书》卷29页388，十二月初十日（1896.1.24），下午四时，林董向外务省电报请示对待中国内地税之谈判立场，电云：

101. Chinese all along obstinately insist that the words 内地 inland or internal taxes in Article VI 下关 treaty means taxes levied only in the interior of the country according to definition of Chefoo Convention. Manufacture being newly permitted industry and its produce not belonging to category of exports or imports duty on it must be newly determined，but 下关 treaty being vague on this point it is necessary to provide for it in new treaty，according to the last clause of 下关 treaty，they wouldn ot convinced with the argument that the word internal taxes means all taxes beside customs and that spirit of the clause 4 Article VI of the treaty itself plainly shows interpretation of Japanese Government is right. It appears that they adopt their usual policy of carrying out their point by worrying us I am at a loss how to deal with the matter.

同前引书，页389，1896年1月25日下午1点45分，林董电报外务大臣103号，再次请训令指示：

103. Chinese propose as follows：abolition to all inland taxes in regard to articles not native product as consideration for five per cent tax on manufacture and an increase of commutation tax to five per cent. Percentage demanded for commutation is excessive but at lower rate may prove real advantage to commence (commerce?). Can negotiations be conducted on this line?

同前引书，页390，日本外相西园寺公望于1896年2月5日，以电报给予林董训令，指其一定以《马关条约》为根据。认定在中国口岸设厂制造之货物，既非入口亦非出口，拒绝中国征收任何税目。其电报15号训令，亦用英文发递：

十二月二十一日（1896.2.4）下午二时半，中日代表及其随员，在总理衙门展开第六次会议，双方出席人员与前次相同。日方仍详记李、林两全权对话纪录①。*①

十二月二十四日（1896.2.7）下午二时，中日商约谈判代表及其随员，在总理衙门开谈第七次会议。双方出席人员与前次相同②。

关于第六、七两次中日谈判，主要在优先复检两国已达协议条款，使得双方再当面认定，能使条文词义为双方明白接受。自是很细密繁复的会谈，自于完成商约最为重要。惟双方争执不下的问题仍然在于制造税，同时亦在中国厘金的免除与

---

*15. Whatever vagueness may characterize Chinese text of clause 4 Article VI 下关 Treaty，the English version by which means disputed points are to be resolved is absolutely free of ambiguity. It was exactly because manufactures could not be classed either as imports or exports that it became necessary to insert special clause in 下关 Treaty in order to prevent neutralization by indirect means of benefits of manufacturing concession. Accordingly manufactures were expressly and unconditionally assimilated to imports in the matter of internal taxation of all kinds. The same internal taxes that can lawfully be imPosed upon imports may also lawfully be imposed upon manufactures but any attempt to impose on manufactures any internal taxes，duties，charges or exactions of any kind，other or higher than those leviable on imports would constitute clear and substantial violation of express terms of 下关 Treaty which Japanese Government could not ignore. Engagement in 下关 Treaty being full，clear and explicit Japanese Government decline once for all to discuss the question of right of chinese Government to make any distinction whatever between imports and manufactures in the matter of any kind of internal taxation. In all negotiations with Chinese Government you must be guided by principle of no departure from terms of 下关 Treaty. Accordingly proposal contained in your telegram 103 is also inadmisible.

① 《清季日韩关系史料》页 400—406。
② 同前引书，页 406—410。

否争论甚烈。这种核对条款文义工作以及制造税之争执，林董随后于十二月二十五日（1896.2.8）立即电告日本外相，可以概括此两次会议重点①。

接着时间进入光绪二十二年（1896），同时亦在中日商约谈判进程中发生重大转折。其所以关系重大者，是因为李鸿章要以特使名义赴俄国贺俄皇加冕，自必须另简大员，接替李鸿章与日使谈判商约。事情转折，当酝酿于头年十二月。我人可知李鸿章一定胸有成竹，在人事上未决定前，李氏已在第六第七两次谈判会议中作一个段落交代，把中日一些协议条文经过核对，固定下来，以便他人接手。此正见出一个外交家的经验与修养。光绪二十一年十二月二十七日（1896.2.10）清廷上谕，任命李鸿章出任专使，为俄皇加冕前往致贺。同一天另一上谕，任命户部左侍郎张荫桓为中日商约谈判全权大臣。事机转折当在新年开年前夕②。

光绪二十二年正月初三日（1896.2.15）总理衙门照会日本公使林董，告知改派户部左侍郎张荫桓接替李鸿章授任全权大臣与林董继续谈判商约③。

---

① 《清季中日韩关系史料》页411，1896年2月8日下午4时，林董发给日本外相电报云：

109. I have arranged with 李鸿章 to go on with the examination of Commercial Treaty leaving, for the present, the question of manufacture taxation; by yesterday had already three meetings for that purpose; confidentially shown 李鸿章 translation of your telegram. He says that in his opinion Chinese interpretation of the text is very clear and admits no doubt.

② 王彦威、王亮编：《清季外交史料》卷119页25。

③ 郭廷以、李毓澍编：《清季中日韩关系史料》卷7页4697。

在李鸿章因出使俄国而另派遣张荫桓之后，其间有数次非正式之中日代表会晤，一直在细加争辩货物制造税问题，会外疏通，对于化解日方强硬立场有用。另一重点，因苏杭开埠而立即引起双方对于内河航行权的重大争执，而深入辩论已在李鸿章辞去代表之后，且因地方开放口岸，俱在南洋大臣领域之内，此一辩论战场，即在此时由总理衙门直接面对，与林董有数次照会，往来辩论。中国根据《马关条约》，不接受有任何内河航行权让与。日本则以为开放苏州，即是允许轮船直航至苏。总理衙门据《长江通商章程》及《烟台条约》，严格而清晰判明何者为内地、何者为开放之口岸。日方则据《长江通商章程》之例，以中国早已允许内河航行。总署更明白言，所以订《长江通商章程》即是画清口岸与内地之区别，使轮船不可驶入其他内河。其双方往复辩驳，俱见光绪二十二年正月初九日总署给林董照会。正月十一日林董给总署照会。正月三十日总署给林董照会①。

关于内河航行问题，在总理衙门考虑之下，因其与江浙地方开口岸有关，乃于正月二十九日（1896.3.12）致照会给林董，将此问题归于地方开放口岸相关谈判，建议仍由日本原遣之上海总领事为代表会合南洋大臣派遣一位道员，一同会商苏州、杭州、沙市、重庆四口岸之开放及行船问题。由此将重心移至地方，遂减少商约谈判中反复争论②。然总署建议最后被

---

① 《清季中日韩关系史料》页 4699—4706，总署给日使照会。页 4701，日使林董给总署照会。页 4706，总署给日使照会。

② 同前引书，页 4701，总署致日使林董照会。页 4752，总署致驻日公使裕庚电。

日本政府否决，不久即又纳入商约谈判重心。

日本公使于光绪二十二年正月二十四日照会总署催促重开商约谈判。中日之间遂于正月二十八日（1896.3.11）下午二时，在总理衙门展开第八次商约会议。中方全权大臣张荫桓，所带随员有伍廷芳、徐寿朋、陶大均、俞锺颖、沈曾植、顾肇新、瑞良、梁诚等。谈判用语，中、日文外，日使林董自用英语谈判，并有随员内田康哉及高洲书记生间用英语。第一步双方公使互相验看全权委任证状。并作一些外交立场宣示，甚至多处提示援照欧洲之外交惯例，以沟通双方谈判条约之基础。随后就前此中方所拟答辩日方条款之修改意见，乃提出反驳。惟林张会议修约，重点不出林、李所谈重点，主要仍在于中国所征之内地税①。

光绪二十二年二月初四日（1896.3.17）下午二时，中日商约第九次会议，在总理衙门开谈。列席者，中日双方均与前次相同，并作纪录。会谈重点主要集中于日本条约草案之第十六、十七、十八各条。实最关乎中国土货征税与运货转口买卖问题。中日双方有完全不同的用心与解释。日本希望土货完税之后，日商即可运至他口出售。中方以为与对其他各国有重大出入。即必须画明任何内地口岸，外国商人不能任意运货。只能允许条约有载之口岸方可出入货物。且必在中日条约中示明照《烟台条约》中所定之内地口岸（长江六处）。如其条约之

---

① 《日本外交文书》卷 29 页 412—419，中日交涉，第八回对话纪录。又，王彦威、王亮编《清季外交史料》卷 120 页 3—6，正月二十五日全权议约大臣张荫桓奏。

第十七款条文（张荫桓修改稿）云：

> 日本船载中国土货，由此通商口岸到彼通商口岸，除已完出口正税外，应照章完纳复进口半税，或运至长江以内，安徽省之大通、安庆，江西省之湖口，湖北省之武穴、陆溪口等五处，均照烟台会议条款，第三端之一，所载轮船停泊，并上下客商货物章程办理①。

二月初十日（3.23）下午二时，中日商约交涉第十次会议在总理衙门开谈。日方人员未变，中方随员中有俞锺颖转任他职，改以吴景祺代替，其余未变。在此次谈判中，广泛辩论到二十一条至三十六条。其中重轻有别，而日方仍对中国征收厘金与出厂税，极力反对，毫不放松②。

其时由于《马关条约》规定允许日本商民在中国口岸设厂制造，而于此次商约谈判，遂派生出外人在华设厂必须征收制造税问题。李鸿章固未能说服林董接受。及至张荫桓接手，中国地方官特别是署南洋大臣张之洞数度行文总署，反映南洋各口收税之困难。表示洋人已迫不及待正在上海等口计划设厂，经苏松太道调查所知，已有怡和（Jardine, Matheson & Co.）、老公茂（Ilbert & Co.）、茂生（American Trading Co. Inc.）、瑞记（Arnhold-Karberg & Co.）等四个洋行由外洋运机器在上海设厂。再加上东洋商民亦正计划设三个制造厂，一时之间已不下八厂（瑞记设两厂）。其后来者尚在观察

---

① 《日本外交文书》卷 29 页 422。又，同前引书，页 419－424，第九回中日会议谈话纪录。

② 《日本外交文书》卷 29 页 424－434，中日商约交涉，第十次对话纪录。

机会，因是深知必至排挤华商工厂，更影响国家税收。张之洞以此论点，要求中国代表坚持征收制造税，同时附上税务司对于外人设厂评估其危害税收之严重报告。总署分于二月十一日及十九日两度给予张荫桓咨文，使之在谈判中顾及中国税收之丧失及挽救华民之生计。凡此中方疆吏之反应及挽救税收之努力，俱足使张荫桓在谈判中，戒慎恐惧，极力坚持立场①。

二月二十日（4.2）下午一时，中日商约谈判第十一次会议在总理衙门开谈。中日双方代表出席者及随从人员以及谈判用语，均与前次相同。此次续谈三十七条至四十条。使得张、林之间于日本四十条款均已完成全面对谈辩论，在全权代表互相沟通工作，已至彼此获至充分了解。合此前后四次会议（八回至十一回）。自是暂达一个段落②。

张荫桓在完成四次谈判后，总括准驳、辩论、删除各款要点，于三月十一日（1896.4.23）奏陈皇上皇太后，可以简约见其谈判项目重点，易于了然其全般情况。尤其是张荫桓之谈判成就，略可洞悉。特举证以备参阅：

> 臣自接办后，叠与林董会议。当将该使原交约稿四十款逐条详议。每次问答，累牍盈篇。自正月二十八日起至二月二十日计会议四次。照原稿驳删第五、第九、第十、

① 郭廷以、李毓澍编：《清季中日韩关系史料》卷7页4728—4735，张之洞致总署文二件。页4736，总署行张荫桓文。页4753，总署行张荫桓文。
② 《日本外交文书》卷29页434—436，第十一回对话纪录。又，《清季中日韩关系史料》卷7页4746，日本公使林董照会总署，反对中国征收口岸外国工厂制造货物出厂税。

第十七、第十八、第十九、第三十一、第三十四、第三十五、第三十六等款，尚余三十一款。内照原稿未改者二十四款。驳改者七款。查原稿第五款系日本官照会中国官，均用日本文，不用汉文。第九款系日本人在中国必（如）遭扰害，地方官立即追赃缉匪，第十条系日本臣民财产船只，中国官不得擅动擅取。第十七款系日本船装载中国土货在通商口岸此口运彼口，及沿江停泊之港就地销售。第十八款系中国厘卡章程应告知日本。第十九款系中国官员误征日本臣民税项惟中国是问。第三十一款系罚款充公案件归日本领事官判断。以上七款，关系国体利权，万难核准。该使乃不得已而删除。其第三十四款系日本官商财产遇有办理案件，均照相待最优之国一律。第三十五款系日本商民所有事件，均照中国臣民中国船中国货并相待最优之国臣民船货一律相待。第三十六款系他国国家官员船货人民得有利益，日本一律同获其美。以上三款，皆日本饮恨旧约不得与各国均沾，欲于新约取偿者也。所论亦太繁琐，现只仿照英约第五十四款改拟一条，删此三款，视原稿较为近理。综计删驳各款似觉渐有端绪。惟于税务诸大端，仍未肯和衷遵改。一时断难定议。其机器制造土货，及约本所附减税免税货则，有碍通行税章，必须再为驳论。至设立领事保护商民，亦应转年办理。兹据该使将删除驳改各款另缮候商。臣现与订期十一日会晤，详论一遍。随将此次另缮约稿三十一款逐细斟酌，重加驳改。然后再与商订。该使最为阴鸷，且有马关成约借口，尤难控驳。其中紧要各款一经定议，各国必援一体均沾之例，于

　　商税大局所关逐（匪）细，此次删驳各款，但较开设（谈）之初机局稍活，未敢遽云就范①。

　　在日本方面，亦于此时于会议前景感到获得成果。公使林董表面上仍对中方不动声色，一味要求。而经此四回谈判之后，已经自信谈判必能成功。且在二月二十一日（4.3）即第十一回会议之次日电告日本外相，对于外相所极切关心之制造税问题，表示有把握使之不能入约，同时料定商约结果将会顺利达成②。

　　三月十一日（4.23）下午二时，中日商约谈判第十二次会议在总理衙门开谈。日方全权代表林董带郑永邦书记生及高洲书记生出席（田内康哉未列席）。中方出席列席人员与前一次相同。在此次会议，日方提出修改条约各款之修订全约对案，当面交给张荫桓参考。展开中方代表选择重点之辩驳。在议订商约过程中，是中方在经过修正后之第三番修改机会。期使商约更接近于完成。此后之各项谈判，均以日方修正本为底本③。

　　三月二十二日（5.4）下午二时半，中日商约谈判第十三次会议在总理衙门开议。双方代表及随员列席者与前次相同。

---

　　① 郭廷以、李毓澍编：《清季中日韩关系史料》卷7页4787—4788，张荫桓奏。又，王彦威、王亮编：《清季外交史料》卷120页17—19，全权议约大臣张荫桓奏。

　　② 《日本外交文书》卷29页437，林董给日本外相电报：

　　137. Is it your desire to settle the question of manufacturing tax at once with the treaty? If not, I think it is not advantageous to raise the question now from our side. Better wait for Chinese move. Treaty may be sooner concluded without it.

　　③ 同前引书，页440—443，中日商约交涉第十二次对话纪录。

至谈判重点则就中日两国政府对待对方臣民之待遇问题，并涉及最惠国待遇欧洲各国之前例。日方颇要不平等方式在中国享有特权。中方代表运用外交折冲之术，特别依持国际通行惯例为手段，以防御日本之扩张特权①。

三月二十九日（5.11）下午二时半，中日商约谈判第十四次会议，在总理衙门开议。中日代表及随员并谈判用语与前次相同。此次继续会谈中日臣民来往待遇以及最惠国待遇在国际上之通行解释。张荫桓等仍极力维护，以力促中日两国间臣民俱享相同待遇②。

四月初六日（5.18）下午二时半，中日商约谈判第十五次会议，在总理衙门开议。出席代表及列席随员并应用语文与前次相同。此次谈判是双方开始进入缔结商约之阶段，除广泛讨论所达之各项协议，重要思考到商约之结论与解释。加上自十二回谈判，至此又已经过四次会议。双方可以各向其政府或全权代表表达最后意见与努力，以备再作最后协商③。

中日谈判至第十五回，其时重要关节日本已多达成目的，而于内河航行苏州、杭州，已从日方林董数度照会迫使中国让步。惟至此时日本外相仍在坚持不肯允许中国在各口岸征收制造税，尚是丝毫不肯让步，成为一个重大难题，于是在第十五次会议之后日本外相与林董之间仍函电交驰，训令中无不指示坚持拒绝中国征收口岸工厂之制造税。因此中日商约会议颇难

① 《日本外交文书》页 446—453，中日商约交涉第十三次谈话纪录。
② 同前引书，页 457—462，中日商约交涉第十四次谈话纪录。
③ 同前引书，页 462—469，中日商约交涉第十五次谈话纪录。

继续开谈①。

日方代表一面整理各次谈判条款，作最后修正，一面由侧方面令书记官探询中国随员通日文之陶大均。主要追求中国钦差何以一直坚持凡口岸设厂制造货物，一律征收制造税。希望看出中方真正态度与困难所在。因是而取得与陶大均的笔谈记录。虽无日期，实当采自于第十五次会议后之十数日内。林董并将与陶大均私谈笔录，径寄西园寺阅看。日方所获了解（得自陶大均谈话）其一，张荫桓对制造税之坚持，是承受全权使命，而十分畏忌清议。若不坚持，必受朝野攻伐。其二，既允外国在中国口岸设厂制造货物，即必丧失大量进口货税，于外洋设厂由生货造成熟货，已非单纯原料，自必获得重利，而应予征收新货出厂之税，理所当然。其三，中国此次因《马关条约》开放日本人民来口岸设厂，乃使西洋各国一一探测到华制造洋货，华民喜爱洋货，必使日货滞销。中国所以征制造税并非专对日本，而日本人民亦难禁制洋货倾销。若如往时均自外洋运进中国，日本地近利轻价廉，必能受华民喜爱，而欧美之货自难立足。此时林董为使中方不将制造税列入约文，已在思考与中国以换文方式各表述其本国理据，乃使中日谈判再现转机②。

日使林董经与政府往返请示后，自第十五次会议（四月初六日）后，经过近二十天时间，将商约条款文句内容作第三次修正，完成底稿，以修约说帖并连同改订草约底稿二十九款。

① 《日本外交文书》页472—475，日本外相致林董67号电，林董致西园寺外相158号电、159号电、160号电，西园寺给林董训令同67号另电。均系针对中国征收制造税，而再三指示拒绝之训令与回电。
② 同前引书，页483，陶大均笔谈纪录。

于四月二十六日（6.7）送交张荫桓。同时电告日本外相，表示除了小有改动，中日商约各款已获致协议，可以完成条约，惟双方所各持观点，则用照会、说帖等外交换文作为附件①。惟在张荫桓接到林董商约说帖及草约底稿（在日本方面的纪录中，应尚有《修约觉书》）之后，亦即在五月初八日（6.18）完成全部核对抄录，一并送呈总理衙门。其所申说，最为简要明白。可以充分见出中日双方坚持之重点，与阻难所在。

> 窃照日本林使第二次送来遵驳删改通商条约底稿，并本大臣送交林使改拟约稿，均经抄录咨送在案。兹于四月二十六日复准林使送到说帖两件，并续改约稿，本大臣细加查阅。林使此次送来约稿二十九款，较初次所交四十款业已大相悬殊。惟制造货税，仍未肯订入约内。并于"说帖"内声称商约成否，在此一稿。又称如必以抽税一层合办，则此约恐难成议等语。词气甚为坚执。除由本大臣妥筹，再与订期会议②。

五月十七日（1896.6.27）下午二时半，中日商约交涉第十六次会议在总理衙门开议。双方出席人员均与前次相同。此次十分明显，系中方对于日使所送来最后之草约底稿二十九款，须作接受与否的一个正式交谈。双方意见大致可以取得协议。但仍于第三款、第五款、第九款、第十款、第十二款、第二十二款、第二十五款、第二十七款、第二十八款，俱作一些文句修正。最后完全达于双方协议。基本上草约底稿出于日方

---

① 《日本外交文书》页476－484，日本修约觉书、说帖，英文稿。
② 郭廷以、李毓澍编：《清季中日韩关系史料》卷8页4830，张荫桓咨文。

所拟，实是完全符合日本政府意愿①。

《中日通商行船条约》(日本文书用《日清通商航海条约》)正式于光绪二十二年六月十一日(1896.7.21)由中国全权大臣张荫桓与日本全权公使林董在北京签字。正约约文二十九款，附属文件有双方照会六件、说帖二件。代表中日新订商约之完成②。

附属文件中有一个重要照会，出于中方主动，盖条约非平等对等，正约所载，俱一一明言中国对日本人民如何享有治外法权，等等。而中方原提出修正案保护旅日商民，林董一直反对载入条约，理由是各国未载对待华民之约文。因是双方同意以照会方式在签约当日在照会中，中方提出日本政府对于旅日华民如何待遇。林董照复，重申拒绝列入条约理由，但正面答复云："至其将贵国商民商船应如何办理之处，苟非于国内之益或平安有所妨碍，我政府期公允而昭睦谊。"③ 如此则可使张荫桓免于中国朝野清议所责骂，略留脸面作卸责余地。

另一问题于中国税收关系极大，是即日方始终反对口岸设厂征收制造税，果照林董向日本外相保证，根本未叙入正约。但附上自五月间中日双方代表对于制造税各作表述看法之"说帖"。林董说帖与张荫桓所答说帖，均作为条约附件。大意而言，林董表示：《马关条约》中规定中国同意日本人民在口岸

---

① 《日本外交文书》卷29页486—488，中日商约谈判，第十六次会议纪录。

② 郭廷以、李毓澍编：《清季中日韩关系史料》卷8页4876—4887，张荫桓奏及附件。又，《总理衙门清档》，"光绪条约"，日本约，中日通商条约及附属文件。又，王彦威、王亮编：《清季外交史料》卷121，页32—40，《中日通商行船条约》全文。

③ 《总理衙门清档》，"光绪条约"，日本约。又，《日本外交文书》，卷29，页492—495，张荫桓与林董彼此交换照会中英文本。

设工厂造货；其中并未表明中国可以征收制造税，故而拒绝此一税目。张荫桓回答说帖则谓：《马关条约》并未订明日本人民可以免税，因是中方有权征税[1]。

由于中日商约并未能载明制造税问题，而附属文件只是中日各自表述立场之说帖，对日本言拖下去最有利，对中国言足以严重影响关税收入。张荫桓未能完成之事，使海关不能向外国在华工厂征税，自使总理衙门必须在条约签字后继续与日使研商，屡经双方研商，最后以交换条件办法，中方允许日本驻在口岸，于上海、天津、厦门、汉口等处，可以特辟日本专管租界，日使林董始接受中国对口岸工厂征收制造税。双方特于光绪二十二年九月十三日（1896.10.19）另外签订协议书四条。日方代表为林董，中方代表为荣禄、敬信、张荫桓三人。制造税之被承认，载于协议书第三款：

> 日本政府允中国政府任便酌课机器制造货物税饷，但其税饷不得比中国臣民所纳加多，或有特异。中国政府亦允，一经日本政府咨请，即在上海、天津、厦门、汉口等处设日本专管租界[2]。

如此交换条件，中国必须付出重大代价，而终使问题解决。中日商约已经批准，遂于次日九月十四日（1896.10.20）中日双方互换，中日通商行船条约即于此日生效。

---

① 《总理衙门清档》，"光绪条约"，日本约。

② 《日本外交文书》卷 29 页 557—559。又，郭廷以、李毓澍编：《清季中日韩关系史料》卷 8 页 4931，林董节略。页 4933，林董照会。页 4934，林董照会。页 4940，总理衙门给林董照会。

下　篇

晚清十年间之中外商约交涉

晚清十年之中外修约史实，正式起于光绪二十八年（1902）英使马凯（Sir James L. Mackay）来华，在上海与中国商约大臣吕海寰、盛宣怀会议修订《中英通商行船章程》，以至嗣后继续与美、日、萄、德、义等国代表之会议订约，直贯清末至宣统二年（1910）为一段落。一般常识相信，修订商约之契机，始于庚子之拳变（1900），确定于辛丑之和约（1901），其前后史实，约跨十年之久。

我学界近代史家，普遍印象如此。大致或无疑义，实际史实脉络与启始动力，决非如表面印象。实际情况，有三点须在此澄清。其一，庚子赔款，各国要求四亿五千万两，各国均必立即思考中国赔款能力。因是多数国家同意中国海关加税至百分之十，有一先决条件是中国必须裁撤厘金。因是可见修订商约、加税裁厘，其主动推行系出于战胜国列强。此在学界并无疑问。其二，根据咸丰八年《天津条约》，中国必须每隔十年与各国修订商约，形成中国外交上常常为此与各国反复交涉，外国又无不借修约机会而扩张在华利权。此亦为史家周知，多所共喻。其三，在此先作提示：有与世人常识预想情况有异，出于历史上真实之反证者。一则晚清修约之起始非出自庚子以后，而是启步于光绪二十四年（1898）。二则开始提议修约原先出于中方之主动要求。三则修约宗旨在增加海关进口税，其估断成算，倡说之人是盛宣怀的建议。

中国近代之商业利权醒觉，以及中西国际对等权利观念，至少在清同治初年已然展开文字讨论，包括李鸿章、郭嵩焘、沈葆桢、丁日昌、王韬、曾纪泽、郑观应、薛福成等思想先驱。举凡条约之丧权，洋货之充斥、洋人之在华不受法律管治，以海关为洋人把持，关税不能自主，早有广泛讨论，深入探究①。惟其真能提具挽回利权办法从修改商约入手，实当即始自盛宣怀。光绪十一年（1885）之创意与光绪二十二年（1896）之正式奏陈朝廷。我人研讨晚清商约外交，当自盛宣怀于光绪二十二年正式奏陈朝廷为起始。

> 欲求足国，先无病民，欲收商利，在挽外溢。加税之议，事未就绪。闻西人以厘金为词，盖窥我国用之绌，必不能停收厘金也。应机决策，莫若径免天下中途厘金，加关税为值百抽十，令彼无所借口。厘金既免，即仿行西国印花税之法，办理得宜，计加收之关税新收之印花税，合之当倍于厘金。而免厘则出口土货易于流通，加税则进口洋货或渐渐减少。取益防损，利在无形，所谓足国而不病民，且阴以挽外溢之利者此也②。

---

① 王尔敏著：《中国近代思想史论》，台北：商务印书馆 1995 年 2 月印，页 233—381，商战观念与重商思想。又，王尔敏撰：《中国近代之工商致富论与商贸体制之西化》，《国际汉学会议论文集》，台北中研院 1981 年印，页 1215—1262。又，王尔敏著：《晚清政治思想史论》页 182—219，晚清外交思想的形成。又，王尔敏撰：《十九世纪中国国际观念之演变》，《香港中文大学中国文化研究所学报》，卷 11 页 61—106。

② 盛宣怀著：《愚斋存稿》，思补楼刻本，民国 28 年印，台北：文海出版社影印，卷 1 页 6，光绪二十二年九月奏。

依照《天津条约》及《北京条约》所定十年修约时效。光绪二十四年（1898）即到中英、中美、中法修订商约之期。中国由总理衙门于三月十七日（1898.4.7）给英国公使窦纳乐（Sir Claude M. MacDonald）照会，通知英方会议修改商约。但因窦纳乐有事返英，并未推动会议商约之事，只是暂作搁置。

此次中国一反往年在外交上退避被动，听任外国事先提议修约常态，主动先向英国入手，正自显现外交知识之增长，特别在于重大国课之防护，已进而主动向列强作挽回利权之努力。英使虽因一时回国而被搁置，清廷则未忘藉此十年修约之条文，对于海关税则加以重新改订。当时一个委婉卑微不求大改之宗旨，只是盼望海关税收能真正达到道光时期所定的值百抽五。因为外国进口货估值往往过低，一向未能真正按值百抽五纳税，使中国岁入减少，漏卮甚巨。而洋商太过优遇。

清廷未停止修约愿望，光绪二十五年九月初二日（1899.10.6）慈禧太后召见盛宣怀，盛氏奏对，提出练兵、筹饷、商务三个重点，作清廷恢复国力之入手。九月初三日，即有上谕指示盛宣怀，令其专门对于练兵、筹饷、商务三端作详细具折奏闻①。盛氏承此指示，于十月中上奏，另行附陈所拟练兵事宜详细清单、筹饷事宜详细清单，以及商务事宜详细清单，洋洋洒洒达三十条。而尤以筹饷与商务，提出不少积极建

---

① 盛宣怀：《愚斋存稿》，奏疏卷 3 页 39，思补楼刻本，民国 28 年印，台北：文海出版社影印。光绪二十五年十月奏折。又关于盛氏生平略历，可参看夏东元著：《盛宣怀传》，成都：四川人民出版社，1988 年印。

言。筹饷条陈，即关系到增加税收来源的建议。自亦主动提出与各国修约改订税则办法。重点之一，要求重新评估时价征税。重点之二，要求将免税之洋烟、洋酒、玻璃器皿、食物等，酌量分别自用与商货品类，或予抽税或准免税，必须画分明白。盛氏条陈可据实征引于次：

> 查加税一层，屡议未成，各国多执加税必须免厘。中国以厘金万不能撤，以致中辍。查咸丰十年新定通商税则善后条约第一款，载明应核作时价，照值百抽五例征税。其时金贱银贵，每磅仅合银三两左右，税则虽未言明以镑合银，实则系照镑价核估时价也。现在金贵银贱，每磅合银七两以外，故此时不必与各国商议加税，只须扭定第一款所载，应核估时价一语。将通商各口进出口货物税则，按照现在时价，另行核估。仍照值百抽五例征税，无所用其加税也。又英国条约第二十七款载明，此次新定税则并通商各款，日后彼此两国再欲重修，以十年为限，须于六个月之前先行知照，酌量更改。若彼此未曾声明更改，则税课仍照前章完纳，复俟十年再行更改，以后均照此限此式办理，永行弗替等语。此系完纳税课可以酌量更改之实据，本年正值十年限期，闻总理衙门业已照会各国使臣，而各国亦并未回拒。但现在将及西历年底，若此时不与认真开议，照约须俟十年再行更改。愿请饬下总理各国事务王大臣，查明条约，一面照会各国使臣，一面传旨责成总税务司赫德，速与各国按约议改。前办洋药加税，亦系专责赫德办理，邵友濂不掣其肘，乃能成功。年内为日无几，只须声明开议更改，便可接续商办。各国条约均有

"利益同沾"字样，英国必推各国，而通商以英国为最盛。如果仍照洋药加税专责，赫德必不致毫无办法。现今各口关税已收二千五百万两，若照现在进出口货核估时价值百抽五，约可增税银十之五六，筹饷大宗，无逾于此。又通商善后条约第二款载明，外国自用药料、玻璃器皿，及外国烟丝、烟叶、外国酒、各种食物、用物进出口皆准免税。自系专为外国人自用优加体恤起见。乃近来中国人多用外国烟酒、药料、器皿等物，应如何分别应免应纳之处，可否一并饬令赫德筹议更改，亦于关税有益①。

清廷根据盛宣怀条奏，即于十月十六日（1899.11.18）立下诏谕，钦派盛宣怀、聂缉椝会同总税务司赫德（Sir Robert Hart）与各国议改商约。兹引据其上谕所指，以比较研判：

> 查咸丰十年新定通商税则善后条约第一款，载明应核作时价，照值百抽五例征税。现在金贵银贱，但须扼定此一语，将各口进出货物税则照时价另行核估，自无所用其加税。现届十年换约限期，应及时迅与认真开议。又近来外国烟酒、药料、器皿等物，中国销路甚广，不尽各国官商自用。应如何分别办理之处，请一并筹议等语。各口关税如照现在时价核估，所增税项实为筹饷大宗。著派盛宣怀、聂缉椝会同赫德，查照条约，迅速筹办。仍由总理各国事务衙门综核办理②。

---

① 盛宣怀：《愚斋存稿》卷3页50—52，同奏折所附条陈之二。
② 《清实录》册57，《大清德宗景皇帝实录》卷453页972，北京：中华书局影印，1987年6月印。

总理衙门奉到谕旨，随即于同年十月三十日（1899.12.2）致照会给英使窦纳乐，要求英方会同议订两国通商章程，此一照会向未布露于世，兹据《总理衙门清档》征引于次：

> 照得届期修改税则一事，曾于光绪二十四年三月十七日照章于六个月之前备文照会，请转达外部在案。本应即时举行，而尚未开办之时，又值贵大臣回国，是以迟延至今。现闻知贵大臣回任，相应将修改税则之举，再为照知，以便定期开议。再本年十月十六日准军机处交片：军机大臣面奉谕旨，各口关税应及时照现在时价核估。著派盛宣怀、聂缉椝会同赫德，查照条约，迅速筹议。仍由总理各国事务衙门综核办理，钦此。等因前来。本衙门合即恭录谕旨，一并照请贵大臣查复施行[1]。

我人于此略见，清廷在财政窘困之中，思考而及于修订商约章程，希望在海关税收中主动挽回些微利权。无论如何，俱值得肯定。而盛宣怀固已久惯与洋人官商周旋，于洋务商务，更是经营航运、电报、开煤、炼铁以及新创银行等事业能手，其才干足恃，亦当更加肯定。

盛宣怀奉到旨命，自光绪二十五年十月至二十六年二月，连番广向各省地方官考究厘金收入状况，以便与洋人谈判裁厘加税办法[2]。更在光绪二十六年二月，提出一系列之评估预

① 《总理衙门清当》，原抄本，01—21号，48函，49宗，册7，发英国公使照会。
② 王尔敏、陈善伟合编：《清末议订中外商约交涉》上册页2—6，香港：香港中文大学出版社1993年印。

计，作为改约增税之谈判准备。缮具加税办法清单，分别为：
（一）洋货进口税征实值百抽五并子口半税值百抽二五，裁厘
并征，提高一倍至值百抽十五。（二）土货出口仍保持正税值
百抽五，子口税值百抽二五，以体恤华民。（三）洋货免抽厘
捐，土货仍照抽厘捐。（四）将进口洋酒、洋烟、器皿、食物，
分别自用家用以及货运售卖，凡售卖必照章收税。在此四项设
想之外，为使朝内大臣较易明了情况，乃另缮呈一分加税备问
节略，同时随其二月奏折一并进呈①。

　　盛宣怀呈递奏折，立即奉召于二月二十四日（1900.3.24）。
盛宣怀以大理寺少卿身份入觐奏对，太后问明盛氏所作估断与
对外国交涉加税之把握，免厘加税之得失。当天发布上谕，责
成盛宣怀、聂缉椝承办与各国议改商约税则。至此更见受到朝
廷之反复授命，表现重视与推信。就中国主动议改税章而言，
亦可见出清廷之充分准备、考虑与所展示之决心②。

　　盛宣怀为改进海关税收一项使命，自光绪二十五年九月，
中经两度陛见问对。其前后之考究海关税项及厘金收入情况，
可以说极其细心估断筹画，以当时朝野官吏而言，无论经验丰
富，久惯商场，抑于涉洋交际，盛宣怀亦能秉持坚定立场，缜
密精审，反应敏锐，承此大任，亦可谓相当称职。自二月召见
以来，即受命留京与各国公使会议商约。

　　三月十六日（1900.4.15），户部及总理衙门会奏议复盛宣

---

① 盛宣怀：《愚斋存稿》，奏疏卷 4 页 27—36。
② 《清实录》册 58，《大清德宗景皇帝实录》卷 460 页 32—33，北京：中华
书局影印本。

怀、聂缉椝二月之奏案。表示十分支持盛氏兼顾增加进口洋税并保持土货厘金办法与各国开议，修改商约。当即有旨下交南北洋大臣，两广、湖广、四川、闽浙各总督，江苏、安徽、江西、浙江、山东、湖北、湖南、广东、广西各巡抚，查照户部总理衙门奏案，限一个月内复奏，听候谕旨遵行[1]。于此正可见出清廷之坚定立场，与积极赶在1900年内要求改约完成，以符十年修约之定议。

我人清楚可见，修改商约之努力，至同年四月尚在盛宣怀等全力推动之中。四月尚有盛氏及聂缉椝联名奏折奏片，专报税厘并征之计，与关税收入之评估[2]。未料事有中变，自同年五月，直东两省义和团闹事日益蔓延，上自太后王公大臣，下至庶民稗贩，一改故态而成仇视洋人，上下同仇敌忾，务要扶清灭洋，杀尽大毛子、二毛子。朝政民情，顿现另一狂热景象。尚有何项大政、何类官僚，敢于稍涉议订商约之举，与洋人对坐会议？

义和团终于蔓延京畿。又适朝廷王公大臣极力纵容，慈禧皇太后之意图利用民气。至五月已进入失序局面。乃有京中围攻各国使馆及天主堂北堂之行动。而不幸先后攻杀日本使馆书记官杉山彬，及德国驻华公使克林德（Clemens August Baron von Ketteler）在五月二十四日（1900.6.20）被乱兵所杀，终于招致八国联军来犯，重蹈三十年前英法军攻下北京覆辙。直

---

① 《清实录》册58《大清德宗景皇帝实录》，卷461页49—50，北京：中华书局影印本。

② 盛宣怀：《愚斋存稿》卷4页38—43。

隶各地，备受洋兵蹂躏。帝后西逃，并下罪己诏，惩办肇祸大臣，并派庆亲王、李鸿章向列国求和，给予洋人再一次侵损中国机会。此一重大史案，资料浩如烟海，研究学者群萃。本文无须多所置论。惟连带而有光绪二十七年七月二十五日（1901.9.7）中国与十一国签订之《辛丑和约》十二款。其中规定赔款四万万五千万两。由于赔款之履行与付款之能力，各国代表为其取得赔款宗旨，遂关心到中国海关担保之税收，进而思考修改税则。在十二款中，文字最长之条款是第六款。详列赔款办法及担保财源。条文中规定各国同意中国海关加增进口税，可在条约签定两个月后开办①。所谓开办，实际是展开各国与中国之议改海关税饷章程。

本来自鸦片战争以至清末，所有中外商约，必尽陪葬海关征税主权，陷入列强外交陷阱，被困于外交条约枷锁。而经中国朝野之觉悟，思考主动要求修约，唯一的一次行动为光绪二十四年三月至二十六年四月一段之调查评估，极具修约决心。不幸又被庚子义和拳之挑起一场战劫，未得实现，重新回到西方列强主动强力支配中国修订合于外国利益之商约一个结局，直迄清朝消亡。具见历史真实所提供国人之正确参考，当必予后世以鉴戒之资。

我人须知，晚清自光绪二十八年（1902）开始与列强修订商约，动机应早启于光绪二十四年（1898）中国主动思考修

---

① 英国国家档案局（Public Record Office），F.O. 17/1491，pp. 66－131. Treaty Series（《辛丑和约》）：Final Protocol between the Foreign Powers and China for the Resumption of Friendly Relations Signed at Paking September 7, 1901.（With 19 Annexes）

约，未料半途而废。真正启意动力，真真切切是依据光绪二十七年《辛丑和约》中的第六款。我人必须肯定承认此点。

关于《辛丑和约》所定之对各国赔款，数量之大，惊人；理赔担保，苛酷；付款方式，复杂；清偿年限，冗长。史家已共定其学术专名为"庚子赔款"①。然亦非本书重点，所必然有关者，原在议订和约之前，已是列国代表最关注最争论之条文，一致想望赔款必须保证可以拿到。于此自然连带评估中国之赔款能力。因是在议约中间，即光绪二十七年二月初六日（1901.3.25），中国总税务司赫德向列强提出评估中国全国收支状况以至赔款能力的详细备忘录，彻底透露清帝国全面财务状况。如此泄露国家机密，有违公务员对国家之忠诚。但不如此不能制止列强虎狼之贪欲。要求赔款，须估量中国赔得起否？赫德专为赔款提出四项节略：第一，中国能够偿付多少款？第二，最合适的偿付方法是什么？第三，能够最容易获得的岁入是什么？第四，需要得到什么控制权？大致为列强设想实地评估中国偿付能力。在节略中赫德详细开列中国每年固定岁出支付项目十二项。岁出 101,120,000 银两。每年岁入包括洋税、常关、厘金、盐税、田赋、漕折等十二项，总计达88,200,000 银两。显见年年俱有赤字②。

赫德的备忘录，对"庚子赔款"条文项目有积极影响。是即各国在中国收支不能平衡之下，如何可以拿到赔款是有点困

---

① 王树槐：《庚子赔款》，台北中研院近代史研究所，专刊之 31，1974 年印。
② 胡滨译：《英国蓝皮书有关义和团运动资料选译》页 483—490，北京：中华书局 1980 年印。

难，因是各国代表连带同意中国海关进口税可以增加到值百抽十。但只是一种彼此交换意见，决不肯明白答应中国作此修正。英国代表公使萨道义（Sir Ernest Mason Satow）向英政府报告，各国代表在北京评估中国每年所入，不足以承受付出各国赔款，除同意照原有值百抽五确实估值征收外，可以使之提高到值百抽十，此一看法出自俄、法、德三国代表。而英使萨道义则主张将中国盐税列入赔款担保项目，可以每年得到一千一百万两，自是不希望使英商负担百分之十之进口税。其他尚有主张各国联合担保由银行向中国付出大批借款，以交付赔款。奥地利与日本代表均作此主张①。此是仿照前时中国对日赔款之先例。但最后各国多无法取得其政府同意对银行担保交付中国之赔款。终于回到由中国海关、常关、盐税担保，每年共担各国赔款之支付。实质上自然趋向于中国修订税则，作裁厘加岁之举。于是《辛丑和约》第六款条文，即是列强主动形成修订中外商约之动力根源。

①　胡滨译：《英国蓝皮书有关义和团运动资料选译》页 479—482，北京：中华书局 1980 年印。

第一章　中英通商行船条约之议订

　　在中国近代史上一个重大而艰巨的外交活动，前后持续长达十二年之久，抑且关系中国之国脉维系与赔款负担，相信无过于晚清之中外商约交涉。然在史乘专书，以至学术论著，较少全面论列，传示后世。尤其晚清政府之外交醒觉，利权维护，乃至其他政治、教育之改革，由于政权迅速消亡，世人亦复不再顾视。其实单就此次之商约交涉，从事研探，亦足可见到中国人在八国联军战劫溃败糜烂之后，已开始小心恢复，并不得不被动在列强侵迫之下，努力与之交手周旋。其中俱可见到晚清当事之官僚，其智慧毅力及忍辱负重之表现，尤其在外交折冲之上，以弱势当强国代表之种种要求，如何委婉解困，当许者许，不当许者，酌量轻重利害以为取舍，正可见出主政者种种外交知识、经验之运用施展。

　　商约交涉事务，紧接着《辛丑和约》之签订立即展开。英国外务大臣兰斯顿侯爵（Marquess of Lansdowne K. G.）在同月（1901.9.30）即任命马凯爵士（Sir James Lyle Mackay）派为议约专使（Special Commissioner），要他须根据咸丰八年

（1858）的《天津条约》与中国所派专使会议修改新商约①。此是英国政府积极推动之起点。

马凯原来本身职务是英国殖民部五印度政务次官，其时在北京的英国签约代表又是驻华公使萨道义，后来得到马凯寄来来华议约的通知。因为不明其地位，尚须以电报请问兰斯顿。马凯之来其身份究是特使（High Commissioner）或是专使（Special Commissioner）② 实际英外相用意甚明，马凯地位自是低于在北京签订《辛丑和约》的萨道义。马凯使命是依照《辛丑和约》条款而进行的中英双方的商务交涉。故其任命虽亦来自于英王，却完全由外相一手决定。

除马凯以外，随同前来议约的随员尚有上海英商老公茂洋行（Ilbert & Co.）经理德贞（Charles John Dudgeon）、戈颁（H. Cockburn）。使节到华之后，又有驻华使馆的商务参赞杰

---

① 英国国家档案局（Public Record Office），F. O. 17/1563, pp. 300－302. Lansdowne write to Mackay on 9th September, 1901.：By Article 11 of the Protocol, signed on the 7th instant by the Representative of the Powers at Peking and Chinese Plenipotentiaries, the Chinese Government "have undertaken to negotiate amendments to the Treaties of Commerce and Navigation considered useful by the Powers," and I have to inform you that the King has been graciously pleased to appoint you to be His Majesty's Special Commissioner for the purpose of carrying on the negotiations with Commissioners to be appointed by the Chinese Government for the revision of the British Treaty of Commerce, signed at Tien-tsin on the 26th June, 1858.

② Public Record Office, F. O. 17/1534, p. 6. Telegram from Sir E. Satow to the Marquess of Lansdowne on 1st January, 1902：A copy of his full powers has been sent to me by Sir J. Mackay, with a suggestion that a request should be made to the Chinese Government by me to give Sheng（盛）similar credentials，so that he may be empowered to sign a Treaty.

I propose with Your Lordship's approval to act accordingly.

Is High Commissioner or Special Commissioner the correct title?

弥逊（Sir James William Jamieson，又译称哲美森）的参与，构成英方使团主体。

　　清廷方面，也是剑及履及，《辛丑和约》签定后不到一个月，皇帝上谕任命宗人府宗丞盛宣怀为办理商务大臣。向上追溯，前面已论及中国主动议改商约，光绪二十六年四月在庚子拳变前骤然终止。惟在八国联军陷北京，太后及光绪帝逃遁西安之后，清廷派庆亲王奕劻与李鸿章向列强求和，当时各国要求甚苛，种种条款不须在此论列。其中赔款之财源筹措，关系到政府种种税收。清廷故在和约会议酝酿之际，于同年十一月十七日（1901.1.7）派盛宣怀与太仆寺卿徐寿朋二人去北京会同议订商约条约①。当《辛丑和约》在八月与各国会同签定，即在同年八月十九日（1901.10.1）有上谕指示：

　　　　著派盛宣怀为办理商税事务大臣，议办通商行船各条约，及改定进口税则一切事宜，并著就近会商刘坤一、张之洞妥为定议。税务司戴乐尔（Francis Edward Taylor）、贺璧理（Alfred Edward Hippisley）均著随同办理②。

────────

　　① 《清实录》册58《大清德宗景皇帝实录》卷475页259，北京：中华书局影印本，光绪二十六年十一月十七日上谕："盛宣怀已有旨派充会办商务大臣，徐寿朋著即来京，帮同办理此次商务条约事宜。"
　　② 同前引书，册58《大清德宗景皇帝实录》卷486页429。又，盛宣怀：《愚斋存稿》卷56，电报三十三。光绪二十七年八月十九日北京庆亲王奕劻、李鸿章来电云："顷英萨使照会请派大员会同该国政府派出之办事大臣印度政务副堂马凯、协办大臣英馆汉务参赞戈颁，及督办英商老公茂公司德贞，商办通商行船各条约，及更改进口税则各事宜。已电奏请派执事为办理商税事务大臣，令上海造册税务司戴乐尔、汉口税务司贺璧理随同办理。贺璧理条陈加税事宜，与执事所见略同，必能稍资臂助。执事前年曾来京议办加税，于一切商税情形早已胸有成竹。此次驾轻就熟，定能救弊补偏，除将贺璧理条陈抄寄外，合先奉达。"

　　此正表现中国派出会议商约大臣，并不晚于英方代表（只晚一天）。此次明白显示，中英会议商约已决定在南方之上海，故令盛宣怀遇事禀商刘坤一、张之洞。两位洋人税务司，戴乐尔时任江海关造册处税务司，贺璧理时任江汉关税务司，资历经验均受清廷所信任。由于赫德在北京十分重要，须在北京守候，但由副总税务司裴式楷（Robert Edward Bredon）也随同盛宣怀协助会议商约谈判。此三个洋人俱属英籍。凡此俱属清廷官方任命之代表团。实际在英专使已到华之后，清廷又在光绪二十八年正月十六日（1902.2.23）发布上谕，增派吕海寰为会议商约大臣[①]。

　　关于取决于上海开议地点，本来自 1860 年之中外会议通商章程，早已创例于 1859 年中英间之开议。而英方仍然领先，早在《辛丑和约》签订前三星期，已由英使萨道义向英政府建议，应以上海为最适宜之地点[②]。

　　原来在光绪二十七年八月十九日清廷任命商约交涉大臣之后，亦即西历 10 月 1 日发出诏谕，其时即在同一月内通知英使萨道义。而萨道义亦即电报告知兰斯顿，说明中方已把商约

---

　　① 《清实录》册 58《大清德宗景皇帝实录》卷 494 页 523，丁丑日上谕："现在会议商约事宜，著吕海寰会同盛宣怀悉心筹议，随时具奏。"

　　② Public Record Office，F. O. 17/1486，No. 268，p. 267. Sir E. Satow's Commercial Negotiations, dated August 14，1901：Referring to your telegram no 284 of yesterday I am pleased that you concur that the commercial negotiations should be conducted elsewhere than at Peking. As you suggest Shanghae will be the most suitable place.

　　I will consider your suggestions as to the member of representatives who should take part in the negotiation?

交涉代表名单交来，以应英国专使之来华。所拍电报，当在西历1901年10月6日①。

马凯受任专使，预备行程，在出发前夕特别拜会中国驻英公使罗丰禄，表达和衷议约之诚意，并履践其外交礼貌，说明在八月二十九日（1901.10.11）登轮启行，前往中国。罗丰禄嗣在九月初七日（10.18）函告盛宣怀，详细说明英国国家之重视，以至马凯之熟悉西方商务，而为人和易近情②。

英国商约专使马凯于光绪二十七年十月到上海，盛宣怀因病未作会面，而马凯先于十月二十九日（1901.12.9）先行前赴江宁、武昌，拜会刘坤一、张之洞。然后再酌定开议

---

① Public Record Office, F. O. 17/1479, No. 391, p. 92. Sir E. Satow to the Marquess of Lansdowne K. G. : With reference to Your Lordship's telegram of the 26th ultimo to the Chinese Plenipotentiaries informing them of the appointment of the British Commissioners for the revision of the Tariff and for nego-tiations on Commercial questions and Translation of the reply which I have received notifying the names of the Commissioners appointed by the Chinese Government for the same purpose. The substance of the latter communication formed the subject of my tele-gram number 324 of the 6th instant to Your Lordship.

② 王尔敏、吴伦霓霞编：《盛宣怀实业朋僚函稿》中册页1035，罗丰禄第四函，台北中研院近代史研究所，1997年6月印。罗氏函云："英廷以此事关系英国商务，极为重大，特由外部商部会派商务大臣增蒙士梅凯（马凯），挈同外部商部参赞、前驻京参赞戈颁前往上海，会同上海商务局总办一员，开议此事。增蒙士梅凯虽未曾到中国，而经历印度各处，商情极为熟悉，于八月廿七日到馆拜谒。弟会晤时察知其人和易近情，深冀开议之余，和衷商办，俾可蒇事，大增税项。因与详谈厘税并征之益，将向所告澜侯者一一缕述，增蒙士梅凯颇为动听。弟因是告以阁下公忠体国，自又洞悉商务，前年曾经商办此事，惜以匪乱中止。今与该大臣再行会议，必能推诚相与。斟酌至当，务望于开议时持平议论，速成条约，以期两益。该大臣忻然允诺，并谓廿九日即行附轮赴华，珍重告别而去。"

日期①。

马凯先后拜会南洋大臣刘坤一、湖广总督张之洞，再回到上海，已入十一月，再与当地英商交换意见，自先拟定英方要求条款。最后在十一月尾通知盛宣怀，定于十二月初一日（1902.1.10）正式开议②。

中英在十二月初一日在上海开议。地点在盛宣怀的寓所，当日下午二时开始。双方代表包括随员翻译，全部出席③。马凯与盛氏约定每星期会议三次，同时提出英方所草拟之商约条款大纲目录二十四款，作为双方谈判依据，当然希冀中国应允，列为商约内容。盛宣怀随在十二月初三日（1902.1.12）将全文电告外务部及刘坤一、张之洞。兹就所呈二十四条纲目，开具于后：

> 英使马凯交来应议商约条款目录如下：一、外洋货物牌号宜注册及保护。一、准外洋盐纳税进口。一、中国五谷运出外洋，或通商彼口运至此口，宜方便。一、开新通商口岸。一、矿务铁路章程宜整顿。一、准洋人内地长远侨居贸易。一、长江上游、广东珠江宜整顿。一、中国邮政及电报宜整顿。一、出口货如丝茶两种尤要，其税宜减，以便中国赔偿新款。一、由此内地至彼内地货物宜免税，有益于中国商务。土药加税以代之。一、银两平色宜

---

① 王尔敏、陈善伟合编：《清末议订中外商约交涉》页32—33，史料丛刊5，香港中文大学中国文化研究所1993年印。
② 《清末议订中外商约交涉》页34。
③ 《辛丑和约订立以后的商约谈判》页18—19，北京：中华书局1994年10月印，戴乐尔给赫德报告呈文1382号于中英商约第一次会议有详细记述。

一律，有利于中国。一、宜设海上律例，并设商律衙门。一、中国买股份未付足应付之股本，宜照章付足。一、土货出口三联单，镇江章程宜修改并推广。一、关栈宜推广，并广加方便之法，以装包出入口货及复出口货。一、上海会审衙门宜整顿。一、内河行驶小轮章程宜修改。一、子口单宜设法按条约所订各款办理。一、通商口岸指定何处须免厘之处。一、完税存票常有耽误，宜整顿。一、常关在通商要口须归新关管理。一、轮船与民船所载货物收纳税项，应一律办理。一、沿海灯塔、河内浮标，宜整顿。一、货物由彼埠运至此埠，通在一河者，或在该河分支者，进出口税宜不征收。共二十四款。马云：各款均有详目，随议随交云。十二月初三日①。

中英十二月初一日之第一次谈判，马凯先提二十四款中之第六、第十五及第一款。要求中国考虑答应。此次商约谈判，一开始即有激烈辩论，针锋相对，旗鼓相当，精彩处尤在于中方之防御答辩。当日中方洋随员戴乐尔对于中英双方对条款之论辩有极详细描写，虽不免冗长，但值得引来作为论据，特别用以见出盛宣怀之外交才具：

马凯在会上逐一提出下列各款：

1. "英国臣民应能在中国无论何处买地、租地、买房、租房，以便居住、贸易、制造，并安装机器，

① 《清季外交史料》（光绪朝）卷150页11—12，台北：文海出版社影印本，1963年。十二月初三日商约大臣盛宣怀致外务部抄件。

以备一切之用。英国臣民及其华洋代理人均可任便在各处侨居贸易，不受阻挠，所有税赋一概豁免。"

马凯说，这一款（第六款）是就1896年中日通商行船条约内已经存在的权利加以补充，把侨居贸易的权利由临时性的变为永久性的。这对于中国有益。盛宣怀提出反对，他说那样办将使中国对于在内地的外国人无法管辖。马凯答复：如果中国想在这一款增加一些规定，例如英国命令驻华领事只对正当商人发给护照，并且为他们出具保结等等，他愿意加以考虑。盛宣怀认为提出这一要求时机过早，而且只要治外法权存在一天，中国决不能答应。他说中国的法律不久即将修订，以与各国的法律更相接近。将来外国人如能像在日本一样受地方官吏的管辖，即可准给这项权利。他说各省的当局一定会反对，而且机器代替人工劳动以后，接着就会发生骚乱的。他决不能答应给英国以比中日通商行船条约内所规定的更多的东西。马凯说，他还要要求别的更多的东西。最后会上决定这一款留待将来再讨论。

英方所提条款最后一句，是从中日通商行船保约内抽出来的。英国代表忽视了一点，他现在所提的要求与中日通商行船条约内给予的权利完全不同。这一点经指出后，马凯也承认是对的。他将最后一句的文字改为："不得与华人区别，收取畸轻畸重之捐税。"

2. 马凯所提出的第二个条款（第十五款）如下：

"中国政府现知各重要通商口岸虽设有关栈，以便进口货及出口土货改包装饰，但仍不敷贸易之用。中国政府须于英国驻京钦差提出以后允将合栈利益推广各栈房，惟该栈房须由中国海关有权者验明合式稳妥，即可作为关栈之用。"这一款原则上被接受以后，提交三人小组，整理它的字句，以使双方都能满意。

3. 马凯提出的第三个条款（第一款）如下：

"中国政府应在上海、广州两口岸设立货物牌号注册局所，所有英国货物牌号妥当注册，归中国海关管理，自此次通商条约签字后一年内举办，中国政府必须再加保护，以免假冒影射等弊，有碍注册之牌号。"

这一款也在原则上被接受。盛宣怀要求英国政府同意彼此互相保护商标，马凯表示可以接受，但是因为此事又牵涉到英国国内的法律问题，条款的字句必须重新斟酌。英国代表即将这一款暂时撤回①。

关于中英首次谈判英方所提三款，盛宣怀曾分别以电报呈报北京外务部以及刘坤一、张之洞，然只扼要说明坚持痛驳之点，全部叙述文字，不过一二百字，决不及戴乐尔所记之详明

----

① 《辛丑和约订立以后的商约谈判》页21—22，中英代表第一次谈判。

生动，亦完全看不出盛宣怀的卓越表现①。

简约归纳盛氏外交识力、交涉毅力与谈判艺术，可知其对于第六款坚持声明由于外国在华治外法权之故，决不允许外人在中国内地永久居留，态度坚决，无妥协余地。而对于第十五款洋商在通商口岸建造行栈及其扩建问题，盛氏则同意一切由中国海关监察检验，方准扩建。允许两方修改文字接受此款。交由戴乐尔、贺璧理和德贞三人酌改条款文字，以至双方均能同意。对于第一款在中国口岸保护洋商经向中国注册之货名、品名、牌号之权益，以免假冒影射。此即外国保障智慧财产权，向中国提出条款之滥觞。盛宣怀对此全表同意，但反向英方要求其保护华商之货物、品名、牌号，以示利权对等。正见出盛氏反应之机敏，而外交应对之主动积极。自此次以后，即展开中英代表间长达八个月的商约交涉。

中英代表之间，正式与非正式之会议将近六七十次，为正式谈论条款而互访之密商不下二十次，当可以充分了然其全部中英商约交涉日程：

1. 光绪二十七年十二月初一日（1902年1月10日）下午第一次会议，在上海盛宣怀寓所，双方代表全部出席。马凯提出要求大纲二十四款。

2. 十二月初四日（1902年1月13日）下午，第二次会议，在盛宣怀寓所，双方代表全部出席。

① 《清季外交史料》（光绪朝）卷150页12—13，盛宣怀抄件。又，王尔敏、陈伟善合编：《清末议订中外商约交涉》页35，盛宣怀致刘坤一、张之洞电。

前次所未妥定续议。马凯又新提第二十款关于存票，盛宣怀极力反对。乃由贺璧理另拟条文。又新提第十三款，华人出资附股洋公司问题，盛宣怀同意，但加以修正条文。又新提第二十一款。华洋船只在中国口岸取得相同待遇问题，双方颇争持不下。盛宣怀表示先征询各海关道意见，暂作以后再议。

3. 十二月初七日（1902 年 1 月 16 日）第三次会议，会中除继续辩论前两次原提条款，马凯又新提第七款整顿珠江及川江航道，英方所指川江即长江三峡一段。由于四川总督反对改造重庆至宜昌水道，决定与广东、四川两省先行协商再议。又新提第二款关于洋盐解禁进口之事，遭到盛宣怀极力反对。因而暂时搁置。又新提第十一款统一中国银两平色，并设厂造银币之事。此款盛宣怀反应最好，以为最合己意，表示很支持此一条款，并高兴见到英方所提办法。盛氏表示向朝廷建议接受。又新提第十四款，要各口岸运货入内地，俱仿照镇江海关之三联单制度，使各口划一。此系技术问题，决定交戴乐尔、贺璧理先行研究并提意见。

4. 十二月十一日（1902 年 1 月 20 日）第四次会议，盛宣怀想极力设法避开讨论的第四款，被马凯提出来，要求中国仍仿《江宁条约》、《天津条约》，允许新开口岸。英方列出所要求开埠之地是：北京、常德、长沙、成都、叙州、云南府、安庆、湖口、惠州、江门。并声明所列之北京、江门要在六个月之内开放，其余一年之内开放。由于盛宣怀故意拖延，并表示别国也会援例要求，声明不但不开放而且不讨论。盛氏有力的答辩是中国会自开口岸，不接受外国要求。此案必须向政府请示。此则正可显见中方外交积极对策。

5. 十二月十五日（1901 年 1 月 24 日）第五次会议，此日未提新款。但对原先讨论的第七款、第十一款、第四款以及第十四款又作冗长讨论。盛宣怀透露外务部立场，竣拒开放口岸，以免各国援例，而主张自开口岸。晚清十年，清廷朝野一致推动自开口岸，以杜绝列强之扩张商权。并表现主动对抗的外交智术。关于改造货币，谈论甚久，盛宣怀至感兴趣，力求此款达成协议。而第十四款推广三联单制度，受到刘坤一质疑与张之洞坚决反对，盛宣怀表示再向刘、张疏解。

6. 十二月十八日（1902 年 1 月 27 日）第六次会议，此次除讨论已有的第七款、第四款、第十三款外，马凯提出一个新款，是合并第十与二十三款而修改成一款。即是裁撤厘金问题。盛宣怀表明此次不予讨论，并称此是已提条款中最重要者。盛氏个人同意裁厘之原则，但深遭受各级官吏之反对。其时中方戴乐尔、贺璧理向英方代表作长久解释。马凯决定在 1 月 29 日私自与盛氏详谈，期使盛氏向各大吏解说。

7. 十二月二十五日（1902 年 2 月 3 日）第七次会议，会中继续讨论第七款、第十三款、第二十款、第十五款、第二十一款，以及有关裁厘的合并第十、第二十三两款。此次一个重点，是盛宣怀交戴乐尔拟妥的裁厘加税节略被提为修正英方的要求，乃是根据中国历年关税收入实况，提议将进口洋货税提高至值百抽十五，出口土货税提高至值百抽十。为中方应对此案的修订重点①。

商约谈判至光绪二十七年十二月末（1902 年 2 月），英方要求细节大致多已展示出来，双方交涉进展，可谓顺利，盛宣怀正逢冬寒，有哮喘之疾，而仍能力疾从公，亦足谓掬尽血诚，为国效命。其时盛氏原以宗人府宗丞，太子少保身份，皇上钦命为商约大臣。当光绪二十八年新正初始，清廷于正月十三日（1902.2.20）升任盛宣怀为工部侍郎，足以表达对盛氏之一种鼓励。惟随之而来，在正月十六日，清廷又简派工部尚书吕海寰同为钦差商约大臣，会同盛宣怀与各国会议商约。如此一来，自光绪二十八年正月起，已进入吕、盛二人合作对外交涉局面。当然仍须接续与英国代表进行会商②。

8. 光绪二十八年二月十一日（1902 年 3 月 20 日）第八次会议，盛宣怀因病缺席，而新任吕海寰初次参与交涉。马凯抱怨停搁太久，而原提各款，一无定案，责备中

---

① 《辛丑和约订立以后的商约谈判》页 18—37，中英商约交涉第一次至第七次会议记录。
② 盛宣怀：《愚斋存稿》卷 6 页 24，盛宣怀谢授工部侍郎折。又，王尔敏、陈伟善合编：《清末议订中外商约交涉》页 272。

国不尊重英国使节。吕海寰则推称盛氏有病而有所延误。这次重新讨论原提的第十三、第二、第十四、第六、第四、第九各款。同日马凯更提新款，分别是第九款：通商口岸免厘金的区域。第二十四款：通商口岸的条约权利。更又提出有关中国全面利害的第十七款，即中国内港航行的权利。吕海寰表示俱要与盛宣怀先行商妥，再引入讨论①。

9. 二月十五日（1902年3月24日）第九次会议，盛宣怀未出席，仍由吕海寰主议。会中辩论了第二十、第二十一、第十三、第二、第三、第十一、第九及第五各款。其中第二款之洋盐进口，吕海寰坚不答应，要求马凯撤回，马凯不肯，乃暂作搁置。第三款米谷解禁，及第九款出口厘税，决定重拟条文。只有第十一款中国货币银两平色获致协议②。

10. 二月十八日（1902年3月27日）上午第十次会议，吕海寰到，盛宣怀未出席。会中辩论第二十、第二十

---

① 《辛丑和约订立以后的商约谈判》页38—39。
② 同前引书，页40。又，Public Record Office, F. O. 17/1565, No. 32, pp. 359—363. Mackay to the Marquess of Lansdowne on 24th March, 1902. : I have the honor to inclose herewith, for your Lordship's consideration, copies of the draft clauses of the proposed New Commercial Treaty with China, which I have submitted to the Chinese Commissioners. I also transmit copy of a letter, dated the 14th instant, which I addressed to Sir Earnest Satow when communicating to him the text of the draft clauses referred to above.

一、第十三、第三、第十一、第十四各款。其中第三款米
谷运输出口，吕海寰坚持将漕粮除外，马凯对于此款作了
很大修正，并将改正稿记录会议中。关于第十一款，马凯
接受中国方面修正意见，亦在当场完成文字修正，列记会
议中①。

11. 二月二十二日（1902 年 3 月 31 日）上午第十一
次会议，吕海寰出席，盛宣怀未到。此次辩论第十三、第
二十一、第二十、第十四、第三、第十一、第九各款。其
中第十三款关于华商附股洋人公司中的义务问题，中文的
应对与马凯所提意义相同。决定请贺璧理重译妥善汉文文
句，使中方明白。二十一款再作条文文句修正。其余则尚
待中国各地官吏之回文反应②。

12. 二月二十五日（1902 年 4 月 3 日）上午第十二次
会议，吕海寰到，盛宣怀缺席。此次辩论到第十三、第
三、第十一、第九、第十四、第二十、第四等款。其中第
十四款推广镇江海关章程，吕海寰赞成，而吕海寰所提修
正之点，马凯也接受。重点是将三联单制推广至各口岸，

① Public Record Office, F. O. 17/1565, No. 34, pp. 391—394. Mackay to the Marquess of Lansdowne on 30th March, 1902. 又，《辛丑和约订立以后的商约谈判》页 41—42。
② Public Record Office, F. O. 17/1566, No. 37, pp. 1—8. Mackay to the Marquess of Lansdowne on 1st April, 1902. 又，同前引书，pp. 9—12. Progress of Negotiation. (1902，4，2) 又，《辛丑和约订立以后的商约谈判》页 42—43。

商人请领三联数目限制每次不能超过二十张，其余尚有一些争论，等待各地方反应回音。第四款争议最大，吕海寰坚持中国自开口岸，并自定管理章则，决不接受外国要求写入条约。马凯要求中国须先指明开放那些口岸，并认为中国对于口岸开放不认真办理，坚持要求在条约中指明，此款毫无进展①。

13. 二月二十九日（1902年4月7日）上午第十三次会议，吕海寰出席，盛宣怀未到。会中讨论第二十款、第十三款、第三款、第四款。其中第二十款存票问题，吕海寰宣布赫德来电，表示不赞成将此种有时限条件之技术问题列入约章。双方讨论妥协办理，再由吕氏电告赫德。关于第十三款外国公司华商股东义务，原经前二日贺璧理与盛宣怀密议拟妥条文。马凯除略作更改文字，即完全同意，双方获致协议。第三款由于吕海寰坚持必须将漕粮、军米除外，否则不能同意贩运米谷。马凯亦愿搁置此款，而要重新行使旧条约之权利。第四款开放口岸问题，中方的自开口岸，不能满足英方要求。仍无结果②。

① Public Record Office, F. O. 17/1566, No. 40, pp. 54-58. Mackay to the Marquess of Lansdowne on 4th April, 1902. 又，《辛丑和约订立以后的商约谈判》页42—45。

② Public Record Office，F. O. 17/1566，No. 41, pp. 80—89. As to present position of negotiation. (1902, 4, 7) No. 42, pp. 97—98. Thirteenth interview of 7th April, with Chinese Commissioners, Mackay to the Marquess of Lansdowne on 8th April, 1902. 又，《辛丑和约订立以后的商约谈判》页45—46。

14. 三月初十日（1902 年 4 月 17 日）上午第十四次会议，盛宣怀病后开始到会，吕海寰亦出席。会中讨论第三款米谷出口问题，仍无结果。第十一款，中国统一币制与银两平色，中方以币制为中国内政，反对列入约文。但允备照会给马凯，表明中国于各国同意后立即整顿币制。此款亦无妥协。第十四款之推广镇江章程，因吕海寰仍主张其第十二次会议办法，乃亦毫无进展。不过第二十款存票问题，双方在散会之时迅速达成协议①。

15. 三月十七日（1902 年 4 月 24 日）下午第十五次会议，盛、吕二人俱出席。会中讨论第十四款，关于推广镇江章程，两江、湖广大吏均反对。主要怕厘金短收。最后决定待厘金问题之第十、第二十三两款另拟出新条文后，再谈第十四款。讨论第三款米谷出口问题，盛宣怀不肯再讨论，因为无法报告给朝廷，深怕反遭责斥。第十七款内河航行问题，中方坚持已行之章程，反对再修正。第六款洋人侨居内地和第五款路矿章程。盛吕二人表明此关中国主权，不在二人权限许可之内，建议由英使向中国政府交涉。第九款减免出口税问题，中方表明已奏请朝廷降

① Public Record Office, F. O. 17/1566, No. 47, pp. 140—150. Fourteenth interview with Sheng Kung - pao（盛宫保）and Lu Tajen（吕大人）the Chinese Commissioners of 17th April. Mackay to the Marquess of Lansdowne on 19th April, 1902. 又，Public Record Office, F. O. 17/1566, No. 45, pp. 122—124. "Interview（private）with Sheng Kung - pao（盛宫保）of 10th April and interview with Mr. Conger of 10th and 14th April." Mackay to the Marquess of Lansdowne on 18th April, 1902. 又，《辛丑和约订立以后的商约谈判》页 46—47。

低出口茶税。其他土货，尚待研究①。

16. 三月二十一日（1902 年 4 月 28 日）下午第十六次会议，盛吕俱行出席。双方辩论具体显明，中方更表现坚决。关于第十、第二十三两款有关裁厘加税问题。中方提出三点方案：

a. 增加进口关税。

b. 取消土货出口厘金和关税。

c. 对中国国内消费之土货征收一定税捐。

此三项表现中方诚意亦具体。

关于第六款洋人居住内地，中方声明只允以《马关条约》所允者为准，此外不同意再作任何扩张，并拒绝作任何修正。

关于第四款开放口岸，中国只同意自开口岸，并答应将自开口岸章程给马凯阅看，但拒绝指明要开何处地址。

关于二十四款通商口岸权利，中国代表反对扩大，马凯根据《天津条约》明文指 Cities and Ports，欲包括口岸附近城镇。显见欲扩大口岸之解释。马凯同时宣读 1888 年各国向中国提出之照会。盛吕二人表示须查考中国方面对此照会如何答复。

---

① Public Record Office, F. O. 17/1566, No. 51, pp. 180—189. Fifteenth interview with Chinese Commissioners of 24th April. Mackay to the Marquess of Lansdowne on 25th April, 1902. 又，Public Record Office, F. O. 17/1566, No. 51, pp. 190—191. Commercial Treaty Negotiations. Mackay to Mr. Campbell（金登干）on 25th April, 1902. 又，《辛丑和约订立以后的商约谈判》页 47—48。

关于第十七款，内港航行章程，双方协议派贺璧理、裴式楷与英方合拟条文①。

17. 三月二十四日（1902 年 5 月 1 日）下午第十七次会议，中英代表均完全出席。会中讨论第三、九、六、四及二十四各款，未达成任何协议，一无进展。惟其中第六款外人在内地永久居住权，双方辩论最见意义。马凯坚持须在条款订明外人在内地永久居住权，中国反驳，相持不下。盛宣怀表示此款决不能答应，并保证任何国家提出相同要求，亦必被拒绝。马凯要求中国再考虑。关于二十四款，通商口岸权利，马凯说明要求中国履践现行一切条约中之口岸权利，并询问 1888 年各国公使向中国的抗议照会，中国何以并未答复②。

18. 四月初二日（1902 年 5 月 9 日）下午第十八次会议，关于第六款内地居住权问题，中方寸步不让，坚决表示不能逾越《天津条约》（1858）及《马关条约》所规定。至于外商在内地租赁货栈，中国坚持条文中外商"暂"赁

① Public Record Office, F. O. 17/1566, No. 55, pp. 233—242. Sixteenth interview of 28th April. Mackay to the Marquess of Lansdowne on 30th April, 1902. 又，《辛丑和约订立以后的商约谈判》页 48—49。

② Public Record Office, F. O. 17/1566, No. 56, pp. 243—248. Seventeenth meeting with Chinese Commissioners of 1st May. 又，Public Record Office, F. O. 17/1566, No. 59, pp. 255—256. Ports opened by China not under Treaty. Mackay to the Marquess of Lansdowne on 52th May, 1902. 又，《辛丑和约订立以后的商约谈判》页 50。

货栈。马凯要求中文代表对"暂"字下一个圆满定义。中方据两个条约约文说明"并不准许永远居住和长期设货栈"。

第三款米谷贩运，中方仍坚持不包括漕粮和军米。马凯不同意，但仍要一定根据《天津条约》，英商有自由运输之权利①。

19. 四月十一日（1902年5月18日）下午第十九次会议，在马凯寓所开会，中英代表齐集。此次会议重点，在于中方迟到此时方提出要求修约二十一款。此二十一款大部分是修正或澄清1858年《天津条约》之条文。可见早经过四十年全是默然忍受过去。而马凯表示意见要点如下：

a. 中国没有权力提出对现有条约之修正。此系中国在《辛丑和约》第十一款规定下只能承担外国要求各点范围内谈判。

b. 中国之各条款不在《辛丑和约》之内，故亦在马凯所受英政府训令范围之外，他不能对此作任何决定。

c. 马凯虽曾答应愿意接受中国方面的任何议案，而中国提出如此之晚，使他没有时间请求英国政府考虑。中国既然如此迟迟提出，相信一定并不重视这些条款。

---

① Public Record Office, F. O. 17/1566, No. 61, pp. 280—287. Eighteenth interview with Chinese Commissioners of 9th May. （Inland Residence, Treaty Ports, Movement of Grain.）Mackay to the Marquess of Lansdowne on 12th May, 1902. 又，《辛丑和约订立以后的商约谈判》页51。

　　盛宣怀解释中国所以迟迟提出，乃是须先由政府商之各地方大吏意见，方得定案提出。马凯答应一一考虑。此次会议竟讨论中方所提第一至十六款。其下五款未谈。惟此五款后来在 5 月 27 日一次非正式会议中得一显著被否定结论。

　　马凯虽然表示合作考虑中国所提前十六款。其被拒免议或遭其嘲笑过时不能讨论者有一、二、十、十一、十五、十六等六款。同意参照《天津条约》原有规定略加修改者有第三、八、九、十二、十三、十四等六款。大致接受转报英国政府者有五、六、七等三款。而修订未妥答应再考虑者有第四款。看来中国所提条款完全不被重视，无法占到双方交涉约章之主体，亦无须多所申论①。

自开始至 5 月 27 日，经过二十次的会议，交涉尚要再向前推进。此日贺璧理向赫德提出一分意见节略，于交涉过程对英国大表不满。贺氏原是英人，又对英人诉说，其观点颇具真实意义，颇值得参考。兹附开如下：

　　英国代表在讨论这些条款时的态度是极其令人失望的。英国政府经常声明他们在远东的政策目的是支持大清帝国的独立和完整。人们自然以为发交英国代表的指示内

---

　　① 《辛丑和约订立以后的商约谈判》页 51—55。在此须作说明，中国在第十九次会议中提出修约条款二十一款，然中文史料中多不能见。包括《清季外交史料》《愚斋存稿》，《刘忠诚公遗集》俱无登载。惟在张之洞著：《张文襄公全集》（全 232 卷，北平楚学精庐板，民国 26 年 5 月刊）卷 178 页 4—6 盛宣怀初拟四款，电商张之洞为正式完整条文。但只此四条。而本书 51—55 页所载，亦仅止第一至十六款各款大要，并非全文。其下五款，更无可查考。

已经规定对于中国海关给予一切合理的支持，因为中国海关在它们征税任务，甚至在它们的非征税任务中，可以从实际上帮助推进英国政府的政策。而事实上，就英国代表的态度看，非但没有任何愿意支持海关征税的表示，反而是在要削减而不是在扩大海关的权力。这种态度肯定是错误的。过去海关执行职务主要在使外国商人满意，并得到好处。海关代替中国政府控制中国的港口和水道，范围越大，越可以减少外来的人插手干涉，从中实现他们自己的计谋和野心的机会。并且在制定这些条款时并没有要严厉压制商人们，或使中国得到它不应取得的权利的意图，英国代表们所采取的态度是深可惋惜的。除了关于传教的一款以外，其余各款全都是英国以前所立的各条约已经有的。字句也都是从与各国的成约内整个搬过来，或者是因为旧约内的某些规定曾经引起过争执，而在新拟的条款内再加明白解释，此外没有新的东西①。

　　贺璧理同一节略中又说道：
　　英国代表所提的某些商约条款也无视中国的主权，恐怕也是英国政府所不能同意的。因为如果答应英国的要求，中国行政的每一部门都可以由这个或那个国家援引英国的先例要求绝对控制。例如第五款内中国不经英国同意不能修正它的路矿章程，第八款中国随时听取和执行英国的改善电报和邮政等等建议。

－－－－－－
① 《辛丑和约订立以后的商约谈判》页 56—57。

这里应当提出比以上所说各点远为重要的一点，即英国代表在 2 月 3 日和现在这次会上断言中国在谈判中居于战败国地位，中国为取得和平所付的部分代价是承允谈判、修订各国政府愿意修改的通商航海条约，能够讨论的题目应当只限于各外国政府所提出的，中国本身不能提出什么。我想最好还是采取步骤查明英国代表的态度，是不是与英国政府的政策相合①。

从贺璧理的在华洋员立场来看，英国代表之恃强偏执，欺愚中国，俱可一概了然。而盛宣怀、吕海寰之苦心因应，亦当知其困难重重，荆棘满途。中国正需要二人深心大力，坚忍不拔，以面对折冲，化解英方的无理要求。

自西历 1902 年 1 月至 5 月末，中英间正式会议十九次，非正式会议一次。而盛宣怀、吕海寰与马凯之间尚作多次私人密商。惟会商约章尚未完成。必须补充说，盛宣怀与马凯数次的私人交谈，其于改进商约条文之重要性决不低于正式会议。包括盛、吕个别或同行，或由裴式楷出面，其间私人接洽，当不下十次。惟其先有谅解，一切协议，仍是在会议中订定下来。

中英会谈至六月，马凯预言计划在 6 月 24 日返国，决不愿再细加研磨，乃使会议加频，而期会之私相沟通亦往返不断。在六月之内之会议分别有 6 月 5 日、6 月 7 日、6 月 20 日、6 月 23 日、6 月 25 日，主要进入裁厘加税交涉，双方相当合作而认真。虽然仍有不少困难要点，而多经解释清楚。许

---

① 《辛丑和约订立以后的商约谈判》页 57。

多条文之拟定与修订，多出裴式楷之手①。

六月各次会议的最大进展，是马凯自六月初（中历五月初）渐次接受中方所拟的加税修正案。即海关进口税增至值百抽十二点五，出口税增至值百抽七点五。而重要交换条件，是中国要完全裁撤厘金②。

关于裁厘加税问题，是中国最希望藉此加税之良机。亦为英方所疑虑之议题。拖至西历六月，由于裴式楷多次估算拟改，方使双方拉近。盛宣怀亦向刘坤一、张之洞电告其估算数字，当引据以作参考：

---

① 王尔敏、陈伟善合编：《清末议订中外商约交涉》页89—125。又，《辛丑和约订立以后的商约谈判》页63—73，裴式楷给赫德之报告。

② 王尔敏、陈伟善合编：《清末议订中外商约交涉》页106。盛宣怀、吕海寰分致刘坤一、张之洞电云："（四月）廿八（1902.6.4）马凯约议加税免厘事，我所拟进口十二五，出口七五，并留办内地销场税，彼意已允，惟属我议详细章程，即可商彼政府。廿九复议，马忽出示英廷来电，以'中国厘金太巨，既非加税所能补，可毋庸议。只要将天津旧约廿八款切实办足，使出进口货不受厘金之害即可'等语，并与我细辩中国厘金绝无三千万之数，至多不过一千数百万，连销场不逾二千万，何以加税之外复留征销场，未免愚弄。我仍执三千万为实在数目，加税及销场亦仅足相抵，中国本不愿裁厘，今贵国既不议加税，恐各省势须增收厘金，而于损厘各款，政府决不容再议。裴式楷在座，劝马另筹别法，马谓'英国已将加税之款注销，如中国愿议，应请会商江、鄂实在定见。并请贵政府给允准训条照会。该使寄商英廷，作为中国所索，劝彼政府依办，但英廷意见何如，不能预料'。又言'加税不议，仍须接议内地侨居、矿路章程、享受口岸利益三条'等情。彼既应允，后忽变卦，恐有悔意。愚见不议裁厘，大可省事，唯后虑方长，机会可惜。拟立定主意，仍向彼坚索进口十二五，出口七五，并留征内地销场税，彼有一不允，我即不能照办，并不能议有碍厘金各条。以此为定盘针，未审两公钧意如何？用先电商。"又，刘坤一：《刘忠诚公遗集》，电信，卷3页4—10，台北：文海出版社影印原刻本。又，张之洞：《张文襄公全集》卷180页1—34，电牍59。

前据裴式楷核算：一、洋货退口抽十二五，按每年货值一万八千万计，可增税一千三百五十万；二、土货出洋抽七五，按每年货值一万七千万计，可增税七百四十五万；三、土货由此口运彼口，仍照土货出洋抽七五，按每年货值八千四百七十万计，可增税二百五十五万二千五百两，四、土货由此口运彼口，照旧抽复进口二五，按每年货值八千四百七十万计，抽足二五可增税三十五万一千五百两——共增收二千三百八十五万四千两。益以拟抽销场税，据朱道之榛面称，如果照办，大约可收七八百万。是以有三千万之数。如销场税办不到，再照翰电所提十二种与商，此时马正疑我将来裁厘后必另设法改换名目抽收，故不便过与深论，转滋其疑。至营业等税，本我自主，一与商酌，设有不允，我反不能径办，是自失其权，非畏难也[1]。

马凯最后接受中国所拟条款，并同意中国加税进口税值百抽十二点五，出口税值百抽七点五。给予中国以相当让步[2]。

中英商约会议至西历七月初，由于洋盐入口之被拒以及中国坚抽盐厘问题，由盛宣怀建议，偕同马凯乘轮船亲到江宁，

---

① 王尔敏、陈善伟合编：《清末议订中外商约交涉》页 117—118，吕海寰、盛宣怀分致刘坤一、张之洞电（1902.6.19）。

② Public Record Office, F. O. 17/1567, No. 89, pp. 434—437. Mackay to the Marquess of Lansdowne on 27th June, 1902.；I have the honor to state that I had another meeting with Sheng Kung - pao on June 24th respecting his proposal for the raising of the import tariff to twelve and a half percent and of the export tariff to seven and a half percent in return for the abolition of internal restriction on Trade.

与南洋大臣刘坤一面商办法。亦是移地而推上会商层次。盛宣怀与马凯在7月1日（中历五月二十六日）偕马凯乘"新裕"轮上驶，7月2日到达。7月3日刘坤一款宴马凯使团人员，当场刘坤一保证裁厘加税以后，所有运盐以外船只决不盘查抽厘，但只抽盐厘，并郑重保证说了算数，不必在江宁展开谈判。马凯得此承诺，当晚与盛宣怀作非正式会商。可以视同重要会议。嗣在7月6日盛宣怀又与马凯联袂西上武昌，去见湖广总督张之洞。为争取时间，双方又在"新裕"轮船上作正式会议。此次会议，裴式楷作了详细纪录，每人对话，全被录记。甚至双方随员表达意见亦被详记。有中方随员裴式楷和陈善言（原名陈言，字霭亭，曾任香港《华字日报》编辑），英方随员杰弥逊亦有发言，但以盛宣怀、马凯为主。广泛辩论印花税、商品假冒、外人旅居内地、治外法权、口岸开放等问题。但俱未能达成协议。

自1902年7月8日起，包括8日、10日、11日、12日、13日、14日、16日、17日每日会议共会议八次。其中以张之洞与马凯为对话主体，裴式楷俱作详细对话纪录。盛宣怀亦居谈判主体之一。会中广泛于英方所提条款一一思考与辩驳。马凯充分了解张之洞各样意旨，对于所要求各款，大致有完全协议之可能者可有十余款。总之，比之由盛宣怀每事以电报请示要好。张之洞信任税务司贺璧理，多听从贺氏建议。而张之洞洋务幕僚，早已直接参与者有郑孝胥、钱恂。而在武昌张之洞身边作翻译并表意见者有梁敦彦。经此高层会商，双方化除疑虑不少。双方重大进展是裁厘一款获致协议。开放口岸，中方允诺开长沙、万县、安庆、惠州、江门五口。裴式楷表示，一番努力总算有了结果，此行没有白费①。

六月下旬，盛宣怀、马凯回到上海，中英双方又恢复上海谈判。此时大致款目俱接近拟妥完成程度。新的款目已一一排出，当不再依照英国原始提出之二十四款内容与次序。自江宁、武昌先后与刘坤一、张之洞见面之后，原先拟妥之款目已有七款，确定是双方一致认可。其余亦互相获致深度了解，双方在草拟彼此俱可满意之条文。继在六月二十四日（西历 7 月 28 日）在上海开会将约款中英文备妥。交贺璧理等人核对洋文。即可由盛宣怀奏明朝廷，请旨画押签约。此时马凯又声明定在西历 8 月 9 日（中历七月初六日）回国。自见已近尾声。原定在 7 月 31 日再一次会议，讨论内河航行问题。但由于外务部来电，谕止吕海寰、盛宣怀主议。而命刘坤一、张之洞主议，乃使会议立即停顿。此时马凯已将全约约文核妥定案，未料中方又出周折，对于延期开会，十分不满②。

西历 8 月 6 日、8 月 12 日中英代表俱在马凯寓所开会，两次重点均仍讨论内河航行，同时双方使其他条款作最后复核。中英协议条款，十九完成于 8 月 17 日（中历七月十四日），可见盛宣怀、吕海寰给外务部、刘坤一、张之洞之详情报告电文。而直至 8 月 19 日（中历七月十六日），双方对于内河航行达成协议，并在当日由盛宣怀电告刘坤一、张之洞。所有两方争执，至此走上妥协之结果。而真正商约会议实至光绪

---

① 《辛丑和约订立以后的商约谈判》页 90—142，裴式楷武昌会议八次记录。

② 王尔敏、陈善伟合编：《清末议订中外商约交涉》上册页 129—140；下册页 325—326。又，《辛丑和约订立以后的商约谈判》页 143。

二十八年七月十六日才正式达于协议①。

　　至中历七月中，西历已至 8 月下旬以后，马凯已一再延期返国，至此时表示不再开会讨论，只须详细核对中文英文之条款文义，并等刘坤一、张之洞、盛宣怀、吕海寰的奏请签约。但于修改文字细节仍愿与吕、盛之间往返切磋条文利害问题，其间咬文嚼字，为一二言即往返电商多次。马凯一再以回国要胁催促签约。中历七月二十二日（8.25）吕海寰、盛宣怀拟妥电奏稿，电请刘坤一、张之洞联名请旨签约。将英方要求二十四款，或同意或拒绝或修改，酌订商约十六款。同时声明马凯通知已定于七月二十七日（8.30）启程返英，因即会奏请旨签约。惟此次所拟电奏，又经各方不同意见之修改，只好分别由刘坤一、张之洞郑重电知马凯，求其展缓返英之期。最后于七月二十五日（8.28）第二次拟妥电奏，先寄刘坤一、张之洞，以便会同电奏朝廷。此一电文，足以扼要见出中英八个月间经过六十余次之正式、非正式之会议，而最后达于妥协，自可见外交使命达成之不易。极具历史意义，兹引据以供后世参考比较：

　　　　奏曰：京军机处、外务部：英使马凯原索商二十四款，无非损我权利，动以和议大纲十一款载明中国已允以商改利益为要挟。当经坤一等于未开议前，往返电商，皆

————————

　　① 王尔敏、陈善伟合编：《清末议订中外商约交涉》上册页 144—169；下册页 330—351。又，刘坤一：《刘忠诚公遗集》，电信，卷 3 页 26—51。又，张之洞：《张文襄公全集》卷 182 页 1—35。又，《辛丑和约订立以后的商约谈判》页 144—145。

以加税免厘一事为全约主脑，复窥破马凯用意侧重在损厘而不加税。磋磨八阅月之久，聚议六十余次之多，舌敝唇焦，始克就范。中间复以在沪议不能决，及议而未成者，海寰、宣怀邀同马凯偕赴江、鄂，共筹抵制，坚持力辩，务期取益防损，不致吃亏。综计先后驳拒不议、未允入约者七款：曰洋盐进口，曰内地侨居贸易，曰邮政电报，曰设海上律例，曰整顿上海新衙门，曰口岸免厘界限，曰货物同在一河免复进口税。议定后而又删除者一款：曰通商口岸利权。归入加税免厘款内并议。藉为抵制者五款：曰新开口岸，曰减出口税，曰三联单，曰子口单，曰常关归新关管理。商允改妥者十一款：曰存票，曰国币，曰广东民船与轮船纳税一律，曰华洋合股，曰整顿珠江、川江，曰推广关栈，曰保护牌号，曰加税免厘，曰矿务章程，曰内港行轮，曰谷米禁令。此就马凯原送款目而分别准驳删改归并者也。坤一等复向马凯索议，彼允入约者三款：曰治外法权，曰筹议教案，曰禁莫啡鸦，皆我补救国计民生要图，幸就范围，实有裨益。马凯于定议后复补请入约者两款：曰修改税则年限，曰约文以英为凭。核系查照旧约办理，为约中应有之义。共计十六款。总之，战后立约，彼要求多端，万不能一无所允。然允则于彼有益，即于我有损，不得不权其轻重，设法挽回。综核全约利益，彼此尚得其平。要皆仰赖圣明训示周详，用得勉与图成，以释廑念。本拟专折具奏请旨，因马凯以事，急欲回国，定期本月廿七日起程，坤一等电留不允，并闻英商多以此约于英无多利益，意图谋阻，非趁其在沪画押，恐马凯一行，全约或有更变，则全功尽弃，甚为可虑。除将议定约文电经外务部进呈御览，惟有仰求迅赐核定，准饬先行画押，一面将汉洋文约本专折进呈。再立约向以洋文为准，议定后复经派员按照洋文与汉文逐加校对，虽词句较原本间有增易，而意义则较原文仍无出入。合并陈明，请代奏①。

中英双方签约日期第一次定在七月二十五日（8.28）中方各人意见未协，乃经张之洞来电挽留马凯，始再延返英行期。终于在光绪二十八年八月初四日（1902.9.5）亥刻，经过种种曲折，而得以画押。中国代表钦差商约大臣吕海寰、盛宣怀，英国代表马凯在上海签订中英通商行船商约十六款，附件、甲、乙、丙、照会及声明文件六件。是为此次一个商约交涉使命之完成②。

---

① 王尔敏、陈善伟合编：《清末议订中外商约交涉》上册页 196—197。
② 《清末议订中外商约交涉》上册页 214—216；下册页 465—470。又，盛宣怀：《愚斋存稿》卷 8，奏疏，页 1—9。又，《清季外交史料》卷 163 页 6—7。又，"中英通商行船条约"全文及其附件，可参阅拙编，《清末议订中外商约交涉》下册页 731—749。由于太占篇幅，不拟附列本书。又，Public Record Office, F. O. 17/1525, No. 261, pp. 238—246. Commercial Treaty and Surtax Edict. (1902.9.11)

第二章　中美通商行船条约之议订

中美之间会议修订通商条约，基本动力亦发自《辛丑和约》中第十一款规定，与中国展开修改商约之交涉。惟其做法与英国不同。美方亦在和约签字后派出商约及税则谈判代表。约当于光绪二十七年冬十一月（1901.12）有专使沙尔德（Sharretts）到达上海。惟沙尔德特自声明，其专门使任，只专办税务，不理会商约谈判。惟当日西报消息，美国确实另派议约专使康格（Edwin Hund Conger，即现任驻华公使）、古纳（John Goodnow，即现任驻上海总领事），另有驻上海同孚洋行（Wisner & Co.）商董希孟（John F. Seaman）代表美国与盛宣怀会议修改商约[1]。如此安排，原无不妥，亦可见出美国遣使方式，亦特分任务之重轻。

事实上，沙尔德到华专办海关税则之协商，由于久候各国不齐，遂竟连税则定议亦未完成，径自离沪返国，此是后来之事，在此作一交代。原来由于中英会议展开，紧锣密鼓，中方一直无法再与美方开议，美使康格已到上海，亦不耐久候，已至二十八年三月（1902.4）不能不先回北京。遂致中美商约交

---

① 盛宣怀：《愚斋存稿》卷 56，电报页 33，光绪二十七年十一月初二日致荣禄电云："英美所派商务大臣议约专使已到沪。催促开议。只得力疾会晤，次第商办。"又，王尔敏、陈善伟合编：《清末议订中外商约交涉》上册页 45，光绪二十七年十二月二十日分电外务部、刘坤一、张之洞云："美派沙尔德，沙称专办税务。洋报云：另派驻使康格，总领事古纳等办商约。"

涉竟被延后半年之久。

中美之间，初始颇生龃龉，与英方之处处占先很有关系。本来英美两国代表，已在光绪二十七年冬先后到上海，而中方则要优先英国为交涉对手。其中关于中方代表团中之重要洋员，三位全用英人，尤使美国大失颜面。早在光绪二十八年二月（1902.3），美国总领事古纳向吕海寰推荐福开森（John Calvin Ferguson）作中方代表洋随员，但被吕海寰婉拒，颇使古纳不悦，认为使美国面子不好看。康格久待不能开议，亦只好返回北京①。

中美两国商约交涉，会议地点亦在上海，正式开议始于光绪二十八年五月二十二日（1902.6.27），中方代表仍为吕海寰、盛宣怀以及原班华洋随员。美国代表由于康格为驻北京公使，未能一切主议，而由古纳、希孟（又译名西门）每次出席。1902年6月27日自是首次会议②。

在此可以充分见出列强各国一致以咸丰八年（1858）《天津条约》为修约张本，盖其一切利权、特权，早于《天津条约》中充分登载。在对华关系上，已是四十年来各国重要依据。故至英国修约谈判，虽是1902年，而仍必事事溯源于《天津条约》中之条款。及今中美会议修约，美国最直截了当。竟将《天津条约》约文全部提出，按照原文注明要删除者用括号标明，新增之要求字句，用斜体字标明。全部送交中方代

①　王尔敏、陈善伟合编：《清末议订中外商约交涉》下册页272，光绪二十八年二月初一日吕海寰致盛宣怀信云："前晤美领事，甚以添派裁税司为不然。渠欲中国加派福开森。虽经弟力驳，彼以于美国面上不好看。意甚不快。"
②　《辛丑和约订立以后的商约谈判》页147，戴乐尔会议纪录。

表，作为考虑修订依据。但如中方有何要求，美国亦必加以考虑①。

光绪二十八年五月的中美第一次会议之后，由于中方须全面考虑条件，查询地方大吏反应，以及外务部的根本原则，自是需要等待。再加中方代表忙于应付对英交涉，遂使双方会议一直延搁三个半月。第二次会议，已在中英商约签字以后。在八月初八日（1902.9.9），中美开第二次会议。此次会议仍在交换谈判方式等原则问题。盛宣怀认为中英既已签约，即可将全部内容包入美约，可省讨论费时，且使美国以最惠国享受其中权益。古纳不接受，以为美国自有考虑重点，表示一定自作修订重点。同时宣称：美方由古纳和希孟出面谈判，将来完成条文，康格即会来上海签字。除美方三位正代表外，尚有一位重要翻译海格思（John Reside Hvkes）系美国传教士，驻上海圣经会代表。中国方面除吕、盛两位商约大臣，洋随员仍为戴乐尔、贺璧理、裴式楷。而中英文华籍随员则有杨文骏（字彝卿，广东雷琼道）、温宗尧（候补知县）二人（盛氏引用人才甚多，俱在私人函电中见之）②。

第二次会议虽等于再次开头，但亦开始有所交涉。条文上讨论第二十八款在华传布基督教问题，最多论辩。而最不同处，是古纳要求中国海关洋税务司必须匀派各国洋人。暗中透露，即在排挤中国海关之英籍洋员，亦即不满英籍税务司充满

---

① 《辛丑和约订立以后的商约谈判》页 148—157，中美商约首次谈判，美方所提《天津条约》修订增删全文。

② 同前引书，页 158—159，中美商约会议纪录。

中国海关，包揽税务。此正表现干预中国海关内政。岂能逃避帝国主义者之恶名？惟竟不见于戴乐尔之会议记录中①。

八月十一日（1902.9.12）下午，第三次会议。会中讨论第二十八款教会问题、第二十九款赔款问题及第三十、三十一、三十二各款商标、专利、版权等问题，正是今日美国所最重视的智慧财产权之前驱。盛宣怀认为条文译出不够清晰，推至以后再议②。

八月十八日（1902.9.19）第四次会议，贺璧理、戴乐尔均未出席。会中即讨论到海关录用华洋人员问题，但未获致任何结果③。

八月二十三日（1902.9.24）第五次会议。会中讨论第三十款商标问题，古纳指出完全根据美国法律起草，盛宣怀指示必须把条文修改成有两国互惠语气方可成立。讨论三十二款版权问题。中国代表反对，以为使穷人更买不起书，自始至终表示反对。此在中国立场看版权问题，不但吕、盛二人反对，而事后论及，朝内之管学大臣张百熙与地方大吏张之洞亦均表反对④。

八月二十六日（1902.9.27）第六次会议。会中讨论第三十二款版权问题，此次中方代表领悟到保障优良作品，鼓励著

① 王尔敏、陈善伟合编：《清末议订中外商约交涉》下册页371—372，吕海寰致盛宣怀函云："趁美国要求匀派税司，借此整顿，收回利权，亦未始非计。然入约则殊不好看。未知执事如何筹画？下次会议，大概须揭晓矣。"

② 《辛丑和约订立以后的商约谈判》页159—160。

③ 同前引书，页160，附注。

④ 同前引书，页160。又，王尔敏、陈善伟合编：《清末议订中外商约交涉》下册页384—385。

作及翻译，禁绝盗印翻版等等重要性，大致允许美方要求，经古纳修正将版权时限缩短为十年，双方遂获致协议。讨论三十四款时，是内河航行问题。美方表现极度尊重中国主权，不利用最惠国条款援照英约。但只为与列强各国据平等地位而已。盛宣怀感谢美国之好意，协议亦顺利达成①。

八月二十九日（1902.9.30）第七次会议。会中讨论第三十五款有关中国矿务，古纳声明极其重要，盛宣怀告以此是中国内政，在马凯议约时已加以反对，英国并未得逞扩权，仅在商约中作一些笼统规定。而今美国既是表示友好，当不可再逾越英约。讨论第三十六款洋商设关栈问题。亦修订完成定稿，两方达成协议，凡关栈章程由中国自行订定公布，交纳规费，美方亦不干预。惟原已达协议的第三十二款版权问题，由于张之洞表示中国正在力求西学广译西书之际，美约版权禁制，实受打击，要求拒绝，万勿允许。管学大臣张百熙来一长电，说明京师大学堂学生反对订立版权条款，使盛宣怀提出再考虑。此一事件虽小，而且中国表现对于版权之无知，均非重要。其重要者在于1902年已有中国学生展露其对中外条约之关心与过问，是即主权维护之动力。发自于新教育之学生，在近代史上尚是首次。而开明之清廷官吏亦颇足称。此一抗拒要电，中美代表均表重视，表示进一步说明用意宗旨，以解纾学生疑虑②。

---

① 《辛丑和约订立以后的商约谈判》页 160—161。
② 同前引书，页 161—162，张之洞：《张文襄公全集》卷 184，电牍，页 18—19。

　　过了八月一入九月，即西历 10 月，在中国方面有两事影响到谈判停顿。原来九月初五日（1902.10.6）南洋大臣刘坤一亡故，其事对谈判并无太大影响，但要适应后任继承人，张之洞原已经受命代理。但只有短短两个月，未料在十一月初改命魏光焘接任南洋大臣①。此均在人事浮动中影响谈判。

　　中美商约谈判受到停顿，一个更具影响的原因，是盛宣怀之父盛康在九月二十三日病故，盛宣怀必须丁忧。自丁父忧起，即须罢官停职返里守孝。清代制度，对于丁忧执行甚严，一向造成官吏困扰，但一直沿袭不改。盛宣怀开始服丧起，即凡官场上一切政事俱不能插手。连其个人因父丧停职守孝，亦不能亲自作奏陈禀报。而由吕海寰在盛康病逝当日，以电报先告知外务部以及张之洞②。清代制度执行，直至清末俱尚循已成体制，毫不含糊。本来设遇重大事故，皇帝可下谕旨，命令夺情。但只限于军务紧迫之际，湘军将领江忠源、胡林翼、曾国藩等均曾在服孝丁忧之时受命出任兵事，俱不可违抗逃避。但于列强间会议商约，既非关乎国政安危，且亦无其前例，亦无从自政典找到夺情依据。即令朝廷宽待，亦必须守孝百日。吕海寰虽是正式商约大臣，但其个人表示一力难于承担。于是中美、中日间之商约会议，俱陷于短时停顿。

　　盛宣怀丁忧之情，其事虽小，但加上刘坤一病故，乃使中方代表人事亦颇产生变化，而在盛氏丁忧后三数日之内即起变

　　　①　魏秀梅编：《清季职官表》下册页 533，台北中研院近代史研究所史料丛刊之 5，1977 年印。

　　　②　王尔敏、陈善伟合编：《清末议订中外商约交涉》上册页 229。

化。由于张之洞建议，清廷决定加派伍廷芳为商约大臣，会同吕、盛，已有三位谈判代表。而刘坤一病故后则改由张之洞与北洋大臣袁世凯作为地方官之最高督导。其中因故稽延，张之洞亦在九月二十九日（1902.10.30）电告前后原委，此电充分透露推迟谈判之各样关节：

> 昨已奉旨，派伍星使充商约大臣，并派袁宫保会议商约。顷已会同慰帅奏催伍使回华。惟伍回国总须在一月后，袁亦请假四十日，回籍葬亲。鄙人亦正在新旧交接之际，万分忙迫。此数十日内，似只可知会各国商约专使，暂行停议。各国当不能责我延缓。并请速饬委员，将美、日两国索议条款，并叠次问答节略，详开清折二分。以一分寄天津督署，转递袁宫保查阅。以一分留俟伍大臣抵沪送阅。俾各于此事考知原委，方可接议。此似是一定办法，想尊意必以为然①。

中美商约谈判，向后推延将及五个月。直到光绪二十九年二月初二日（1903.2.28）始得重开谈判。已是第三次波折，但为第八次会议。所幸美方并无责难，只是古纳接受美国训

---

① 张之洞：《张文襄公全集》卷184，电牍，页27。又，盛宣怀：《愚斋存稿》卷58，电报，页31，收军机大臣王文韶来电（九月二十七日）云："尊事北帅（直督袁世凯）尚未有电。南帅（南洋大臣张之洞）谓商约紧要，非百日后不能办事。调伍（伍廷芳）加袁（袁世凯），即照所请也。余未提他事。此时且俟后命。各项经手事件，未有替人以前，姑静听之。"又，王尔敏、陈善伟合编：《清末议订中外商约交涉》下册页395。光绪二十八年十月初五日吕海寰致盛宣怀函云："香帅（张之洞号香涛）展期再议之电，已分致美、日两使。美尚有肯通融，日则坚不肯允。现在尚未定局。"

令，要求双方代表必须公验政府授权证明文件。中方代表则只能提出所奉上谕。此次未作任何辩论，双方协同规定每逢星期二、星期五下午三点钟举行会议①。

光绪二十九年二月十九日（1902.3.17）第九次会议，会中首先辨明，中美议定商约，中方政府授权吕海寰、伍廷芳签字，伍廷芳亦已回华到上海参与议约。由于盛宣怀尚在丁忧，在此时期并未出席。

看来中美商约交涉之事，几乎是回到初议原点。其咎不在中方。而是美国代表已脱开最初以《天津条约》条文为主之格局，自此次起，又综合全部要求，共提新条款十六款，过去七次会议之协议部分，亦被包罗。故自此次会议起，中方须对此十六款思考对策，双方再商议出妥协之点。同时此次美方条款未附中文，故而并未逐款谈判，只是广泛交换意见。其中特别受中方三位洋税务司注意之点，是在裁厘加税问题，比之英约尚不能及，譬如只同意中国增加进口税一倍，而非一倍半。并要求沿海沿江水道所有常关完全撤销。均不如前定之英约②。

二月二十九日（1903.3.27）第十次会议。中美双方重大关键之点，亦是裁厘加税问题，美方要求放在第四款。中方伍廷芳责美方要求比英国为重，让步比英国为少，坚请入口税加至值百抽十二点五，古纳以受政府指示，只允加至百分之十。亦并要求中方完全取消厘金，裁撤常关。双方争辩，未有

---

① 《辛丑和约订立以后的商约谈判》页162。
② 同前引书，页162—170，美国所提商约修订草案十六款全文。

结果①。

三月初三日（1903.3.31）第十一次会议。会中有重大进展者四项：第六款美商在通商口岸建造关栈。略加修改文字达成协议。第九款商标问题，略加删削，亦达成协议。第十三款中国国定货币问题，双方同意仿照英约一样。第十四款在华传教问题将购买土地改为教会公产，双方亦获协议。而第十款专利问题、第十一款版权问题以及第十二款内河航行问题，由于互有争持，决定改期讨论②。

三月初六日（1903.4.3）第十二次会议。第十一款版权问题，于防禁直接翻版之下，附增"不论美国人所著何项书籍、地图，可听华人任便自行翻译华文，刊印售卖"等句，双方达成协议。第十二款内港航行轮船问题，美方表示如果把开放口岸问题另行商定一款，则本款删略末段文字。双方亦同意达成协议。第八款存票问题，中方洋员反对美方条款，以为不及英约所定文字。美方收回再作考虑③。

三月初十日（1903.4.7）第十三次会议。

三月十一日（1903.4.8）第十四次会议。

三月十七日（1903.4.14）第十五次会议。

以上三次会议俱集中辩论第四款裁厘加税问题，此在英约之中在第八款为全约最长，细节最多，亦最重要之重要条文。而中美会议，同样是争执最多，辩论最久。最初中方已由裴式

① 《辛丑和约订立以后的商约谈判》页170—171。
② 同前引书，页172。
③ 同前引书。

楷拟妥第四款修订节略，附列说明中国税收状况。然在此三日中逐条细节讨论。将条款以下小节，俱斟酌字句，期使双方同意。虽然彼此取得谅解，美方始终坚持加税百分之十。其所持理由：古纳说英约第八款，各国不会同意接受，至少美国不会接受，而经过三天充分讨论，双方俱获充分了解，美方所提条款是切实可行，只待中方同意了。其实，并未达成协议①。

三月二十日（1903.4.17）第十六次会议。此次仍在继续第四款裁厘加税问题，然双方略加修改，与彼此妥协，可谓接近于完成。会议中另行辩论第一款互派外交使节问题，伍廷芳在此提明加入详细注明两国间豁免利益之均等。彼此俱能同意。继续辩论第二款口岸派驻领事问题，伍廷芳亦要求中国领事官在美，所享权利与他国驻美领事相同，须写入约文。双方各表修正意见，只是吕海寰反对第三款全款，致未获得结果②。

三月二十一日（1903.4.18）第十七次会议。讨论第三款口岸权利问题，美方表示并不愿取得在中国内地无限制的居住权利，但必须在约文中明白写出美国人民与他国人民在各口岸有相同权益。因此愿意仿照光绪二十二年（1896）中日间之通商行船条约字句，列入美约。此款即达成双方协议。继续讨论第八款存票问题，依照贺璧理和戴乐尔所拟改条文作修订，辩论甚久，而终亦使条文改至双方接受达于协议。此外，中国代表提出一份照会，作条约附件，系关于美国移民问题，另有取消治外法权问题，交美方同意。美方最后同意对此照会，作一

① 《辛丑和约订立以后的商约谈判》页176—178。
② 同前引书，页178—180。

答复照会①。

三月二十四日（1903.4.21）第十八次会议。关于第一款
互派外交使节问题，美方在北京代表公使康格不同意中方之修
正意见。最后决定改由康格在北京与外务部协商。讨论及于第
五款中美双方运货纳税原则。经两方会同修改文字而获成立。
关于第七款矿务问题，古纳声明在美国立场看，此条是全部约
文中最重要者。重点在排除各国争夺中国矿权，画定势力范
围，足以保存中国富源，鼓励各国商人合力开发，并有益于中
国。惟吕海寰表示矿务不在商务范围之内，不能入于商约。抑
且北京已有中国矿务总局，势须由其充分了解与同意，基本更
是关乎中国主权，必须不损及主权方可谈此条款。美方亦表明
充分了解②。

三月二十六日（1903.4.23）第十九次会议。关于第七款
矿务问题，美方同意仿照英约第九款修改。但美方又感到英约
条文空洞，实无任何用处。关于第十款专利问题，中方代表认
为不利于中国发展实业，主张取消此款。古纳表示中方主张，
只图抄袭他人成果，是不道德，如果不能禁止中国仿造他人发
明利器，他自己亦不愿向华盛顿提出取消治外法权的建议。中
方原因重点所在，是根据《辛丑和约》规定，外洋武器必须禁
运到华，中国势须仿造外洋武器，故对专利条文表示反对。至
于前时中国所致照会，关于移民限制，美方表示双方旧有条款
可由缔约国任何一方经过事先通知予以废止。其中取消治外法

---

① 《辛丑和约订立以后的商约谈判》页 180—181。
② 同前引书，页 181—182。

权,美方亦表示向美京请示,依照英约第十二款,加入一款①。

三月二十七日（1903.4.24）第二十次会议。关于第七款矿务问题,美方依照英约第九款,而增加近百字,说明美国人民办矿权益,中方未拒绝,但要向北京请示意见。第十款专利问题,美方表示条文把军器除外,使限于合例的普通物品。但中方仍不能接受。惟此次会议中,伍廷芳在题外提出禁止吗啡（morphia）进口,美方亦同意考虑。惟此一期间早在会议英约之时已因洋药税（即鸦片税）问题,提及吗啡问题,或主禁止或主加税。而当时中外改订税则之中,列入吗啡项目,定为每两吗啡抽税银三两,而中英商约第十一款订明有条件禁贩吗啡②。

四月初二日（1903.4.28）第二十一次会议。关于第一款互派使节问题,原已推向北京美使,而经康格同意,仍在上海由古纳谈判,同时亦作一些修正,供作将来讨论。至于第十款专利问题,中美已有多次长时间辩论,终亦拟定条文各呈其政府同意。大致上是共同保障专利权,与保护商标条款一致。关于第十五款最惠国待遇,中国早已在《天津条约》给予美国最惠国待遇。此时伍廷芳也要求增加一节,要美国以互惠原则也

①　《辛丑和约订立以后的商约谈判》页182—183。

②　同前引书,页183。又,王尔敏、陈善伟合编:《清末议订中外商约交涉》上册页182—183,光绪二十八年七月二十日,吕海寰、盛宣怀致外务部电云:"近有莫啡鸦一物,进口日多,流毒甚重,华民每用针砭以抵烟瘾。香帅五月董电云'吗啡税似宜加重抽收'。除税则内已定每重一两完税三两外,复查吗啡即莫啡鸦,系鸦片所炼之精,其引人入胜较鸦片更易,而毒人难解亦较鸦片尤甚。若不趁早禁止,恐销售愈广,外人贪利,愈不肯止。海、宣屡恳马使入约永禁,马允电英廷,久不得复。据称一因业此者利最厚,故不易允;二因西医药料中所必需,恐无法禁绝,以致屡议屡辍。"

给予中国最惠国待遇。美方表示同意，但先撤回条文，重新斟酌文字修订①。

四月初三日（1903.4.29）第二十二次会议。关于第一款互派使节问题，照伍廷芳修改意见，双方达成协议，自是平等互相尊重。第四款裁厘加税案，美方撤销生丝蚕茧出口免税条文。正合中方之意②。

四月初五日（1903.5.1）第二十三次会议。关于开放口岸问题，美方要求中国开放北京、奉天府（沈阳）、大东沟。中方原已表示中国以照会方式通知美方。而美方坚请列入约文。讨论结果，双方同意由康格在北京与外务部催谈。关于第十五款最惠国待遇问题，由于美方将条款中移民问题扩大适用于菲律宾的法案，中国要求取消，或附加说明不影响中国向美移民。但又有其他不利于华民之轮船、铁路运费问题，因此伍廷芳建议把第十五款完全取消。乃使已成定局之款，化为乌有③。

四月十二日（1903.5.8）第二十四次会议。此日重点在于美方刚奉到国务卿海约翰（John Hay）的电报指令，在第四款中，要求中国必须完全裁撤常关，方能同意中国征收附加税。本日讨论重心全在此点。常关并非口岸海关，原即不在条约之内，但因货物转口以及附近条约口岸之地，所有昔日旧关，均收货税。本来海关已夺去不少常关之税，是常关受损最

---

①　《辛丑和约订立以后的商约谈判》页 184。

②　同前引书，页 184。

③　同前引书，页 184—185。

大或致关闭。而外商以为土货出口，先征落地税，再征出口税，已是双重征税，更不愿再度被征常关通过税。势必完全裁撤常关，方可免除内地通过税。此案争辩多时，全无结果①。

四月十六日（1903.5.12）第二十五次会议。

四月十七日（1903.5.13）第二十六次会议。

四月十九日（1903.5.15）第二十七次会议。

此三次会议，连续辩论裁撤常关问题。对于第四款中裁撤常关的要求，古纳详细解说，美国基本条件必须裁撤常关，方能同意中国加税。而常关本来已收入不多，逐渐为洋关所夺，在中国立场亦无须保留，设为此微小收入而妨害中国之加税大计，是得不偿失。为此双方进一步谈及裁撤常关，如何增加加税量来弥补损失。中国主张入口税增加两倍，即值百抽十五。美方不答应，最后古纳表示愿仿照英约加至一倍半，是即十二点五。暂定为期五年。但尚须一一说服各国同意。

中美双方为裁撤常关争执不下，美方坚持原则不让步。中国声明无法接受，古纳表示向美国政府说明谈判停顿。中方代表表示再送节略说明。美方在5月19日宣读对中国的答复。未料一连四次会议，未能达成任何谅解。此一问题，美方比英使表现坚决。在此可以看出外交谈判应是得理不让人，是克制对方有效利器。中方处处宣示执行困难种种，求美国妥协，显然全居下风。故此一争持史案，最能托出外交谈判之正常机能。不必尔虞我诈，亦无须恃强蔑理②。

① 《辛丑和约订立以后的商约谈判》页185—186。
② 同前引书，页186—188。

　　四月二十五日（1903.5.21）第二十八次会议。由于第四款中裁撤常关问题未能解决，此次双方同意暂行搁置，改谈其他问题。关于第三款保护外人问题，本来决定由清廷谕旨宣布，但康格认为必须写入条约，双方再议，未获结果。关于第十五款最惠国待遇问题，美国海约翰反对取消此一条款。中方亦表同意，但伍廷芳以为条文太繁，表示要另行起草。至于第十六款修约期限问题，略作修正，规定在华盛顿换约，期限定于十二个月之内。此款获致协议①。

　　四月二十六日（1903.5.22）第二十九次会议。关于第十五款中方增加一节，规定美国也给予中国最惠国待遇。美方表示须向海约翰请示。除此之外，美方又提出一款有关铁路问题。要求中国铁路建设，在合法规之正当条件下美商申请经营，希望中国核准，铁路运价亦不加歧视。虽经提出，但未加讨论②。

　　四月三十日（1903.5.26）第三十次会议。美方代表表示，中方若于第四款中裁撤常关问题不能满意解决，其他问题皆不再开谈。美方亦清楚宣示底线，中国如果能裁撤内地常关，美方同意仿照英约增加入口税一倍半。中方在此时只提到补充，要在条文中说明不干碍中国主权，抽收他项税目。但如此亦须向外务部请示③。

　　五月初三日（1903.5.29）第三十一次会议。由于清廷尚

　　① 《辛丑和约订立以后的商约谈判》页 188—189。
　　② 同前引书，页 189。
　　③ 同前引书，页 190。

无回复，第四款暂停不议。此时古纳要求讨论铁路问题。中方完全反对涉论此题。一则中国已有铁路专责机构，且非商务问题，商约不必添列这一款，况且既已有了最惠国条款，此类条款亦无必要列出①。

五月十四日（1903.6.9），中美双方开一次非正式会议，于次一会议有相当助益，但无记录。

五月十六日（1903.6.11）第三十二次会议。会中论辩五小时。双方对于第四款中裁撤常关达成协议。美方答应仿照英约，允许增加入出口税一倍半。中方答应裁撤在中美商约中列举之常关。双方签字同意，本款达成协议。此外双方须交换照会，表示本款不妨碍北京崇文门的落地税②。

中美会议商约，虽早启于光绪二十八年五月，然前后有两次中断，直至光绪二十九年二月初二日方才展开密集会商。中国代表因盛宣怀丁忧，已改由吕海寰、伍廷芳为交涉代表。吕、伍俱出身驻外公使，自于商约谈判能知所权衡轻重，表现亦相当称职。盛宣怀守孝百日，按吏部定例，不能起复原职。一般须守孝二十四个月方可称为服阕。然世变飞速，盛氏岂能久待，盛宣怀即于二十九年二月两宫谒陵之期，北上保定安排铁路，迎驾请安。嗣即于三月初十日（1903.4.7）奉旨随同袁世凯、张之洞、吕海寰、伍廷芳赴上海与各国会议商约，自此恢复其商约大臣职。故于五月中南返上海，重新加入商约交涉

---

① 《辛丑和约订立以后的商约谈判》页191。
② 同前引书。

行列①。

　　另外一个插曲，是吕、伍在五月二十二日（1903.6.17）奉到上谕，其中指令伍廷芳回京办事。吕氏以为中美商约最须恃伍廷芳出面，交涉十分得力，眼看功亏一篑，不肯放伍氏回京。乃由盛、吕联名奏留，以期完成商约，再回京供职。伍廷芳亦并得以延展，而仍在上海作商约交涉②。

　　五月二十四日（1903.6.19）第三十三次会议。会中重要进展，是美方应中国代表之请，撤回第十五款最惠国待遇问题。其外时间用在修饰条约附件之照会文字，并无余暇讨论商约③。

　　五月二十八日（1903.6.23）第三十四次会议。会中将条约附件照会作最后草案，双方取得同意。关于第四款中裁撤常关，外务部有来文指示三点。全作了修正：其一，关于规定此款必须有约国各国同意方可生效，外务部要求载入约文，中美代表一致反对，因为徒然会使一些三等国家干扰阻挠。故文字仍定在中美双方会同决定实行之日期，并用附件说明，其二，关于常关之保留或裁撤，在近口岸五十里内者由税务司决定，五十里外者由海关道决定。中美代表修正，用附件声明。其三，希望照英约保留土药税公所和盐税公所。美方予以拒绝，不再讨论④。

　　五月二十九日（1903.6.24）第三十五次会议。关于取消

①　王尔敏、陈善伟合编：《清末议订中外商约交涉》下册页405。
②　同前引书，下册页408。
③　《辛丑和约订立以后的商约谈判》页192。
④　同前引书，页192—193。

治外法权问题，双方同意仿照英约第十二款，而定为中美商约
第十五款，当日作文字拟订，并共同认可。关于禁绝吗啡进
口，美方仍须向其本国请示。关于开放口岸问题，美方除原已
要求东三省口岸之外，又要求增开长沙、湘潭、衡州、韶州。
同时并讨论第三款，美方对于保护外人谕旨一层，主张列入约
文，用以保证恒久。中方则反对增入此节①。

闰五月初六日（1903.6.30）第三十六次会议。继续谈判
开放口岸问题，中方因外务部指示不许在东三省开埠，其事推
向北京，由美使康格直接向外务部要求。此外第四款、第二款
均作一些文字修订②。

闰五月初九日（1903.7.3）第三十七次会议。会中双方
接受了北洋大臣袁世凯的意见，于第六款、第四款有所修
订。惟第三款中规定保护外人的谕旨问题，因为海约翰指示必
须载入约文，而中方不能接受。此本是由于庚子仇洋人杀教
士，而要求中国严谴地方官，中国已有通行谕旨发布全国。美
国为防以后，要求入约。中方不能同意。古纳只好向其政府
说明③。

闰五月十三日（1903.7.7）第三十八次会议。此会因古纳
有事，仅开一小时。仅略讨论土药税问题。而中方要求在第四
款增加一段文字，亦遭美方拒绝④。

自五月中旬，盛宣怀已自北方返回上海，虽经常与吕海寰

① 《辛丑和约订立以后的商约谈判》页 193。
② 同前引书，页 193—194。
③ 同前引书，页 194—195。
④ 同前引书，页 195。

接触并参与筹计，只是并未出席会议，此期商约条款，多已获
致协议，而于细节斟酌，往往一字一句不妥，会贻患无穷，在
入闰五月以来，吕海寰极力敦请盛氏亲自与会。盛氏乃定于闰
五月十六日出席会议①。

闰五月十三日（1903.7.10）第三十九次会议。中美之间
谈判，此次又继续讨论第三款，上谕宣告保护外人问题，经盛
宣怀改正解决，使吕海寰感佩不已。但此点未被戴乐尔列入记
录。此外第四款关于保留地方上盐税报验公所，美方以为已达
协议之款，不再允许增加补充，因是拒绝。关于第七款矿务问
题、第十款专利问题，均作一些文字修订。关于东三省开埠问
题，中国允许在俄军撤走后，自行开放口岸②。

闰五月二十日（1903.7.14）第四十次会议。此次只讨论
第四款保留盐验所问题，古纳以为此款三个月前已签字协议，
今又提出反对，认为美国政府受骗了，因此要求康格向中国
外务部抗议。同时声言在此问题解决前，拒绝再谈其他
各款③。

在闰五月下旬至六月下旬一个月余时间，中美会议又暂时
停顿，在中方则忙于复核中英文约本，并将美约条款与英约比
对。在美方是因古纳去日本游历，须在六月二十六日

<hr/>

① 王尔敏、陈善伟合编：《清末议订中外商约交涉》下册页416—417，闰五
月初十日吕海寰致盛宣怀函。又，《辛丑和约订立以后的商约谈判》页195。
② 《辛丑和约订立以后的商约谈判》页195—196。又，王尔敏、陈善伟合
编：《清末议订中外商约交涉》下册页421。
③ 《辛丑和约订立以后的商约谈判》页196。

（1903.8.18）返回上海，以致又遭一次延展①。

六月二十七日（1903.8.19）第四十一次会议。盛宣怀自此次会议起又回到中美谈判场合。此次中方主动提出关于中美商约全面文字修订节略，共二十二项。古纳即为此在会议中逐条答复。有完全拒绝，有完全接受，亦有可考虑修正之点。例如要求保留盐税报验公所及土药税，是绝不同意。要求中国人民可以入外国籍者，因美国法律拒绝华人入籍，亦绝不同意。在商约外出照会说明出产税、销厂税，亦遭拒绝。其他细节文字修改遭拒绝者亦有三项。其同意讨论修改者有五项。文字修正之处有七项。惟有一项密件，未标示内容。实经外务部与赫德通信中证明，是针对美方要求海关税务司人员，须公正考录外国人，且亦认为海关税务司中没有任何一个华人，自是不对。此事赫德亦俱承认。外务部答应按各国在华贸易量，酌聘美国籍税务司。密件内容，大致在此②。

六月二十九日（1903.8.21）第四十二次会议。此次中国方面对前次美方要提出书面条项作彼此最后修订依据。中方即在会中交出一个修改项目清单，是包括中方所想修改的全部类项，但比前一次减少。美方表示愿意放在一起讨论，但不希望中方再向地方督抚征求意见。中方亦表同意，保证在同意之前先完成征求督抚们意见。美方乃答应在下次会议提出书面答复③。

---

① 王尔敏、陈善伟合编：《清末议订中外商约交涉》下册页 422—445。

② 《辛丑和约订立以后的商约谈判》页 196—199。

③ 同前引书，页 199。

七月初三日（1903.8.25）第四十三次会议。

七月初四日（1903.8.26）第四十四次会议。

七月初五日（1903.8.27）第四十五次会议。

七月初七日（1903.8.29）第四十六次会议。

七月初九日（1903.8.31）非正式会议。

以上五次连天密集会议，俱是美方对中方所提修订清单作逐项考虑并讨论接受与拒绝。所取得共识之点：1. 中国国币平色，列入正式约文，列在十三款。2. 关于第二款及第四款发还进口棉花税项，作了文字修正。3. 第四款裁厘加税案之实施日期，未获一致意见。4. 第七款矿务，作了明确文字修正。5. 第九款商标问题，中国所修改文句全遭拒绝，古纳反对删改任何字句。6. 第十款专利问题，古纳拒绝讨论。7. 第十一款版权问题小作修辞，美方同意。8. 第三款第二节载明保护外人上谕，中方建议取消此节，美方代表虽早主张取消，但海约翰坚持入约。不过此次古纳表示如果中方保证在七月十六日（1903.9.7）前派定修治黄浦江人员，美方愿意请求政府取消第三款第二节。中方代表初以非职权范围，无法办到，隔两日，中方已电告北京，尽速决定修治黄浦江，同时向美方保证尽力办到此事，但反对以此作交换条件。实际此款即就此达成协议。取消条文上载入保护外人之上谕。至此已是在双方辩论上告一段落。美方表示下次会议提出禁止吗啡条文，同时反对在约文附件提及鸦片，因为美国亦禁止人民经营鸦片，故用不着再提。关于古纳反对讨论取消第十款之专利问题，最后亦郑重声明，如果中方要求取消，美方亦要取消关于治外法权问题①。

七月初十日（1903.9.1）第四十七次会议。

七月十一日（1903.9.2）第四十八次会议。

七月十二日（1903.9.3）第四十九次会议。

七月十三日（1903.9.4）第五十次会议。

在以上一连四天密集会议，仍是对中方修正意见作辩论重点。在此数日中亦可见出双方各有让步，达成一些协议。1.第四款中，盐税一节，美方同意取消，为此之故。中方不再要求取消第十款之专利条文，亦不再要求修改第九款之专利规定。当然双方也作了文字修正，而并未更改内容。2.关于第十二款中国开放东三省口岸，亦作了文字修正。但当须等候华盛顿的复信。3.第十三款国币平色，美方也接受了袁世凯的补充语句，报税按关平大于库平，补足平色纳税。4.禁止吗啡进口条文，亦作妥议修订，取得共识。此是四日来会议之大致进展②。

七月十七日（1903.9.8）第五十一次会议。中方根据外务部嘱命，又向美方要求在约外增加一个附件，以便说明出口货之出产税、销场税和出厂税（按：场、厂两字用法不同）的宗旨范围。美方不同意列于附件，但同意用照会方式。记录人戴乐尔至此以为商约谈判已近尾声，因此总计尚须待决之问题三

---

①　《辛丑和约订立以后的商约谈判》200—201。

②　同前引书，页202—203。又，王尔敏、陈善伟合编：《清末议订中外商约交涉》下册页455—459。

项。其一，第三款中第二节所订保护外人之上谕，中方建议取消。前已取得美代表同意。但中国须履行修浚黄浦江。球在中方，尚在等候外务部复文。其二，第十二款第二节东三省开埠问题，中国答应自开。球在美方，尚须等待华盛顿回音。其三，本次中方要求出产税、销场税、出厂税之说明，美方同意用照会说明，球在中方，须向外务部请示①。

七月十八日（1903.9.9）第五十二次会议。

七月二十三日（1903.9.14）第五十三次会议。

以上两会，重心联贯。全部集中于东三省自行开埠问题，美国国务卿有些疑问，要中国澄清。中方回答：自开口岸宗旨为对外国表示友好，至工部局（市政所）办法章程，一切俱依岳州开埠例办理。其中一点节外转变，乃因美使康格要开放沙河（即安东）以代大东沟，庆亲王并不反对。终在七月二十三日之会议中中方表明同意把大东沟改换成安东。时至二十七日之会，中美谈判已经完成。在此会中双方均指派人员，会同核校汉文、英文约本，以期完全无讹②。

七月二十六日（1903.9.17）第五十四次会议。此次会议开始，中方代表吕海寰声明伍廷芳奉命返回北京。而且此后会议多在修订条文，并无重大辩论，故不会再来与议。内中原因，早定于七月二十日（1903.9.11）伍廷芳奉到电旨，命其来京供职。是因为本年七月十六日朝廷新成立商部衙门，同一

---

① 《辛丑和约订立以后的商约谈判》页 204。
② 同前引书，页 204—205。又，王尔敏、陈善伟合编：《清末议订中外商约交涉》下册页 459—464。

天已命伍廷芳任商部左侍郎。伍氏且以商约已谈至尾声，可谓完成使命。因是不须再出席会议①。

在此次会议中，对于第四款、第五款、第十二款，均作了条文修正。惟第十二款第二节东三省开埠问题，虽然只有两处（一沈阳、一安东）而美方修订其性质与其他已开口岸相同，中方以为非中国自开口岸本意。双方各提出再修正意见，未能解决，只有送北京交康格与中国外务部作决定②。

七月二十七日（1903.9.18）第五十五次会议。本日尚有两处条文须会商决定。其一，仍是第十二款的修订，美方同意约中说明自开口岸，但不同意中国工部局章程片面自订，最后决定将来开放奉天府（沈阳）、安东两埠，其工部局一切章程由中美两国政府会商决定。美方当场说明所以要求东三省开放两处口岸，是在保护盛京，以防野心国家（暗指俄、日）干预地方。另一问题仍是第三款第二节保护外人上谕入约，美方坚持不让，交换条件是中国须派定修治黄浦江人员，美方当可取消此节。事实上，正式中美商约已不见此项文字，显然是达成妥协。

本日会议值得一记是美国政府电知商约谈判已经完成，请中国政府派大员会同美国代表签约。双方同时约定签约日期为八月十八日（1903.10.8）。此次会议即是中美商约最后一次会议。在签约以前，双方即忙于核校约文，并刊印正式约本③。

---

① 魏秀梅编：《清季职官表》上册页 491。又，王尔敏、陈善伟合编：《清末议订中外商约交涉》下册页 463—464。

② 《辛丑和约订立以后的商约谈判》页 205-206。

③ 同前引书，页 206—207。

中美双方谈判，私人互访不计，而凡正式与非正式之会议亦不下六十余次。而自光绪二十八年五月二十二日（1903.6.27）第一次开议，以至二十九年七月二十七日（1903.9.18）最后结束，前后已十四个月。

光绪二十九年八月十八日（1903.10.8）中方代表商约大臣吕海寰、盛宣怀与美方代表康格、古纳、希孟，在上海签定《中美通商行船修约》十七款，附件三件，来往照会三件。代表中美新订商约全部①。

---

① 王尔敏、陈善伟合编：《清末议订中外商约交涉》下册，页 751—765，《中美新订商约》全文及全部附件照会。

第三章　中日通商行船条约之议订

　　光绪二十七年七月二十五日（1901.9.7）十一国与中国签订《辛丑和约》，根据约文十一款，中国须与各国代表会议商改彼此通商行船条约，同时各国合议新订税则。因此之故，日本方面，由外务大臣小村寿太郎在光绪二十八年二月初八日（1902.3.17，明治三十五年三月十七日）上奏推荐驻上海总领小田切万寿之助及日驻华使馆一等书记官日置益为会议商约代表，在上海与中国商约大臣开议。日本天皇御任状于二月十一日（3.20）发出。小村寿太郎即于三月初一日（4.8）给小田切万寿之助及日置益正式训令，详细指示修订中日商约所须改订之重点八条。自为日方准备议约之开始①。

　　小田切原在上海，当候日置益自北京赶来，至少在三月中旬。上海已得知日本已派商约代表。事经盛宣怀在三月十五日（1902.4.22）将消息电告刘坤一、张之洞，并特别申明日置益已到上海，但日方代表尚未显露任何动态②。

　　日方代表启动议约，自西历三月中下旬受命，于四、五两月小田切不断有详密请示，呈报小村寿太郎。显见是小田切为议约策画人，并为主议之人。故在此两三个月中，实正协同豫

<hr/>

① 《日本外交文书》卷 35 页253—258，日本，外务省，昭和 32 年 3 月 31 日发行。

② 王尔敏、陈善伟合编：《清末议订中外商约交涉》上册页66—67。

计提出议约条款之预备①。

光绪二十八年五月十一日（1902.6.16）下午二时半中日商约会议，开始在上海举行。中方商约大臣盛宣怀、吕海寰及随员刘宇泰（字星阶）、杨文骏（字彝卿）以及三位洋税务司与翻译员等人出席。日方代表小田切万寿之助、日置益以及通事。日方展示代表御任状，中方提出盛、吕二人受命上谕。彼此各表信任，日方则要求确知中方代表是否获授签约之权。盛宣怀等表示向外务部请示后再告知。关于会议方式，小田切建议每星期开会两次，盛宣怀表示尚有其他公务要办，无法定期开会，小田切特别表示两点，其一，日本反对无故拖延开会。其二，中日双方之会必须严守秘密。日置益原在开始时声言中日两国应比其他国家更密切，此次谈判不会使中国为难。小田切则表示《辛丑和约》只规定谈判各国所认定要修改之处，今如中方亦提修改之处，设于双方有利，日本亦准备予以考虑②。

中日第一次会议（日本文书称第一回），颇与英美格调相同，即一开始先提出已准备好的修约条文。日方此次提出十款详细条文，要求中国考虑。约定给予十天展期，俾于下次会议中展开谈判。此十款要求，已分见于中日两国官书，日方并附有英文本。因为日后尚须逐条辩论，故不须在此引据③。

① 《日本外交文书》卷35页259—277，小田切各次请训及小村寿太郎训令。
② 《辛丑和约订立以后的商约谈判》页209—210。又，《日本外交文书》卷35页277。
③ 《日本外交文书》卷35页280—286，日方代表所提修约条款十款全文汉文本及英文本。因系日方提出，故最值参考。又，《清季外交史料》卷157页17—19，光绪二十八年五月十三日，盛宣怀、吕海寰引日本条款十款。又，《辛丑和约订立以后的商约谈判》页210—212，五月十四日（6.19）戴乐尔致赫德函附件。

其实日方所提不止十款，后因小村寿太郎之训令，又后续增至十三款。中文文献中已不易见后三款，仅备载于日本政府公文，并有汉文英文本①。中日此次议约，会外研磨，为其特色，第二次正式会议并不展开，而双方仍不断接触并互相辩论条款，盛宣怀亦深觉不易应付。开始之初，在五月二十二日（6.27）电告刘坤一、张之洞云：惟日本言甘手辣，究应如何抵制，伏候指示，以备操纵②。其时英、美两国亦在谈判，正见出千头万绪，颇费运思。

中日之约，难于如期开议。中方代表是分身为难，日方则严催不舍。加上日方原则要保密，乃往往形成非正式之会。五月二十三日（1902.6.28）即是一次非正式会议。海关洋税务司戴乐尔竟是毫无记录。然盛宣怀将两方会面有电报给外务部和刘坤一、张之洞。日方政府却保存全部详细记载。小田切实与盛宣怀、吕海寰见面，除会商赔款支付及税则之外，日方表明愿将入口税提升二点五，即值百抽七点五。但要求中国裁厘，并不允中方之落地税及出产税。远比英美两国更为小气、更为苛虐③。在此须知，此次并未列为正式会议，然亦具相当多样内容。

在同一时期，盛宣怀、吕海寰在五月二十六日至六月二十

①《日本外交文书》卷35页290—295，日本要求修约条款第十一至十三款，汉文本、英文本及日文本。

②王尔敏、陈善伟合编：《清末议订中外商约交涉》上册页123。

③《日本外交文书》卷35页286—289。

又，王尔敏、陈善伟合编：《清末议订中外商约交涉》上册页125；下册页320—324。

六日之间，亦即西历七月之内，均已因偕同马凯上驶江宁及武昌会议英约。故而俱不在上海，中日之间一直未展开正式会议。当盛、吕二人返回上海，即在七月初一日（8.4）、初三日（8.6）、初八日（8.11）与小田切、日置益有三次非正式会议。中文方面包括海关洋税务司均无记录。只有日本政府保存有小田切在八月初四日（9.5）将此三回非正式会议之详细记录，在同日以长函向小村寿太郎报告。七月初一日仍在盛宣怀寓所开会，会中讨论中国自开口岸问题。七月初八日仍在盛宣怀寓所开会，会中接续辩论自开口岸及内河航行等问题，同时又展开讨论米谷出口问题，最惠国条款问题。以及外国商民居住中国口岸问题。中日商约七款、八款协议正文亦经拟出，包括中文英文译文亦全得完成。此外中方代表在此次会议中要求休会，十八日再开会①。

七月二十三日（8.26）中日间又开一次非正式会议，此次除盛吕两大臣外，三位洋税务司也一同参加。会中于第九款取得协议②。

七月二十九日（1902.9.1）中日之间又作一次非正式会议。小田切万寿之助与日置益在八月十六日（9.17）将会议记录向日本外务大臣作了详细报告，并附上中文摘要。日方代表二人并有通译及书记官。中方则为盛宣怀、吕海寰及其随员刘宇泰、杨文骏。尚有三位翻译及记录人员。小田切所叙述双方

---

① 《日本外交文书》卷35页312—318，小田切万寿之助、日置益致小村寿太郎函及附件；页327—331，小田切，日置益；9月23日向小村外务大臣报告。并附七款、八款协议条文及汉文、英文译文。

② 同前引书，页334—336。

讨论内容甚详，同时附有简略中文摘要，且其摘要亦经过盛宣怀事后过目，故极具真实之参考价值，附此以见双方对谈详情：

> 中国商约大臣云：贵国第五款所指地方内有北京。惟英国马大臣曾亦索开彼地，当奉训条，断不可开作中外通商场。若问以何故，则北京固系大皇帝所居之地，且在彼各国商民向不归中国管辖，辇毂之下，岂可任各国商民任意聚集，而我毫无管束之权。政府以为不可开者，谅不外此故，况且北京向无多大贸易，而天津一埠已系口岸，离京甚近，不必开北京可也。日本商约大臣云：北京须开者，略有四端，现已有各国商民在彼地办商务，前年以后，其数更多。贵国欲令彼等闭业离京，恐各国断不允，则此事必不能办。现在情形尚且如此，而将来所来者，亦不能拒。若言辇毂之下，有各国商民不服中国法权，有碍体面，则就今日而论，实是已碍体面。而日后各国商民愈来愈众，恐其碍体面者更甚，则莫若开作通商场之为明决利快之为愈也。开通有利者一：既开通商后，各国可派领事，所有本国商民，管束有方，不致稍有散杂，中国随事与之理论，亦可谓分有管辖之权一半。开通有利者二：凡风气未开之地，易于滋事，如北京上年闹团匪之乱，亦职此由。今开作通商场，风气大开，不致再有祸乱，使中外横受巨害。开通有利者三：北京大官多住，巨商亦不少，通商场商务必兴，征之崇文门收税之多亦明。开通有利者四：查各国京城开作通商场者颇多，如东京、华盛顿皆然。而离通商口岸亦近，可知皇帝所居之地亦并非不可开

作通商场。

中国商约大臣云：奉天府、大东沟二地，贵大臣既云该两地不但于商务有利，且于大局有关系，本大臣等自见亦以开二地为善。（可虑者俄兵撤退以前，议行此事诸多不便耳）（吕盛削之）

日本商约大臣云：开该两地为商务起见，各国决无异议，不必过虑可也。

中国商约大臣云：贵国第五款长沙府以下各地，据本大臣之意，凡添开口岸，即于厘金有损，如英国已愿与加税免厘相连办理，故中国亦允开口岸，若贵国允照英约，则敝国亦可允开。且各国商民不归中国法权，则更不能允多开口岸。第五款内所指各地内如长沙、安庆，虽属可开，然其他各处开之亦无大益。总之添开口岸通商场一事，理应与厘金之事相连而论，决不可以分开而议。

日本商约大臣云：贵大臣所言添开口岸通商场，即与厘金有损，本大臣不以为然。凡新开一地，则该地出产，未被外人知悉者，渐至出运。而外洋各货亦可运售，彼此贸易两相受益，地方进款亦致增多。而且该地人民风气渐开，自然不致滋生事端，以亏累中国。其各国商民皆可由领事按法管束，不许越分。若谓开一口岸，即于中国进项有亏损，则更不然。试以杭州、宁波而论，杭州开作通商以来，虽宁波商务与旧时同，然杭、宁二地商务，较之宁波一关，所增者甚大，而商务兴旺，厘金一项，亦可增征。可知添开口岸通商场，不但于厘金一项无大损，反可增多。且按照现行条约，各国商人可领照前往内地。若限满再可从新领照，则莫若多开口岸通商场，派有领事管束商民，两边受益之为愈也。至于撤去管理外人权一事，将来中国修改法律，各国认为应除该权之后，尽可商议。

中国商约大臣云：若立条约添开口岸，则不能不与厘金相连而议。然作为中国自开口岸办如吴淞，则无不可。（但章程必须妥当）（吕盛加之）

日本商约大臣云：敝国亦并非必定立条约、开口岸、通商场。若贵国能自开，事属甚善，惟须定年限一年或二年不等。其所开之地，亦须择定中外贸易可望兴盛之地。且贵国定意自开，所有章程，必须与本大臣商定。

中国商约大臣云：长沙府以下各地作为自开口岸一事，可由本大臣发信问外务部及刘张两总督意见，若以为可，则章程应如何定，当妥行商议①。

中日间商约谈判正式会议之外，自首次会议以后，多是非正式会，然亦同具重要性，在七月底之前，以至中英商约签字

---

①　《日本外交文书》页 325—327。

以前（八月初四日）并未接开第二次正式会议。然其非正式会议已不下六次之多。第二次正式会议迟至八月二十一日（1902.9.22）下午三时方在上海揭开。此后正式会议，洋税务司亦必随同出席，故使赫德能够充分了解进展情形。俱得自于戴乐尔的逐次报告。在第二次会议中，正式认定第七、第八两款条文。第七款有关中日两国人民合资组织公司问题。第八款保护商标及著作出版权问题。双方俱表协议通过。另第九款中国统一国币问题。此本属中国自主权，既已入英约，日方亦表同意入约。故在此正式会议中，完全肯定过去各次非正式会议之结果①。

八月二十五日（1902.9.26）下午三时，中日第三次正式会议。会中除重新拟定第九款以及中方要求补充第八款文句外，会中讨论者：

第十款米谷出口问题，中朝反对解禁，不准出口。双方酌定不入约，改以照会说明，互表观点，遂被双方同意。

第十一款，最惠国条款问题，盛宣怀要求日本对于中国商民应与他国人民享同等待遇，尤其说明在日中国商民抽税比他国为重，小田切反对此说。会中决定所有在日本之中国商民，均按日本通行税则纳税。

此外会中又拟定了第十一、十二、十三各款条文②。

八月二十八日（1902.9.29）下午三时，第四次会议。此次会议，中方提出补充条款三款，小田切同意考虑，并允报告

---

① 《辛丑和约订立以后的商约谈判》页 212—214。

② 同前引书，页 214—215。

日本政府。其一款规定中国所给予他国之一切优惠利益，日本一律享受，亦同样要求，中国旅日侨民，亦能享受日本给予他国侨民之同等优惠利益。其二，中国罪犯逃至日本，日本政府合作引渡交出罪犯给还中国。其三，凡日本人民或日民与华民在中国开报馆者，如其言论不实，有捏造、诽谤之情，日本国必不予祖庇。日方俱允考虑再作答复。此外会中亦讨论第四款第一、二两节，内港航轮问题。特别引起争论者为外国海船转行非口岸之海港问题①。

九月初一日（1902.10.2）下午三时，第五次会议。会中讨论到第八款保护商标问题。中日代表并无争议，而是小田切说出中国民间之许多委曲，当然实由中国官僚体制所形成。但已无关于商约谈判。关于第八款版权问题，又作了进一步修订。第七款中日合股公司，日方同意接受中方之修改语句。第九款国币问题，只在讨论文字妥当与否，而未作丝毫改动②。

九月初五日（10902.10.6）下午三时，第六次会议。

九月十四日（1902.10.15）第七次会议。

以上二次会议盛宣怀均未出席，在第六次会中尚讨论第四款内港行航轮船问题及第七款中日商民互惠合组公司问题。第七次会议更是无重要问题，亦只对第七款略作修改，双方同意而已。虽是正式会议，但无重要内容③。

---

① 《辛丑和约订立以后的商约谈判》页216—219。
② 同前引书，页219—220。
③ 同前引书，页220—221。

　　原来盛宣怀两度会议未能出席，乃由于其父盛康病危。今至九月二十三日（1902.10.24）盛康亡故，盛宣怀即应服丧守孝，当日吕海寰即以电报告知外务部，请其上报朝廷丁忧。商约会议必定无法再出席[①]。清廷对于中外商约交涉之事不敢轻忽。由于先有南洋大臣刘坤一之出缺，此时又遇盛宣怀之丁忧，其时美、日商约正在同期谈判之中，遂于光绪二十八年九月二十五日（1902.10.26）任命北洋大臣袁世凯督办商约事宜。同日又任命四品京堂（原驻美公使）伍廷芳为会议商约大臣。外务部大臣庆亲王奕劻于十月初一日（1902.10.31）致照会给日本驻华公使内田康哉。其事即由代理公使松井庆四郎即行连照会报知日本小村寿太郎。同一时期上海方面小田切万寿之助及日置益亦将中国因刘坤一出缺，盛宣怀丁忧报知小村外相，说明中方要求延期一个月开会之理由[②]。光绪二十八年十月初九日（1903.11.8）日本外务大臣小村寿太郎以英文电报致北京代理公使松井庆四郎训令向中国外务部表示拒绝会议延期，使清廷催促上海代表继续开议[③]。

　　在盛宣怀丁忧之后，中美会议暂停，而中日之间则被催迫继续。然自九月十四日第七次会议之后，亦被拖延至十月二十五日（1902.11.24）方开第八次会议，盛宣怀虽在丁忧，仍在

---

①　王尔敏、陈善伟合编：《清末议订中外商约交涉》上册页229。

②　《日本外交文书》卷35页348—349，代理驻华公使松井庆四郎致小村寿太郎。并附清廷庆亲王照会。页350—351，小田切万寿之助及日置益致小村寿太郎。又，王尔敏、陈善伟合编：《清末议订中外商约交涉》下册页395—396，吕海寰致书盛宣怀，说明日本拒绝延期开会。

③　同前引书，卷35，页352。

幕后为吕海寰画策。此次会议，吕海寰出面主议。关于第十款米谷出口问题，在第三次会议中决定用双方照会方式，说明平时战时荒旱年境之限制。此次因外务部回函说明在光绪二十四年（1898）日本驻华公使矢野文雄已与中国交换过照会，应不必再有重复。小田切以为彼时因日本灾荒，是特殊事务，此次希望双方照会能包罗周全，因是双方同意修改文字。此款在小田切向外务省报告中并未提及。而此次会议重点全在第六款。张之洞电告主张三点：其一，外人居住地界必须明确规定。其二，凡在界限之外者不能享受治外法权，须向中国纳税，服从中国法律。特别是在外面居住者不能自设巡捕，自设工部局。其三，不能将外人名义借给华人冒用。双方颇有论辩，而吕海寰决定指派一位随员，会同日方代表详拟合适条文①。

十一月初五日（1902.12.4）第九次会议。吕海寰一人主议。与日方代表辩论口岸外人居住权问题，双方争辩达四小时之久。小田切报告与洋税司戴乐尔记录均相当详备。为继续上次会议之延伸，反复修订文句，亦难使双方满意，自下午三时论辩至七时，未得结果，而后散会②。

十一月初九日（1902.12.8）第十次会议。中方吕海寰一人主议。讨论第十款米谷出口，日本代表的草拟条文，中方不能满意，日方怕中国可借米价腾贵理由禁止出口。遂至再辩论

---

①　《日本外交文书》卷 36 册 2，日本外务省，昭和 32 年 12 月 15 日印，页 1—6，小田切万寿及日置益给外务省报告。内附第六款修正汉文本。又，《辛丑和约订立以后的商约谈判》页 221—222。

②　《辛丑和约订立以后的商约谈判》页 222—224。注意：此书所载 12 月 11 日之会，乃系 12 月 4 日之误记。改正这个日期，是根据《日本外交文书》卷 36，册 2 页 21，小田切万寿之助的报告中所排的开会日期。

修订。未达协议。讨论第四款内港行驶轮船，中方不同意日方所提行海轮船可行驶内港的要求，此款虽早提出而实争论最多最久。同时中方亦反质问日本能同意外国轮船可通行内港之回答。确是不平等之无理要求。虽然争论很久，日本理屈，不作正面回答。论辩亦难获结果①。

十一月十二日（1902.12.11）第十一次会议。

十一月十七日（1902.12.16）第十二次会议。

十一月二十日（1902.12.19）第十三次会议。

十一月二十三日（1902.12.22）第十四次会议。

以上四次会议，中方仍由吕海寰主议。讨论问题多集中于接续第十次会议中所争辩之第四款关于行海轮船在内港航行问题，此四次会以此一款最占重心，自使双方极费唇舌之辩。双方各提补充对策，往返多次思考解辩，终于俱不能使对方满意。最后日方向贺璧理透露，此种海轮行驶内港，日本目标注重于东三省各口岸的航行权利，原怕俄国会阻止干涉日商在东三省贸易，若有条约规定，日本即可以根据此商约与其他最惠国同来贸易。日方以为对中国有益。虽包括前次会议，已经过五次辩论，只使双方增加了解，并未能使双方获致协议②。

十一月三十日（1902.12.29）第十五次会议。中方伍廷芳首次出席，吕海寰亦同到场。

十二月十八日（1903.1.16）第十六次会议。伍廷芳、吕海寰一同出席。此两次会议重点在讨论第一款裁厘加税问题。

① 《辛丑和约订立以后的商约谈判》页 224—225。
② 同前引书，页 225—228。又，《日本外交文书》卷 36 册 2 页 21—30。

最先听取小田切说明日方代表表示日本准备仿照英约第八款各节所定，但有须作修订之处。因是提出此款之修订节略，提出六项修改意见。此次中方对日本节略作六点答辩。第一，仍坚持照英约入口税抽十二点五，出口税抽七点五。说明比之他国，税非过重。第二，日本进口之煤，不能免除转口税。抑且外洋来煤非止日本一国，不能不一律征税。第三，不赞成日方所提出口税增至百分之十，依照各国惯例，中国出口税已偏高。第四，日方建议丝斤、蚕茧出口税值应与进口棉花相同。中方则说明中国生丝蚕茧已年年减产衰退，不能再增加出口税值。第五，日方提议免除在中国制造之出厂税，表面以为对中国厂商有益。实则用意在于日本在华设厂，由棉纺纱，由纱织布，由布造衣，所有加工出厂均要免税，且不因入口而缴入口税，真是占尽便宜。中国所以设出厂税正为杜此漏卮，因是反驳日方。其六，关于海关派人员稽查常关，载在英约第八款第十节，日方不明用意，主张取消。中方答辩原因由中国取消厘金，英使恐借机复活，尤且尚要征收销场税，即中国土产自产之货，不出口而内销，有权自征销场税，英使恐借销场税之名使厘金复活，故有关员到常关稽查之要求而订入商约。经中方解说，日方亦谓日本政府不能同意。总之，伍廷芳曾在第十五次会议，已和张之洞在江宁作过详细考量，并拟妥对策，乃得在第十六次会中针对日方意见大加驳斥[1]。

　　十二月二十二日（1903.1.20）第十七次会议。会中继续讨论第一款裁厘加税问题。日方坚持要求加税不得超过百分之

---

① 《辛丑和约订立以后的商约谈判》页228—233。

十。惟双方同意撤消洋关税务司派员督察常关是否抽收厘金之规定。讨论及于第六款外国人民居住口岸问题，伍廷芳明白申述，此条只限于应用在广州、厦门、福州、宁波、上海等城镇。小田切表明日本政府愿意凡住在中国内地之日本臣民接受中国巡捕管辖。此外又讨论米谷出口问题，而只争辩一番，并无结果①。

十二月二十五日（1903.1.23）第十八次会议。在此次会议中，重点在于讨论日本对于第二款所定子口税单及三联单用以豁免其他各项税捐之修正条文。中方一开始即表明在未充分解决第一款裁厘加税问题，税尚未加，如何可以考虑第二款加税以后之问题。惟小田切仍然将修改第二款之中文条文交送中方。其中一节表示日货在海关一次缴足洋税并子口半税，无论运至何地均不可再抽任何税。以免妨阻货运之过多耽延。中国官方有违规或引致日商损失者，中国应予赔偿。其二，中国官方应将各地方之厘捐、落地税、子口税及内地各项税率开明清单，交日本政府存案。

日方提出第二款修改条文。并未立即讨论，当有待中方之详细研判。主要是若第一款尚未得到结论，中方岂肯受此愚弄，冒然商谈加税以后问题②？

光绪二十九年正月十二日（1903.2.9）第十九次会议。此日重点集中于第四款内港航行轮船问题。中方受到张之洞的指示，反对日方对"内地"二字扩大解释。小田切表示"内地"二字系根据中英《烟台条约》的解释。伍廷芳反驳谓，中方虽

---

① 《辛丑和约订立以后的商约谈判》页 234。
② 同前引书，页 235—236。

同意《烟台条约》之解释，而甲午战后中日之间内港行轮章程
（Steam Navigation Inland Regulations）已作了扩大解释，与
《烟台条约》不符，现在中国反对再予扩大解释。小田切肯定
说明"内地"二字适用于通商口岸以外的中国各处地方。即已
承认多年，决不许中国使之再退回去。中国如果草拟新章，不
应违反已经实施的固有条例。对于张之洞的干预表示不满，极
其责难张之洞的拖延与阻挠①。

正月十六日（1903.2.13）第二十次会议。戴乐尔在此次
记录报告中说明，日本代表此次有备而来，一意要寻找中方代
表拖延阻滞之证据。凡事追究，咄咄逼人。一开始日置益即责
难中方之拖延，要求中方代表既有全权即当对于已取得协议之
条款，早日促请政府同意。当然同时解释第一款裁厘加税问
题，所以被搁置，是因为等待日本政府的指示。

吕海寰表示中国中央地方各有不同意见，许多已谈过之条
款，仍须在会中讨论。

会中通过第三款第二节中国对于整顿川江条文中增加一
句。第四款内港行轮问题，日方又对其所改条文略作补充，中
方则没有肯定答复。第五款开埠通商问题，中国仍不同意载入
约文，但愿自开口岸。日方要求须以照会形式，表明答应日本
开放某处及其开放日期。日方更过分的要求先见到中国的照会
稿。建议中方向外务部请示。照会先由日本公使及中国外部商
定。中方原先拒绝请示，最后亦允用电报请示外务部。在中日

---

① 《辛丑和约订立以后的商约谈判》页236—237。又，《日本外交文书》卷
36册2页25—30。

代表讨论中，洋税司认为伍廷芳讲了一句惊人的错话。他说在裁厘加税问题解决以前，不会签订条约。日方立刻质问，是否出于中国政府决定。伍氏答以并无决定，而在道理上应当如此。本来伍氏所讲实话并非大错，亦是列国谈判常态。而暴露外交底线，尤其在被欺凌情况下，自不免招致帝国主义者奇异感觉①。

正月十九日（1903.2.16）第二十一次会议。

正月二十二日（1903.2.19）第二十二次会议。

以上两次会议，俱以第六款外国人民在通商口岸居住为重心。两次会中对条款作两次修订。中国改正日方建议，日方以为完全走样，与双方先前的谅解不同，日置益直认中方在玩弄手法。因是日方又提出修正条文，附在会议记录中。伍廷芳不顾洋税务司贺璧理、戴乐尔两人私下的忠告，也拟定一个综合日方两次条文的新草案。及至会议终了，双方退席。两位洋税务司（戴、贺二人）始有机会详细说明伍氏草案之缺陷②。

正月二十六日（1903.2.23）第二十三次会议。此次会议果不出洋税务司所料，首先对第六款展开激烈反响，日本认为伍氏把日本建议原意完全抹杀，认为是一种失信。伍廷芳回辩说外人在口岸居住条文，中国反对用"任何地方"字样，因为使全国一无限制。故把第六款条文效力限于各口岸租界之内。中国认为所有中外条约未尝允许外人任便居住其所喜住之中国地方。日方代表也强调一点，即凡日本臣民居住租界以外地方，允许置于中国工部局及巡捕管辖之下，此在任何外国未尝

---

① 《辛丑和约订立以后的商约谈判》页237—238。又，伍廷芳：《伍廷芳集》页207，致外部电，北京：中华书局1993年8月印。

② 同前引书，页239—241。

向中国表示。伍廷芳再提修正案亦遭日方拒绝。只有两途：一是接受日方修正案；如不接受，日本将按《马关条约》执行其所赋予的权利。中方终于拒绝日方修正案，日方声明将提出照会依照《马关条约》所规定办理。

会中亦讨论第七款中日民人合股经营公司的双方权利义务问题。中方对日方条文加上一句补充说明，日方接受。而使之达于协议①。

二月初一日（1903.2.27）第二十四次会议。会中讨论第五款开放口岸问题，此问题果然由北京外务部与驻华公使内田康哉协议取得结果，即以照会方式双方互换，而中国以上谕指定所将自行开放之某些口岸。讨论第四款内港行驶轮船，中方向日本提出拟妥之三条章程，并译成英文交给日方。惟洋税务司贺璧理、戴乐尔事先均未曾过目，私下颇表不满。讨论第八款商牌与版权问题，中方已拟妥修正条文，日方表示内容与原先协议相同，最好不必再修改。遂亦推延至下次会中再说。讨论第九款中国整顿统一国币问题。其中有日本臣民之纳税及负债款项，不得因中国更改度量衡制而有显然或隐然之增减。中方以为此句非常危险，建议删去，日方不许，双方辩论多时，并无结果②。

二月初四日（1903.3.2）第二十五次会议。此次会议并无协议结果，亦无任何新提意见，其中继续讨论第九款国币问题，日置益以为此款日方已同意成立，中方是否接受，伍廷芳

---

① 《辛丑和约订立以后的商约谈判》页242—243。
② 同前引书，页243—244。又，伍廷芳：《伍廷芳集》页209—210。

仍然坚持删除前次所争执的那一句文字，日方亦不让步。在会中三位洋税务司各拟一个修正条文，每人皆可解决伍氏疑点，但伍廷芳亦不接受，戴乐尔在报告中直说"伍廷芳顽固的坚持"。讨论毫无进展。在散会日方代表及随员退席后，三位洋税务司即与伍廷芳分析此次会谈，以为应该稍作让步，深表遗憾。随同亦向伍氏表示，前次会议伍廷芳所提出之内港行轮章程三款，事先未与洋税务司商量，此系海关上内行人熟知问题，怎可请外行人拟稿，伍廷芳表示已不知道还有此事。此次检讨结果，可以充分看出伍廷芳所持态度。伍氏表示日方一味提出要求条款，而对中方无一点让步，中方未得任何交换条件，亦可坚持不让。重点是除非日本同意提高入口税值百抽十二点五，以作裁厘条件的相对交换，伍氏亦决不肯给予日方任何让步。于此我人可以弄明白伍廷芳之外交底线，及其谈判立场。不过洋税务司戴乐尔在报告中预言，伍廷芳如此态度，将会引起麻烦[1]。

二月初七日（1903.3.5）第二十六次会议。此次会中讨论中方对第四款内港行轮所拟章程三款。决定再交中方洋税务司三人重新改拟。讨论第九款中国画一国币问题，争执点仍然在于最后一句话删与不删，中日各不让步，亦无结果。

戴乐尔事后报告，已明显指出，中日双方对此次会议均未抱多少希望。日本方面在等待日本政府对于裁厘加税的指示，中方代表更把重点放在裁厘加税，日方迟迟不谈此款，只图在其他条款占到便宜，中方亦全无商谈兴趣[2]。

---

① 《辛丑和约订立以后的商约谈判》页 245。
② 同前引书，页 246。

二月十二日（1903.3.10）第二十七次会议。此次会议又回到搁置多天的第一款裁厘加税问题，因为日本政府已经过仔细研判与评估并且提出对策。日方代表自信是考虑过各国态度而酌情他国亦必有相同看法。伍廷芳立即反问日本是否已与各国交换过意见。日方表示未有，但就各国对于英约第八款裁厘加税的条文反应，自能判断自能提出可以为各国接受之条款。简单说，日方不能仿照英约使入口税提升至十二点五，要点在于加税不能超过百分之十。中方自然反对，双方辩论很久。日方代表以为中方不应只在进口税打算盘，尚有其他税收可以弥补厘金之所失。特别指出如果中国成立鸦片专卖局，日方会支持中方与英国谈判。此点可见出日方诡计：一则建议中国税收依赖鸦片。二则鼓励中国自种鸦片。其实中国早自汉代已是盐铁专卖开创国家。当时是为了避免资本家垄断民生物资。日本学来专卖观念，反要回头教导中国仿效他们做坏事，其用心真可鄙恶①。

二月十四日（1903.3.12）第二十八次会议。

二月十八日（1903.3.16）第二十九次会议。

此两次会议全以第一款裁厘加税为重心。中方不能接受入口税不超过百分之十的办法，理由不单无法补回裁撤厘金之损失，抑且收入不足以支付各国赔款。日方则坚持进口税不能超过值百抽十。日方并不急于取得协议，似在等候政府指示。果然在第二十九次会议中，日置益提出日本政府所来之电报，日方坚拒自现行税则增加至一倍以上，除请中国重行考虑，亦别

---

① 《辛丑和约订立以后的商约谈判》页247。

无他法。中方表示亦向政府请示①。

二月二十五日（1903.3.23）第三十次会议。会中续谈第一款裁厘加税问题。此前数日小田切万寿之助曾赴江宁会见张之洞，表达日方裁厘加税尤其加税至百分之十之立场，小田切在会中报告，并未能见出张之洞是否同意日本建议。此次中方要求小田切再向日本政府请示让步，日方代表再次声明日本政府已是最后之决定，亦不会再提高附加税，但日本原照中英商约第八款原则略作修正，却不能允许中国加税一倍半。至此税则之试用期限，日方亦主张试用五年方可再作修订。中方亦作加于实际之问题，即现行改订之切实值百抽五税则，亦当于五年之内再作修订。宗旨亦在防避列国不顾限期，一味向后拖延。

会中又讨论第四款内港行轮问题，日方建议文字略作补充，中方接受②。

戴乐尔在此次报告中附记一点重要讯息。即在会议结束后贺璧理、戴乐尔私下询问小田切。日方代表日置益在会中声明中日商约谈判已接近于结束，此话是何用意？小田切答称：日方希望早日定议，有关裁厘加税案一直不能妥协，如果中方不同意日方建议，可以撤销此款，而就其他协议各款完成双方签约。回思此前伍廷芳一再留心防范，坚持必须于裁厘加税有所协议，否则决不对于其他各款多所让步。此是早已看透日方动机，与其谈判策略之运用。伍氏能有预见，洋税务司尚讥议其

---

① 《辛丑和约订立以后的商约谈判》页247—248。又，《日本外交文书》卷36册2页35—39。

② 同前引书，页249。

顽固专断，则是错估了伍廷芳外交家的超卓眼光①。

恰于此际有一个题外插曲，即在二月二十一日（1903.3.19）北京外务部因日本举办大阪博览会，邀请中国派大员参加，而驻华公使内田康哉请求中国就税务司洋员派一人前往。外务部即致赫德札文，指示选派洋员，前赴大阪。赫德即于二月二十九日（1903.3.27）申复，外务部决定派遣裴式楷前往。由于此行须经时月余，故又另派江海关税务司好博逊（Herbert Edgar Hobson）代理裴式楷在上海之一切事务。此一决定，略与裴式楷协助对日商约谈判有关。在上海固有人代理其事，而既赴日本一行，吕海寰、伍廷芳乃于三月初八日（1903.4.5）给予裴式楷公函，令其向日本政府申解裁厘加税之需要，以化除日方刁难，兹引据其全函要语，以证明中外商约谈判之重点所在：

> 本大臣等于三月初七日接到外务部电称，副总税务司裴现派随赴大阪观会，如日政府问询商约事，可令将中国为难情形详告，藉收臂助等因。查此次议约以加税免厘为全约主脑，英约进口税定为值百抽十二五，出口税定为值百抽七五，最为公道。无论何国议约，总不能与英约有所歧异，此一定之宗旨也。近来本大臣等与日置、小田切大臣迭次会议一切情形，早在洞鉴之中。此次值贵副总税务司赴大阪观会之便，即希查照外务部来电之意，详细告知日本政府，请其悉照英约办理，不可稍有歧异，致

---

① 《辛丑和约订立以后的商约谈判》，页249。

令中国为难①。

三月初九日（1903.4.6）第三十一次会议。此次会议仍对裁厘加税案继续交换意见。日方表示已接到中方对此案说明之信件，愿意送交日本政府，但非赞成中方建议，只是外交礼貌上要这样做。照日本所同意加税一倍（即百分之十），已是无可再有商量，日方不会再允修改。虽然只是一款中日未达协议，其他条款则无理不加解决。中方表示中国政府不准备签订不包裁厘加税的条约。日方代表表示中日商约可以单独签订，决不因其他国家而有所影响。惟责中国代表态度与《辛丑和约》精神不符。中国代表答辩称，《辛丑和约》只规定两国谈判，并没有强制中国接受不能同意之要求。同时进言，日本只为附加税增加出微小差别，而失去裁撤厘金之机会，亦足令人遗憾。日方表示，如果中方代表答应在三星期之内签署条约，日方已经拟有一项建议方案，可以顾全双方体面。中方在不明白日方建议案前未作任何允诺，但表示如此方案足以有接受可能，中方答应在一个月内尽量办妥一切。虽然无法推测日方要提何种建议案。戴乐尔则在记录附注其私人猜测。戴氏记云："日方的方案，可能是取消裁厘加税一款，而对其他各点采取和解态度。"②

此次会议亦充分显示双方谈判已近尾声，先由日方提议，由双方各派一人，互相校对已协议的各款内容及文字。中方接

---

① 《辛丑和约订立以后的商约谈判》页248—250。
② 同前引书，页251。

受此一建议①。

事实上，中日商约谈判在上海已再无进展，成为不宣告之暂停。前数日（1903.4.3）小田切万寿之助与日置益，已向日本外相提呈全面谈判详细报告，不待三日后中日双方所开之会（1903.4.6）日方代表已不准备再有商谈余地。此次之停顿，出于日方之早有成算②。

中日上海会议，日本认定无可再谈，究竟作何预谋，在第三十一次会议已经点出，洋税务司亦在记录作过注明。惟日方自然非至双方真正同意亦决不会展示底线。有一点可以肯定，日方主动决定，以测中方是否同意签约。上海会议自是再也谈不下去。

此际事有凑巧，正逢盛宣怀丁忧之后，重新因其在铁路迎接两宫谒陵，而得以特旨复职，仍授以商约大臣之使任。适当上海谈判已停顿，两日后，三月十一日（1903.4.8）日本驻华公使内田康哉以电报告知小村外相。接着三月二十三日（4.20）盛宣怀在北京首次拜访内田康哉，两人交换意见，有意在北京接续上海展开谈判，最重要之关键，是盛宣怀告知内田，言及张之洞奉旨内召，即在此同一日起程北上。自可与张之洞直接谈判。内田立即电告小村外相。小村反应敏速，随即于三月二十八日（4.25）训令内田，命其谈判三个未决的问题：其一、裁厘加税，其二、中国开放北京口岸，其三、米谷

---

① 《辛丑和约订立以后的商约谈判》页252。
② 《日本外交文书》卷36册2页50—62，小田切机密报告，第44号。

出口等三问题，令其与张之洞在北京接续谈判①。内田公使于四月六日（1903.5.2）先以电报回复，次日（5.3）即以日文机密报告，详细报告与盛宣怀之交谈以及所广泛交涉之商约重点。

于是峰回路转，中日商约谈判，紧接着转到北京继续进行。日方由驻华公使内田康哉出面，中方则以张之洞为对象（盛宣怀不久南返，实未真正参与北京谈判）。

光绪二十九年五月初八日（1903.6.3），内田康哉会同盛宣怀与张之洞作一次私人会谈，此次交谈，具体详细，占时甚久。内田在五月初九日（6.4）以英文长电报告小村外相。对于小村所指示三个问题，一一与张之洞彻底商讨，并取得张氏坦诚回应与表达。其一，了解到张之洞对于裁厘加税一款十分重视，并颇注重于英约第八款。其二，对于北京开埠，以为鉴于洋军驻扎城内以及治外法权不能取消，北京不能开放，有其管治居民之考量。其三，关于米谷出口，张之洞表示百分之九十九官员，俱反对此款②。

本来在五月十四日（6.9）日本外相小村给内田康哉英文电报指令，表示帝国政府评估之后，只能同意中国增税一倍，即百分之十，而决不愿使之升至值百抽十二点五，态度相当坚定。然而仍是事机巧合，上海方面代表小田切万寿之助与日置

---

① 《日本外交文书》卷36册2页63，4月8日内田致小村英文电报，第39号。页64，4月20日内田致小村英文电报，第55号。页64—65，4月25日，小村寿太郎给内田康哉英文电报，第50号。5月2日内田给小村英文电报，第86号。页66—68，5月3日内田给小村寿太郎详细日文报告，第55号。

② 《日本外交文书》页69—71，1903年6月4日，内田康哉致小村外相英文电报，第117号。页72—76，6月11日内田康哉致小村外相日文机密报告，第80号。

益于五月十七日（6.12）有英文电报给小村外相，说明在前一日（6.11）美方商约代表已接受中方所要求增税至值百抽十二点五。同一天（6.12）日本驻美公使高平小五郎也有英文电报给小村，亦报告前一日美方代表对中方之让步。如此颇使日方原已坚持多日的态度受到相当震撼。尤其在上海的日本代表小田切、日置益有此感觉①。

事情之一定转机可以拿日本驻美公使高平小五郎的建议作起点。五月十九日高平小五郎给小村外相英文电报十分明白：

> In reference to my telegram 54. If Japanese Government should decide to agree to increase of surtax, it would be advisable to make it conditional upon the success of American effort to open Manchurian Ports②.

高平的建议论点与时刻，自足表现中日商约将要达成协议之可能。正是值得注意之关键。由此自可见出中日继续谈判之必然。

光绪二十九年闰五月初五日（1903.6.29）内田康哉，同一日向日本外务大臣小村寄送两份前后连续的机密报告91号及92号。一贯说明在北京所见及外务部官员，以至展开与张之洞之正式谈判。先就小村所训令三个重要问题作对谈商讨。（此时盛宣怀已早回上海）可以知道张之洞身边之谈判助手应

---

① 《日本外交书》页76—77，小田切给小村外相英文电报，第39号。页77—78，高平小五郎给小村外相英文电报，第54号。页78—79，6月13日高平小五郎给小村外相日文机密报告，第38号。页78，6月13日小田切、日置益致小村外相英文电报，第40号。

② 同前引书，页79，高平小五郎英文电报。

为其幕僚郑孝胥及梁敦彦①。

关于重要条文之修订，内田俱用英文电报以争取时效。重点俱仍在于裁厘加税条文，北京开放口岸之条件，以及米谷运输出洋之时际。最后在六月二十二日（1903.8.14）自晨至昏（上午 9 时至下午 5 时）费一整天时间，内田与张之洞充分核对讨论全部商约主要十二条条文。大致获致相互接近的协议成果，提供小村作研判决定②。

内田公使于谈判次日六月二十三日（8.15）先以英文电报详报小村，接上一日六月二十四日（8.16）向小村寄出详细机密报告 118 号（8 月 16 日寄发 8 月 31 日寄达）日文详细说明之外，并附中文译文，俱是逐条开载③。

在时间上事有因应趋合。即日美同样同期与中国谈判商约，本不须妄猜日本事事想与美国步调一致，立场相同。然及内田公使六月二十三日（8.15）详细英文电报到达日本外务省，小村外相即于六月二十五日（8.17）复电内田，除对条文文字指示修改，及对东三省之开放口岸有所指示。然其电文最后说明，如有需要尚可向后推延以至八月十八日（10.8）以前。适巧在次日（8.18）日本驻美公使高平小五郎电报告知小村，言及美国国务卿函告高平，美方已与中国外务部庆亲王协

----

① 《日本外交文书》页 82—84，内田致小村机密报告，第 91 号。页 84—86，内田致小村机密报告，第 92 号。

② 同前引书，页 86—87，8 月 6 日内田致小村外相英文电报。页 87，8 月 8 日小田切致小村外相英文电报。页88—89，8 月 15 日内田致小村外相英文长电，第 176 号，逐条报告与张之洞谈判结果，并张之洞所提保证说明。

③ 同前引书，页 89—93 内田机密报告，第 118 号。

议，定在八月十八日（1903.10.8）中美商约在上海签定。亦可以证实，日方消息灵通，小村能及时见及美方决定。故作操纵之术，以待与美国同时签约。此一底线，当即决定于此数日之中①。

七、八月（西历8、9两月）内田康哉与张之洞继续商谈各条文字细节，在诸项问题中，原本视为最难题，裁厘加税已在前时双方取得谅解，日方并未允许加税至十二点五，但在中国真正改革财政，在裁撤厘金后同意其自抽土药（中国鸦片）税、盐税、销场税以及出厂税。而进口附加税亦愿依照他国纳税之数而行，在条文上仍未允许用十二点五字样，此系先前反复谈判，已在先默认。北京开埠问题，大致接受张之洞之修正，中国在各国驻军退出北方各地之后，愿开北京为商埠。惟东三省开埠原要开放大东沟，后美国要求改开安东，日本亦随之定为安东并加大东沟。此外并于第六款中国国币成色之文字作一些改动。此外对于第五款版权规定，仿照美约增添一些文字。总之，此期虽大体早已定局，而细节交涉，亦致函电交驰，讨论密集，不厌其详②。

八月初三日（9.23）内田康哉回电答复数日前小村训令，有关交涉东三省开放口岸事。顺便报告美国公使康格定于八月十三日（10.3）前往上海，即是为了在八月十八日（10.8）为中美商约签字，因是内田亦表示他会尽最大努力，能使中日商

————————

① 《日本外交文书》页93—94，小村外相给内田康哉英文电报，第156号。页94，高平公使给小村英文电报，第70号。

② 同前引书，页95—98，内田康哉致小村外相机密报告，第119号（8.23）。页99，小村致内田公使英文电报，第171号（9.1）。页100—102，内田康哉致小村外相机密报告，第126号（9.8）。

约也在这一天签字①。八月初五日（1903.9.25）小村外相再给内田训令，令其尽速谈判完结，以期与美约同时签字。电文说得明白：

> It is highly desirable that our treaty should be signed simultaneously, if not sooner, with that of the U. S. you will use best endeavors to bring the negotiations into speedy conclusion②.

于此可见中美中日议约之同步，以及其谈判期间之交互因应，特别日方对于美国态度之留心观望，俱值得外交史家多所寻绎参考。

适当中日谈判近于尾声之际，伍廷芳受任商部侍郎，并奉命速自上海回北京。小村得到上海小田切报告，随于八月初八日（9.28）电告内田，伍廷芳本为中日商约谈判代表，将来两方签约，仍必须由伍签字，希望伍氏暂留上海③。此即隐伏下中美商约并无伍氏之名，而中日商约则有伍廷芳签字，此当是出于内田努力达成之结果。

中日最后的一幕会议，仍然回到上海，显见田内公使对商约代表之尊重。光绪二十九年八月十五日（1903.10.5）中日商约代表又在上海开正式会议，就上海会议言，为第三十二次。当然已无法列计北京方面之大小正式、非正式之会。而中

---

① 《日本外交文书》页 102—103，小村在 9 月 16 日给内田英文电报。9 月 23 日内田回小村 210 号电报，透露美国公使在 10 月 3 日动身赴上海签约。

② 《辛丑和约订立以后的商约谈判》，页 103，小村外相电复内田公使电文，第 120 号。

③ 同前引书，页 104—105。小村致内田电，第 191 号。

日间之商约谈判，则以此日为最后一会。会中讨论并承认北京谈判所完成协议的重要四款。其一，是裁厘加税，此条最重要，日本有重大让步，即是：日本政府同意中国与有约各国共同商定加税税率，并同意中国与各国商定征收出产税、销场税、出厂税，以及土药税、盐税等办法。其二，中国改革度量衡，先由中央及地方官商定画一程式，先从各口岸使用，渐次推广全国。其三，北京开放口岸，须待各国在使馆护卫军队撤退以后，中国即开放北京，画定外人居住区域及通商场所。另订详细章程。其四，关于废除治外法权，则仿照英约，完全相同。除此四款之外，亦并提及内港行轮船问题，内港行轮船之征税问题。此外在技术上中日双方对商约条款中文本互校详细校对。遂即达于商约谈判终点①。

中日通商行船条约，终于光绪二十九年八月十八日（1903.10.8）在上海签字。中方代表商约大臣吕海寰、盛宣怀、伍廷芳。日方代表驻华日使馆头等参赞日置益、日本驻上海总领事小田切万寿之助。签定商约条文十三款，连同附件七件。是为全部约文②。

本章最后尚须在史学征实上作一点澄清。是即中日商约真正确实之签约日期，并非如两国庄严典重之商约正文之所载。

---

①　《辛丑和约订立以后的商约谈判》页253。

②　王尔敏、陈善伟合编：《清末议订中外商约交涉》下册页767—779，中日通商行船条约全文及附件七件。又，《日本外交文书》卷36册2页111—118，中日商约中文本全文及附件。页134—144，中日商约日文本全文及附件。页145—150，中日商约英文本：Supplementary Treaty of Commerce and Navigation between Japan and China.

中日代表在上海签约以汉文本优先，由于斟酌字句，各方电报
交驰，必须北京、东京、上海意见一致，原已定在八月十八日
上午九时半开始核对约文，一天时间不足，连夜赶写汉文本约
文，直至十九日（10.9）辰刻（上午 9 时—10 时）方能正式
签字。可以肯定知道，伍廷芳人在北京，不在上海，其所签
字，俱为事后补签。而吕海寰、盛宣怀则为现场签署。惟两国
代表已有谅解，使条约上日期仍照原样，不作改动，表面上尚
是保持美、日两约同日签定。若不熟悉内情，只据皇皇条约，
很难发现日期有其疑点。在此据实写出，不须再等待后人
考证①。

---

① 王尔敏、陈善伟合编：《清末议订中外商约交涉》上册页 241，光绪二十
九年八月十九日吕海寰、盛宣怀分别致外务部、张之洞、袁世凯、伍廷芳电云：
"日约增删字句，如已悉照香帅篠未（十七日未刻）各电改妥，仅次序先后，无关
轻重，即希速定。赶将汉文先签等因。遵即照办。于十九日辰刻，先签汉文，仍
填十八日期。但约载英文为准，今不及同签，系属创格。"各方文献资料，以此为
最详明。又，《日本外交文书》卷 36 册 2 页 120，1903 年 10 月 9 日（八月十九
日）日置益、小田切致小村外相 89 号电报云："After desperate efforts and whole
night's session, we have finally succeeded in getting Chinese text signed at 9 a. m.
十月九日 . The text is exactly the same with that agreed upon at Peking and the date
of signature is 十月八日 ．"又，《辛丑和约订立以后的商约谈判》页 253，1903 年
10 月 10 日戴乐尔致赫德报告云：中日商约中文本已于昨天上午 10 时正，由中日
双方全权代表签字。在签字以前，10 月 8 日双方曾通宵开会。则 9 日上午才签
字。但条约上的签字日期仍是 10 月 8 日。

第四章　中葡通商行船条约之议订

中国近代遭遇列强帝国主义者之强权侵凌，条约困敝，大国固然是恃强蔑理，得寸进尺。而西欧小国，二流殖民帝国，亦必遇机伸张，决不轻易放过机会，在中国扩张权益。庚子事变，中国主国政者召致列强联军入侵，虽然签订《辛丑和约》，赔付巨款三十九年，因保证赔款而共筹中国财政收入之稳定，乃有条文规定，各国与中国会订通商条约，以及共定合理税则。英、美、日自是关系重要之大国，抑且三国主动积极，早日派出代表。而葡萄牙国势已是二流，商务尤非重要，而亦竟然派使节与中国开谈判，并非比侔列强大国，而是因势乘便，得一有利机会，谋其利权扩张。抑且葡国于世界是殖民帝国先驱，非洲、亚洲均尚有不少殖民地。在中国境内尚早有其领土，此次尚亦不肯放过机会。此正是外交史上之所谓外交时机，西方国家无不重视。葡萄牙亦早已久惯此术①。

本人并无轻视小国之心，抑且亦不敢轻忽葡萄牙遣使谈判之正当性。只是依签约时间先后，应当置于第四章。且以尽其所知，在此讨论。何以说葡萄牙是利用外交时机？主要在于葡萄牙遣使谈判宗旨，有其要求重点，与前此所论之英、美、日

---

① 关于"外交时机"，是本人三十年来教授"中国近代史"所常讲。以为国人必须讲求，以免受困承敝。有诸多例证，非本书所能容纳，故只提及此说，而不能详举，以免喧宾夺主。

只限于商务与行船之范围有所不同。质言之，葡国谈判宗旨，不在商务，而在扩张其在澳门殖民土地，尤且重在领土之扩界。澳门并非租界，是葡萄牙永久性领土，但有一定界限。问题在于葡国时思扩张地界，希图把附近大小岛屿一一吞并，明明是中国沿海小岛，葡萄牙则极思如何纳入其殖民领地。

此处谈中葡商约谈判，势须涉及澳门（Macau）地方，实非得已。但望人人于澳门历史背景略有认识，本文势亦不必一概说明，不能不截断长远背景，竟然自光绪十三年之中葡条约谈起①。

若谈在华占据领土，西欧国家无有其匹，实以葡萄牙为近代先驱，远早于俄人东进中国北疆一百余年以前，已于明武宗正德九年（1514）到达广东屯门。世宗嘉靖三十三年（1554）进踞濠镜澳。嘉靖三十六年（1557）在澳筑舍以为久驻。此亦俱为世人共通知识。所据澳门，实即明清相沿中华出洋航运孔道。在中西交通史上，葡萄牙早居先进地位②。

近代中国开放五口，与各国立约通商，此一万国会通之局，开启于道光二十二年之《江宁条约》，履践于道光二十三年（1843）之《五口通商章程》。由于历史背景悠久，葡萄牙之在中国史上即有"佛郎机"及"意大利亚"之名，而在清代则以"大西洋国"国名，并正式用于葡国一切官方中文译称，

---

① 澳门本称濠镜澳，其为葡萄牙占领，在明世宗嘉靖期间，当西元十六世纪中叶。其在鸦片战争以前之历史，俱见之于以下三书：印光任、张汝霖《澳门纪略》，广州：广东高等教育出版社，1988年7月印。郭永亮，《澳门香港之早期关系》，台北中研院近代史研究所，史料丛刊之九，1990年2月印。黄鸿钊《澳门史》，香港：商务印书馆，1987年印。

② 印光任、张汝霖：《澳门纪略》上卷，官守篇、形势篇。

直迄清末。即光绪二十八年至三十年之会议商约，葡国公使正式中文照会仍俱称"大西洋国特任公使"。请阅清代总理衙门，外务部清档即可明白①。

当初香港割让英国，且又订立通商章程及善后条款，自是清楚抢夺往昔以来澳门优势。澳门本是外商集居之地，自此大受打击。葡国驻澳总督拉边多（Governor da Silovra Pinto）即于道光二十三年向耆英提九条要求，耆英即派委员到澳与其商谈，最后拉边多带翻译偕同到广州求见，耆英带同两广总督祁墳，以及黄恩彤、咸龄与之在城外公所相见。对其九条要求或允或拒，一一为之申明。重要之点，要求免除每年租金五百两银，未予允许；要求澳门半岛向关闸扩界亦不允准；要求各国到澳门通商亦未准许。除此三点外，同意减少其货税船钞；同意澳门葡商到五口贸易；同意革除在澳修房造船请领牌照。并允许凡赴澳华商亦照例上税。惟此纯属中国地方官宣告，自非两国所订商约②。

同治元年（1862）适当《天津条约》、《北京条约》签订后，各国重新展开会订通商章程之时，葡萄牙于咸丰十一年（1861）即已向中国表示派遣使节来华议约。果然在同治元年四月二十九日（1861.5.27）葡萄牙钦使基玛良士（Izidoro Fransisco Guimaraes）带文武随员三人到达天津，由三口通商大臣崇厚接待，并函告总理衙门。五月十七日（1862.6.13）清廷派遣内阁学士恒祺，会同三口大臣崇厚与葡使基玛良士会

---

① 黄福庆、庄树华等编：《澳门专档》册1、册3，台北中研院近代史研究所，1995年6月印。

② 郭廷以：《近代中国史》册2页599—601。

议商约①。在同年七月初六日（1862.8.1）中葡议定商约五十四款。葡使（大西洋国）基玛良士与三口大臣崇厚、内阁学士恒祺分别于七月中在北京、天津两地画押，日期为七月十八日（1862.8.13），以为条约签定日期②。

虽然澳门早为葡萄牙盘据，无论如何，只能根据历史事实，葡国年年须付租金五百两，正可证明葡领澳门只是租界关系。原来鸦片战后，澳督要求停付租金，中国未许。适在道光二十九年（1849），葡国大员澳门总督在澳门关闸被暗杀，中国不能缉凶，自此葡国亦停付租金。葡国已视澳门为己有，故而来使基玛良士曾在北京谈判，以说帖（同治元年六月初八日）向中国详细说明领有澳门土地之权，拒绝中国向澳门收税收租。然商约虽议订五十四条，其中仍未能定出澳门归属问题。葡人领土欲望实未达成。而从此中国亦不再向澳门追讨租金，亦是葡方得利③。

近代国际关系，常是相互因应（interaction，此一词汇六十年前已有定译，史家张荫麟使用，近人译作互动，丑拙不通）。澳门近处香港，自从香港割让，英国成为海上新贵，商业运输优势，全为香港囊括，澳门昔日繁华亦为香港逾越。葡国处处与香港对比，英国既不交付租金，澳门总督亦早已不愿再付租金，拟亦仿照香港，在澳门征收一切税捐，执行完全主

————————

① 黄福庆、庄树华等编《澳门专档》册3页1—18。

② 同前引书，册1页2—15，总理衙门咨送两广总督劳崇光照录："西洋国议定通商章程"条款，五十四条。

③ 同前引书，册3页26—33，大西洋国基玛良士说帖，又法国公使哥士耆致恒祺、崇厚函。

权。自 1849 年至 1862 年葡国既抗缴租金于前，此次条约以后，已得清廷默许，永不再提租金之事。不过中国未有任何表示，要把澳门领土永久归与葡萄牙。

　　莫说香港、澳门俱为弹丸之地，真是关系国事甚重，影响国际相互因应，所形成之动力，会发生连锁反应。在此不必引论其他故实，即以香港、澳门两地之遥相比对，无时不开发中国外交上之麻烦。其事即须引述光绪十三年（1887）之中葡里斯本（Lisbon）草约，以及中葡和约、缉私专约，俱在光绪十三年签订。原来自鸦片战争以后，香港平地崛起，在在吸引澳门、影响澳门，此一问题则是澳门吸引香港，主要与中国税收有关。

　　香港弹丸之地不可轻忽，自不免使人联想其商业发达、地位优越。但若就中国外交一端看，仅止英国香港总督，即足以翻云覆雨，冲击中国外交，使中国穷于应付。此事仍与中国查办鸦片走私有关，而香港为输转总站，中国派邵友濂、赫德前往香港会见港督，英方表示充分合作，因是而升级到中英间对于鸦片抽税问题，于光绪十二年签订香港鸦片贸易协定。中方代表邵友濂、赫德，英方代表香港法院推事官罗素尔（Judge C. Russel）英国驻天津领事璧利南（Byron Brenan）于光绪十二年八月十四日（1886.9.11）在香港签订。从这一协定使鸦片税收改为厘税并征，即将厘金合并洋税一次征收（此是当时特种洋税，其他货物不能援照，但形成后日裁厘加税案一个范例）[1]。

---

　　① 　王铁崖：《中外旧约章汇编》册 1 页 487—488。

中英间香港鸦片贸易协定之签订，是对中国税收有助益，但接着香港大员提出澳门同步征税问题，因为中国税收视香港来船为外国，照抽洋税，而对澳门则一向视为国内，两者同样货物则走澳门即可减轻将达一半之税款。等于驱使鸦片商尽赴澳门。其最善之法，即使澳门同步上税。因是冲击到清廷派遣赫德与葡萄牙交涉。赫德先赴澳门会见澳门总督罗沙（Thomaz Da Souza Roza），继派海关税务司驻英代表金登干（James Duncan Campbell）前赴葡京里斯本与其外部谈判。其派遣命令即在中英签订香港鸦片贸易协定之后不久（1886.11.1）①。

金登干在里斯本的外交奔走，与葡国取得双方谅解的交换条件，于光绪十三年三月初二日（1887.3.26）与葡萄牙外交部长巴罗果美（Henrique de Barrors Gomes）签押中葡草约四条要点：

第一：定准在中国北京即议互换"修好通商条约"，此约内亦有一体均沾之一条。

第二：定准由中国坚准葡国永驻管理澳门以及属澳之地，与葡国治理他国无异。

第三：定准由葡国坚允，若未经中国首肯，则葡国永不得将澳地让与他国。

第四：定准由葡国坚允，洋药（即鸦片）税征事宜，应如何会同各节，凡英国在香港施办之件，则葡国在澳

---

① 《中国海关与中葡里斯本草约》页 12—17，北京：中国科学出版社 1959 年 3 月印。

　　类推办理①。

　　对于此草约作何解读，相信今人无论知识高低如何，俱可清楚认识此是真正割地丧失领土之条约。只是换来抽取鸦片税之方便，当然对中国有所侵损，但却是相对国葡萄牙之外交成果。当时中国并非无有人才或蒙昧无知。当时三月初葡京签订草约。葡萄牙立派前澳门总督罗沙为议约专使于五月二十三日（1887.7.13）到京。总理衙门章京谭金诏在六月初八日递说帖指陈弊害极加反对与葡议约。接着广东巡抚吴大澂、两广总督张之洞反对以澳门作葡国永久管辖。尤其张之洞先后两次（一在四月、一在七月）上奏，长篇详论背景渊源及地方上纠葛，葡官抗缴租金等等危害，极力反对让地签约。吴大澂亦两次上奏反对。实并未能阻止中葡修约谈判②。

　　葡国钦使罗沙即按草约重点与总理衙门展开谈判，罗沙要求重点，即在于澳门及其属地之永久管辖权之取得，同时亦备一份澳门地图交总署大员。总理衙门以为葡国所画占有红线，扩张太大，不止澳门半岛，竟亦包揽附近大小海岛有十余处。

---

　　① 黄福庆、庄树华等编：《澳门专档》册 1 页207—210。又，《中国海关与中葡里斯本草约》，金登干与葡萄牙外部之交涉经过及赫德来往函牍。俱见于页17—97。又，陈诗启撰：《海关总税务司对鸦片税厘并征与粤海常关权力的争夺和葡萄牙的永据澳门》，《社会经济史研究》，1982 年 1 期，页 35—51。
　　② 张之洞：《张文襄公全集》，奏议，卷 20 页5—13；卷 22 页 6—27。又，黄福庆、庄树华等编《澳门专档》册 1 页 211—244。

表示须由地方查明①。

事经赫德与罗沙几番讨论，罗沙坚主修约之条文必须说明葡国永久管驻澳门及其属地。最后为罗沙与赫德联名于七月十九日（1887.9.6）向总理衙门递一节略。修正入约条文为：

> 现彼此酌议，俟互换本和约之后，将该界址事宜，会议允协，再行特立条款。但于未定议该界址之先，澳门及其属地循照向来勿动，彼此均不得有增减改变之事②。

赫德、罗沙所拟条文竟为总署接受，载入新约。

光绪十三年十月十七日（1887.12.1）《中葡和好通商条约》在北京总理衙门签字，中方代表为总理衙门王大臣庆亲王奕劻、总理衙门大臣孙毓汶，葡国代表为前澳门总督罗沙，同时签订《和好通商条约》五十四款、《澳门缉私专约》三款。大西洋国自此取得澳门统治主权，永远管辖③。

近代中国所处列强侵逼环境，列强之外又有许多次级小国，无不眈眈虎视，乘机攫取利权。且不论大国，像葡萄牙这种欧洲三流国家，尚要在澳门属地自一小半岛领土之外，竟又

---

① 黄福庆、庄树华等编：《澳门专档》册 1 页 215。光绪十三年七月初七日总署致总税务司赫德云："罗大臣交来之澳门图，所画红线界址太宽。其中添列之州岛各名目，检核广州图志，均在香山县属。至各该处向来如何情形，本署尚未深（悉）。必须在本地方确实查明，方能定议。"

② 同前引书，页 226。

③ 同前引书，页 535。

在条约明文规定其有属地，是即意在附近诸海岛意图侵夺，据
为己有。其所送附图，包括大小岛屿十一个，至少有四个岛比
原有澳门半岛尚大。其欲焰之盛，竟望多获五倍以上领土，虽
然条约明文须将来派员履勘画界，并明言另定条款，然作此伏
笔，正待将来清算，想见中国主政者之无能，任由赫德摆布，
自足以见十九世纪中国所当世局之险恶。而偏偏主政者之昏庸
无能，不惟饱受强权大国欺凌，实亦连西方小国亦应付不来。

　　光绪十三年十月中葡和好通商条约订定，中国出让澳门土
地，岂能保证从此安定。适正鼓励葡人野心自此大事经营附近
岛屿，以作一旦勘界议约，可有占领实据。反而加深广东地方
官及住地人民无穷困扰。葡国虽然取得澳门主权，而实不料其
得陇望蜀，准备下次议约，可以囊括附近诸岛。机会果然一定
降临，是即庚子事变（1900），清廷竟与世界列强宣战，如此
昏悖朝廷，怎能不为中国召来横祸。终遭联军入侵，生灵涂
炭，京师陷落，终以战败求和，订下《辛丑和约》（1901）。葡
萄牙乘中国丧乱，又可充分依据《辛丑和约》明文规定中国须
与各国会议通商行船条约，什么名义原则不重要，葡萄牙意不
在于通商而在借各国之势力，据条约之规定，乘中国之疲弱，
就此提出解决澳门属地问题，真是大好外交良机。亦在英、
美、日遣使来华会议商约之际，葡国派遣白朗谷（Jose' Aze-
vedo Castello Branco）来华接任公使，并奉命与中国展开
谈判。到华接任，时在光绪二十七年十二月初五日
（1902.1.14）[1]。

---

①　《清季中外使领年表》页53，北京：中华书局1985年印。

白朗谷展开修约交涉始于光绪二十八年正月十四日 (1902.2.21) 所致中国照会。内容甚长，而主要申明在光绪十三年订约之后，澳门画界一直未定，要求与中国画定界址。此时强调条约中澳门属地之定义，系包括海上诸岛。重点在于对面山、大横琴、小横琴、西沙、氹（音"潭"）仔、过路环五个大岛，其中四个岛比澳门半岛大，而只对面山即比澳门半岛大三倍。不但得陇望蜀，而且贪欲无餍。其所以如此大胆提出要求，亦定在光绪十三年后次第到各岛扩张经营所致①。

白朗谷向外务部提修约照会，中方一面驳诘，一面请其到上海与吕海寰、盛宣怀会议税则。力斥白氏，拒斥其无理要求。惟白朗谷坚持澳门属地，双方往返照会争辩。最后协议暂时不谈界务，留待地方官详勘再议。此时先就商务范围商谈。终于光绪二十八年九月十四日 （1902.10.15）中葡签定商税条约九款，其中毫未论及界务②。

中葡新修条约虽已签字，立即发生各条款争议。白朗谷有一些新条款，要求中国考虑接受。葡方主动借机重新定约，宗旨自欲废除年前刚签字之专约，以及所附分关章程。实是反复

---

① 黄福庆、庄树华等编：《澳门专档》册 3 页 256－257，白朗谷照会。页 820－824，"葡租澳门界务说帖"并附地图。

按：大横琴、小横琴与较小之岛过路环、西沙、氹仔等五岛，东三西二相夹成十字形水道。自古号称十字门，自明以来即为广东出洋水道。明末遗老屈大均之竹枝词有"十字门开向二洋"句，二洋乃指东洋、西洋，十字门即此一出洋水道。

② 同前引书，页 258—299，九款条约全文，载于页 292—294。又，《辛丑和约订立以后的商约谈判》页 258—259，光绪二十八年九月十四日所签中葡条约九款全文。

无信，无理之甚。经中国外务部考虑，推向上海商约大臣吕海寰、盛宣怀，令其再在上海开谈通商行船条约。白朗谷于光绪三十年三月到上海，并有葡国驻上海总领事博帝业（O. G. Portier）为谈判副手，带同翻译，面见吕海寰、盛宣怀，白氏当面提出要求修订条约十九款。后来又增加一款，即以此二十款条文，交吕、盛二人考虑商讨①。中葡商约交涉序幕，即开始于是年三月。

中葡商约谈判，虽在光绪三十年，中方代表仍是原班人马，最出力者仍为杨文骏、刘宇泰。杨文骏昔年曾任职香山县令，于澳门问题最为深知。一切条文对策，皆出于杨氏之手，致使葡方难施狡乖。杨氏逐条议驳，亦被转呈外务部。在正式会议之前，已先将最先六款重要条文及驳议送呈外务部②。

光绪三十年四月二十五日（1904.6.8）下午，中葡商约交涉第一次会议举行。中方代表为吕海寰、盛宣怀，并其相关随员译员及三位洋税务司亦随同出席。葡方代表为白朗谷、博帝业以及译员。须知在首次会议之前，葡方已将所提条款分三次送交中国代表（第一次送六款、第二次送至第十九款、第三次又增加一款）。此次会议，中国留有全部对话记录，重点所在，是澄清葡方对光绪二十八年九月双方所签条约的态度。葡国要求废约，中方则反驳其无信。葡使两度表示是由于葡国议会否

---

① 黄福庆、庄树华等编：《澳门专档》册 3 页 305—311。

② 王尔敏、陈善伟合编：《清末议订中外商约交涉》上册页 284，光绪三十年三月初五日，吕海寰、盛宣怀致外务部、张之洞、袁世凯电。言及其时初与葡使白郎谷及领事博帝业见面。初次见面先提出议题六款。又，黄福庆、庄树华等编：《澳门专档》册 3 页 306－309。

决，不接受此一条约。中方认为二十八年之条约在其三十年正月十六日照会中推测当已批准，对白氏解释表示怀疑。此日之会，重点全集中在翻旧账。最后双方同意以照会交换声明①。

五月初二日（1904.6.15）第二次会议。吕海寰、盛宣怀提出外务部复电训令，要依二十八年条约视为正约，对于作废甚表讶异与反对。白朗谷再度声明在此之时与伍廷芳、联芳、那桐均曾说明旧约作废，故再声明，此约未获议会接受，葡国故未批准。可以确知葡方反对澳门设分关，更是不肯批准条约所附之分关章程。接着讨论第三款洋药征税问题，中国过虑澳门是走私偷漏之地。白朗谷保证会助中国杜绝走私。会后吕、盛两大臣派贺璧理、戴乐尔拜访白朗谷。请其通知驻北京参赞，向中国外务部说明前次条约未获葡国议会通过之详情。双方见面谈妥之后，白朗谷建议再向中国加一个条款，提议建造广州澳门铁路②。

五月二十六日（1904.7.4）第三次葡约会议。吕、盛二人开始要葡使澄清北京外务部一个误解，因为葡国驻京参赞要求中国外务部交换照会。误会其内容是指澳门设分关的问题。白朗谷极言出于中方误会，因为葡国议会就是反对澳设分关，决

---

① 黄福庆、庄树华等编：《澳门专档》册 3 页 328—332，吕海寰、盛宣怀与葡使白朗谷第一次会议，问答记录全文。页 311—312，吕海寰，盛宣怀四月二十八日致外务部申陈，并附中葡双方代表彼此交换照会。中方认定光绪二十八年之约已经葡国批准。白朗谷照复提出四项理由，表明葡国不会批准前约。又，《辛丑和约订立以后的商约谈判》页 265—266。

② 黄福庆、庄树华等编：《澳门专档》册 3 页 333—336，中葡商约第二次问答记录。又，《辛丑和约订立以后的商约谈判》页 267—268。

不会只用双方照会即可成立。白氏原意是，如果开建广澳铁路，葡方同意中方就广澳铁路在澳门查货抽税。重点在要求建造铁路。葡国议会决不在设中国分关上有任何让步。此外中方要求白使早日在税则签字，此各国皆然。白使亦认为决不能同意在签约之前先签税则。各国愿先签税则，是根据《辛丑和约》，有《辛丑和约》作保障，葡国并非《辛丑和约》签字国，必须先议妥商约签字之后再签税则。中方原误会白氏藉拒签税则作为讨价还价手段。白氏补充说即令条约不能批准，税则仍可施行。葡国宪法允许不经条约批准者亦可在行政法令下施行如税则之规章，葡国议会不会过问。故税则的施行，不以条约批准为先决条件。

　　此次白朗谷亦坦白表示，葡国政府有所指示，如果中国无改变态度之意，白氏即可退出谈判，早日回国。当然表示来沪三月，只议三次未免迟延。同时表示葡国亦不可能再派人接谈商约。盛宣怀表示白使极其友善，如受停议，甚是遗憾。葡使建议，以后每星期会议三次。同时表明盼望讨论建铁路事，如此则不急于回国。最后更紧迫要求，能在两星期内议妥最好[1]。

　　六月初一日（1904.7.13）第四次葡约会议。会中除了澄清上次外务部之误会问题，双方合作解析冰释。会中交换两个条款。

　　葡国所提第七款，澳门过境货物问题。中方明白表示不能允许此款。因为牵涉到各国最惠国条款，会引致严重问题。白

---

　　① 黄福庆、庄树华等编：《澳门专档》册3页337—342，中葡商约第三次问答记录。又，《辛丑和约订立以后的商约谈判》页270—271。

朗谷答应撤回，但表示可以放在铁路条款之中。

接着论第五款，米谷出口运至澳门问题，此是葡方最重视的商约重点。葡方要求免税运澳。中方以为土民食米尚且付税，怎可独厚旅澳侨民。白使则答以所免者为量甚微，而另从鸦片税之收入远大于此。中国应有轻重权衡。同时米谷输澳增多，系华民移民者众。总之，米谷出口中方禁止甚严，澳门迫切需要，实为双方争辩焦点所在，极费唇舌，难得共识。然中方表示愿向外务部请示。

此次会中有一项技术问题，有助于会议速度加快。双方同意在中葡商约条款，凡有关与已签约各国条款相同相通之处，可不必提至正式会议，而先各指派委员商定其条文内容，再提至会议商讨，自必节省时间，双方同意照办①。

六月初四日（1904.7.16）第五次葡约会议。会中继续讨论第五款米谷运澳问题，双方历经两小时冗长讨论，陈腔滥调反复申说，终是相持不下。重点归纳：中方不允将米谷出口列为条约权利，但可考虑其他方法。白朗谷更明白声言，第五款是葡约中最重要者，宁可不签条约，亦不会放弃第五款。更威胁中方，如不答应第五款，他亦将收回第三款，是即澳门洋药征税问题。中方重点在此。但吕、盛不为所动，仍不允许米谷输澳。

继谈第六款，内河航行问题。吕、盛两大臣表示葡方条款与英方不同。原来英方商轮航行内河系指在中国口岸装货（主

---

① 黄福庆、庄树华等编：《澳门专档》册3页342—347，中葡商约第四次问答记录。又，《辛丑和约订立以后的商约谈判》页272—273。

要有中国海关稽查），而今葡方要求是澳门装货，怎可两相比照？澳门既不许中国设分关，怎能装货径运入广东内河？白朗谷表示是希望比照香港船只所享同等权利，白氏表示愿使中国海关在澳门港内安设趸船。中方再度表明，原是总税务司所提节略，如果不能在澳门设立海关，则不能使澳门装货船只得到内河航行的条约权利。至于安设趸船收税，尚须与总税务司商量妥定①。

六月初七日（1904.7.19）第六次葡约会议。会中讨论第十一款，吕、盛二大臣质疑，葡国何以把葡萄酒列为条约专款，实际此不过是税则中酒类的一项，用不着如此抬高至于条约。白朗谷表明葡萄酒是葡国商贸出口大宗，抑且早与法国、德国以及巴西也订立条约。主要目的是在打击假冒。其次是确立产地证明书。白氏明白表示一定要包括在条约之内。当时吕盛二人以为并非重大条款，建议仿照俄国皮货和义大利柠檬水在税则项中另加声明，故仍放在税则。葡使遂表同意。

吕海寰、盛宣怀建议自第八款以下，尽可能仿照相同之英、美、日新约条文，略加文字修订，即可达成协议，同时并允派人员赴白朗谷住所就商（经手拟订自第八款以下各条款者，为刘宇泰及李经方）。白氏同意，但反问中国有何要增入之款。吕盛二人以为尚缺国币问题，须增入一款。白朗谷亦表示同意。吕、盛又要求增入葡人或葡华合办报纸，若有诽谤中

---

① 黄福庆、庄树华等编《澳门专档》册 3 页 348—352，中葡商约第五次问答记录。又，《辛丑和约订立以后的商约谈判》页 274—275。

国政府者，应仿美、日两约予以禁止。白使亦表同意。白朗谷
在会中亦曾再提及第五款米谷输澳问题，吕、盛二人均表不须
再提，实是不能再作考虑。

会中尚有一新生的一个疑难，由吕、盛二提起，是即华民
入葡籍并又在华有其产业利益问题，是即中国方面人民双重国
籍问题。白朗谷只表明入葡籍华民凡二十一岁以上者俱听其自
愿，无任何强迫其是否入籍。但其无论身居何处，均必待以萄
国之民而加以保护。盛、吕二人则完全出于计虑之外，证明中
国对双重国籍问题尚十分生疏①。

六月二十日（1904.8.1）第七次中葡商约会议。此时白朗
谷染患痢疾，要在三日后（8.4）先赴北京转日本治疗，所有
商约谈判，托博帝业在上海主持。

会中白使同意中方所会同改订之八款以下各款，盖俱仿照
英、美商约条款，自是省时不少。惟对天主教教民之保护问
题，葡使非不同意，而以为保教系法国主张，不愿先做与法国
不同之决定，在尊重法国权利。吕、盛二人再建议可否用照会
表达，以代替条款。葡使亦未允从。终而盛、吕追询自第八款
至十八款是否同意协定，白朗谷亦肯定称是。

再回到讨论华人葡籍问题，中方表明是在防止假冒洋人籍
享洋人特权之事，要求葡方防止冒籍问题，对中国而言，亦是
永无止休之麻烦。总之，白朗谷亦坦白表明，此事无法入于两
国商约，因其无法处理妥善也。

---

① 黄福庆、庄树华等编：《澳门专档》册3页352—355，中葡商约第六次问答记录。又，《辛丑和约订立以后的商约谈判》页274—275。

同日又讨论第三款，澳门鸦片运销征税问题，白朗谷因避开澳门总督职权，不愿作任何承诺。中方希望白使定出一个每年澳门自销鸦片若干数，以防其他走私。白使坚拒作任何定额，以免有妨澳门利益。此事中方关系最要，故而详细论辩最久。最后白使同意中国查验鸦片走私，可写入章程，是即同意海关在澳门查验。并声言澳门查验鸦片并抽洋药税，实是葡国给予中国一项利益。中国应作明白提示。

同日又对第六款作一些改正，双方无异议。惟白朗谷再次提及第五款米谷输澳问题。葡使再三力求中方设法，吕、盛亦三度表明为难之处，可谓数日来坚不可破。然白使提出一个定额，要求每年输澳五十万担。盛、吕表示只可商办，不可入约。而数量多寡，尚须徐议。中方表明对日约亦是如此，不能入约，在防止各国援引。白氏颇为悻悻动气，声言如无好处，实不愿定此十九款之约。吕、盛亦表明如此亦只好奏明朝廷，可以作为罢论。主要是中国禁米出口，自无法将米谷输澳订入约内。惟如广东收获良好，当允运售澳门，白使要求年输五十万担，吕、盛声言决不可能定出数量。在澳门出售米粮尤不可能。谈无结果，亦未定出下次会期①。

白朗谷患病，会议暂时停开，在中间空档期间，副总税务司裴式楷给予吕海寰一个葡约会议节略，可以分别见出中葡交涉关键重点。交代颇为清楚。兹简要引叙如下：

　　白朗谷明白表示，葡萄牙并非《辛丑和约》签字国

---

　　①　黄福庆、庄树华等编：《澳门专档》册 3 页 355—360，中葡商约第七次问答记录。又，《辛丑和约订立以后的商约谈判》页 275—276。

家，对于和约中第六款有关各国与中国签定新税则，并无
履践义务，质言之，葡国拒绝随同各国在新税则签字。但
如中国允许葡国提议重议中葡商约，葡国当会同意在新
税则签字。至于葡国所希望要求中国之处，约其要点
有五：

第一，米谷输澳，求中国同意。

第二，内河航行条款，请扩大至澳门。

第三，中国货经澳门转口至其他口岸，澳门可享受关
税优待。

第四，葡产葡萄酒有产地证明者，给予特别优惠。

第五，自广州或他地筑铁路联接澳门。

关于葡使所同意给与中国好处之重点，亦可约为五点：

第一，葡国接受中国新税则。

第二，中国海关可在澳门管制鸦片买卖。

第三，中国海关有权在澳门港内查验内河航行船只。
（交换澳门视同中国口岸待遇）

第四，中国海关可在澳门查验铁路所载货物。（交换
建筑通澳门铁路）

第五，在葡约草案第八至第十八款内条文，愿照中国
与英、美、日商约所订内容，一概接受。

如此而言，双方各有利益，颇具对等意义。裴式楷积极性
建议。以为其一，葡萄酒事，对中国相关极微，但对葡则大有
助益，自当允从。其二米谷输澳，可同意以一定数量米粮输
澳，行用五年即予停止。其三修建铁路，事不可免，但须于澳

门查验货物有充分权力。

实质上中国与葡交涉，重要在于澳门鸦片税之征收，关系甚大。裴式楷既为税务司，更是关注此点。故其节略建议对于查验澳门鸦片，及海关设施，最为详备。全部属于技术层面，可供研究鸦片贸易者充分参考①。

关于中葡商约，远不及英、美、日三约之复杂，中方重点在澳门鸦片，葡国虽有五重点，而四点俱得中方满意允从，至少亦具诚意。只有米谷出口，白使反复争论，回回提出，终不能如愿，几次濒于决裂。后经裴式楷建议，改由海关发给准票，允许至各口购买米粮。白使要求入约，中方绝不同意，然此已是中国特别设立通融之法②。惟以白使病痢，会议亦暂中止。

七月二十三日（1904.9.2）第八次葡约会议。白朗谷痢病痊愈，盛、吕二人特别先致慰问。随后展开谈判。

此次会议首先是就已协议各款修正文字。仅止十五、十七两款小有争议，亦未深论。中方要求对于海关在澳门港内设趸船查验鸦片，想再具体订明，白朗谷立即反对，以为会使葡国议会认为损及澳门主权。亦未再详论。此外亦论及华民在澳入葡籍问题。葡使同意考虑入约。但未进一步讨论。第五款米谷输澳又成为会中胶着争论主题，白朗谷锲而不舍。中方让步，答应估定澳门食用白米每年二十四万石，吕、盛建议提高至三十万石，循四种方式输澳。一、米谷之取得，以广东省内为

---

① 《辛丑和约订立以后的商约谈判》页 276—279。

② 王尔敏、陈善伟合编：《清末议订中外商约交涉》上册页 251—252。

限。二、若地方歉收，得禁止出口。三、以五年为限。四、不能入约，但可以照会说明。白朗谷以为澳门人口华民增长甚速，每年需米二十九万石。故认不能少于每年五十万石。白朗谷多次声明，葡国最重视此款，若无所获，宁可不签商约，当然亦不签税则。此时洋税务司一再劝说设法，亦颇同情白朗谷。此实会议一个关键要点。

到今条款已多协议，因此亦讨论到条约批准及交换问题。当知其成功在望[1]。

七月二十六日（1904.9.5）第九次葡约会议。有关华民入籍问题，葡方同意入约，并在此会中提出条文，中方十分满意，表示感谢。关于教会条款，葡方亦作照会解答，而英文表达不明，亦经改正同意。此外第三款、四款、六款亦作文字上修正。此日辩论仍是落到米谷输澳问题。双方原计推到北京，取得中国外务部答允。故由葡国参赞阿梅达（Gabriel D'Almeida Sanctos）向外务部交涉，所得回话是坦白而绝望，外务部表明不论输出三十万石或四十万石，俱将遭到地方及中央官员反对，虽然无人阻碍米谷运至澳门，但舆论一致无不反对任何破坏禁运之举。外务部将训令中国代表结束讨论米谷问题。惟吕、盛二人仍然答应每年输澳米粮三十万石，已是特别让步。然白使尚欲争至四十万石，吕、盛二人绝对不再让步[2]。

---

[1] 黄福庆、庄树华等编：《澳门专档》册 3 页 360—363，中葡商约第八次问答记录。又，《辛丑和约订立以后的商约谈判》页 282—283。

[2] 黄福庆、庄树华等编：《澳门专档》册 3 页 364—368，中葡商约第九次问答记录。又，《辛丑和约订立以后的商约谈判》页 283—284。

　　七月二十九日（1904.9.8）第十次葡约会议。会中首先白朗谷关于传教条款及华人入葡籍条款已拟就交中方。并询米谷出口办法。吕、盛俱答以均送呈外务部决定。反问白朗谷是否接到阿梅达参赞来电。白使表示米谷输澳，阿参赞已获外务部回复，三十万石四十万石均无大差别，而建议不必再辩论额数多寡，葡方不必坚持。接下谈及版权商标以及中国币制画一等问题。俱仅作文字修订，惟于葡人华人合伙办报，其有诽谤中国或造谣生事，有碍治安者，俱当加以惩治。此一条双方同意独成一款。会中提出修订文字之条款有第一、第三、第十一、第十五各款。进行并无甚多阻滞。

　　八月初七日（1904.9.16）第十一次葡约会议。在此会议中，中方原来因误会而忽略对白朗谷的承诺，是即葡萄酒产地特别条款。中方误以葡方不再提出，遂忽视其要求一定入约。竟使白朗谷十分失望重新提议，声言酒产驰名，商约中必不可少此条文。表示特列此款，用防他国假冒，且以便将来与其他国家谈判。吕海寰遂修正为在两国互惠原则下，对于附有产地证明之葡萄酒给予入口优惠。每次会必谈米谷出口问题，最费双方舌辩，往往毫无进展。此次仍费不少唇舌，还幸白使忍耐而未发怒。关于版权问题，本是美、日两约中重戏，而在中葡约中，反觉无甚重要，在此会中，双方决定取消此项条文①。

　　此次会中谈到双方签约问题，白朗谷直截声言已获政府授

---

　　① 黄福庆、庄树华等编：《澳门专档》册 3 页 368—372，中葡商约第十次问答记录。又，《辛丑和约订立以后的商约谈判》页 284—285。

权，可以签约，且不必等待广澳铁路合同之拟定。吕海寰表示曾受外务部指示，必须商约与合同同时签字。白朗谷亦就铁路合同作一些补充字句，因其发觉盛宣怀在动铁路修建意图，已想另外包组公司，自有损葡国既得利益，补充字句，再防备盛宣怀动手脚①。

八月初十日（1904.9.19）第十二次葡约会议。白使因已收到北京参赞阿梅达电，言及米谷出口外务部已指示商约大臣在上海决定办法，何以吕、盛二人不作表示。吕海寰辩称上次会中所谈即是依照外务部指示，而外务部又指示将澳门查缉鸦片趸船之所有权问题，须在约中规定，要求白使同意写入约文。至条约之外各项章程亦已呈报外务部，均尚未接到指示，故而计画一同与葡使讨论。白使对此说法甚表诧异，白朗谷以为此次一定能得到外务部对米谷出口及葡萄酒条款有答复，未料全无回响，反而提出趸船所有权问题，白使原早呈报葡国政府，对于趸船问题相信早已解决，故而反对作任何修改。同时也希望知道所拟教会条款作何反应。白朗谷同时言明，他将以书面通知中方代表，商约和章程全部内容只能照现在款目内容签订，中国代表尽可表示接受或者拒绝。白氏坦言，葡国政府不明白中国谈判方法，但只见到白氏在上海行动与反应，即会感到好笑。白氏正言："本大臣已将约文带来，预备今日签字。"吕、盛二人极力劝慰，嘱其稍作等待，等各款章程渐次

---

① 黄福庆、庄树华等编：《澳门专档》册3页372—375，中葡商约第十一次交涉问答记录。又，《辛丑和约订立以后的商约谈判》页285—386。

就绪，签约之期即已不远①。

　　八月二十日（1904.9.29）第十三次葡约会议。会中中方再度提论澳门趸船是属于中国产业问题，白朗谷坚决不允。对此认为如果中国外务部坚持趸船立场，即等于中国方面断绝谈判，他个人已感厌烦，即不必再谈下去。其时中方反应，白氏已听不进去。至另一问题葡萄酒入于约文，在第六款是给予葡国一大好处。此次亦将米粮出口问题达于协议，白朗谷表示照中国所提三十万石之数，双方同意不入约文条款。而以中葡代表间照会说明。可谓亦是一大收获。只有铁路建成后之海关管理办法，并未达成共识。至此看来，除其中铁路问题双方尚待照会解释，而所有商约谈判可谓已达于全部完成。当时即准备排印条约约文，准备双方共同签字。惟在此次会议，白朗谷特别提醒中方，条约是国家大事，双方必须保密，近时见报所载，似会中有人走漏消息，必使谈判增加麻烦。中方表示愿意加强警惕②。

　　由于八月下旬中葡商约接近完成，未再开会，自此时起，多在核校约文。英文稿由三位洋税务司承担，中英文合校则有重要随员李经方、刘宇泰及杨文骏三人，大抵三人为重要建策起草谋画者。其认真准备请旨派员画押，直至九月下旬俱在进行之中，可确知在九月十九日（1904.10.27）已在赶缮约文正

　　①　黄福庆、庄树华等编：《澳门专档》册3页375—378，中葡商约第十二次问答记录。又，《辛丑和约订立以后的商约谈判》页286—287。
　　②　黄福庆、庄树华等编：《澳门专档》册3页378—381。中葡商约第十三次问答记录。又，《辛丑和约订立以后的商约谈判》页288—289。

本所附章程以及税则。即可于一两日内准备妥当①。

不料事情总不顺利，竟在即将签约，突然发生变化。中葡会议商约，保密不周，有关广州每年输澳门大米三十万石，早因报纸披露，引致广州抗议，同时在九月二十五日发生暴动，外务部急电吕海寰，请其通知白朗谷，在约中撤除米谷输澳照会。吕海寰即于二十六日（1904.11.3）带同戴乐尔亲访白朗谷，要求撤销米谷出口照会。遂使白氏大为震怒，吕海寰亦能料及后果严重。此情亦无从躲避，因而托戴乐尔向博帝业疏通。首先双方俱致电北京：与外务部力争挽回②。

九月二十七日（1904.11.4）第十四次中葡商约会议。吕海寰参加会议，盛宣怀因病未出席。头一天经过吕海寰及洋务司戴乐尔努力挽回，托博帝业向白朗谷疏通，愿意共同再商酌解决米谷出口办法。原来白朗谷表示太丧失颜面，除非定下十月初三日（11.9）双方签字，否则即决裂回国。吕海寰表示已经准备一切，原以为可在九月二十八日（11.5）即能签字，未料生此波澜。然表示已电告外务部挽回，遂亦说动白朗谷约定赶于此日（11.4）开会。抑且此时白朗谷已得到驻北京参赞阿梅达来电，表示外务部曾经暗示，如果不向广州购买米粮，而分散向其他口岸购买，事情可有办法挽回。白朗谷即与中方代表商改条款文字，要求速电外务部取得同意，白氏特别声明自

---

① 王尔敏、陈善伟合编：《清末议订中外商约交涉》下册页659—662。同书页661，吕海寰致盛宣怀信云："请旨电奏，今日午后即可发出，约二十一、二日即可奉旨。现赶缮正本及章程并税则。已嘱漏夜赶办，未知能来得及否？"（光绪三十年九月十九日）

② 同引前书，下册页662—663。

已一向主张向其他各口购米，只是中方坚持限于广州，未料竟生波折。因是白氏再拟改条款草案，中方并未遂即接受，同时电知外务部。此会费时二小时，虽然表面慌乱紧张，但却构成全部谈判之最后结束①。

吕海寰、盛宣怀会议后，于次日（九月二十八日）致电外务部，宗旨固为挽回葡约，然只说明为难经过，仍在请示外务部作最后裁决，当然说明葡使已在表明决裂之可能，并亦定出回国行期，端视外务部来电回复情形而定。兹引据其电文整段文句，以见证谈判此款之关键性：

> 窃思运米一事，自开议以来，严词驳拒，不止一次，实以此端一开，诚恐各国效尤，故始终未敢松劲。只以澳门缉私，彼索酬报，与凭空索利益者有别。迭奉大部指示，几费磋磨，始议到不入约，用照会存案，米数减至三十万石，已舌敝唇焦。今因粤有违言，又磋商至此，实已争到至极地步，未审钧意如何？惟该使焦急万状，初六回国之期坚不肯缓，是否听其回国，暂不与之签押之处，伏候卓裁示遵②。

十月初一日（1904.11.7）葡使白朗谷万分焦急，催请吕、盛二人签约，然外务部无正式回复。十月初三日（11.9）白朗谷万分紧迫，要求先交换米粮出口照会，再议详细办法。然外务部复电未来。中葡代表于十月初四日决定次日签约。双方谅解写入照会声明："虽经画押，如运米不准，将来仍可作废"

---

① 《辛丑和约订立以后的商约谈判》页 289—290。
② 王尔敏、陈善伟合编：《清末议订中外商约交涉》下册页 666。

之句①。

十月初五日（1904.11.11）中葡商约税则章程以及粤澳铁路合同等文件一同在上海签字。中方代表吕海寰、盛宣怀，葡方代表白朗谷、博帝业。虽有米粮出口问题未决，而双方已交换照会，两国商约终达议订完成。计商约条款二十款，附件照会等五件②。

_____

① 《清末议订中外商约交涉》下册页 671。
② 《吕海寰奏稿》上册页 153—185，台北：文海出版社影印原稿本，葡萄牙国商约定议遵旨画押谨奏。又，王尔敏、陈善伟合编：《清末议订中外商约交涉》下册页 781—792，"中葡新订商约"全文。

第五章　中德通商行船条约之议订
——附中义、中瑞商约

甲、中德商约谈判

近代中国与德国之通商交流，直至同治九年（1870）以后才是真正开始，但就中外关系而言，只是表现一种新段落。实际上早在鸦片战前，早有一些旧关系，说不上是外交，但亦自有贸易关系。一个早在中国文书上出现的单鹰国，即是布鲁西亚亦即是普鲁士，中国正式文献多称布路斯国（Prussia）一直用到 1870 年。其早期来华贸易者尚有巴槐国（Bavaria）、咸伯国（Hamburg）和汉诺威（Hannover）、三汉谢城（Hanseatic towns）等国，与单鹰国同时期在广州有商船来往。当然俱是德意志国前身各部落。

鸦片战后，以至同治九年以前，主要交往对象是布国，实至第二次鸦片战争以后，中布两国于咸丰十一年七月二十八日（1861.9.2）由中方代表仓场总督崇纶、三口通商大臣崇厚与布路斯国专使艾林波（Friedrich Graf Zu Eulenburg）在天津签订商约四十二款，并附签通商章程十款，以及海关税则①。条约明文几乎列明日尔曼全境列邦，自足表现中德通商新局之开始。

自 1870 年德意志统一各邦之后，正式中德间之续订通商条约订于光绪六年二月二十一日（1880.3.31）中德在北京签定续修商约十款，并通商章程九款。明言接续咸丰十一年之商约而修订完成②。

自光绪六年以后，除去一些特列性条约外，重大者即为有关胶澳租界之政治、界务、路矿权条约，以至最新之《辛丑和约》。总括概观，并未再发生修订商约之事。即就《辛丑和约》明定各国在华展开修订商约谈判，而德国行动实亦相当迟缓。双方展开会议，已至光绪三十一年（1905）。

光绪三十一年三月初十日（1905.4.14）中德商约谈判第一次会议。中方主谈之商约大臣，仍为吕海寰、盛宣怀二人，三位洋税务司戴乐尔、贺璧理、裴式楷随伴协助如前，此外即为提升至主谈地位之李经方，再有其他华籍随员刘宇泰、杨文骏及翻译。德方代表主议者为驻上海总领事克纳贝（W. Knappe，又名克纳甫），副手则有乐斯磊（W. Rossler，嗣任汉口领事）、狄留斯（Delius）、麦令豪（Peter Merkling-haus，嗣任济南领事，琼州领事）。双方仍会集上海开会。中方事先准备不足，尚在张罗向山东巡抚咨调德文翻译人员。惟因盛宣怀的建议，仍自海关调来德籍税务司赫美玲（Karl E.

---

① 《筹办夷务始末》（同治朝）光绪六年八月成书，一百卷本，台北：文海出版社影印。卷 1 页 1—5；卷 2 页 1—3。又，王铁崖编《中外旧约章汇编》页 163—174。

② 王铁崖编：《中外旧约章汇编》页 372—376。

G. Hemeling）前来协助谈判①。

在第一次会议开始，德方克纳贝即提出已拟就的德文草约十四款，声明内容并无新要求，希望谈判不要太费时间，同时表明，一切谈判经过，俱须电达德京柏林。并希望双方派员会同研译，先作中文译本。其实此次除提约文草稿十四款之外，尚提出一份内港航行轮船章程之修改稿十条②。

五月初一日（1905.6.3）第二次德约会议。此日之会，亦被视为非正式会议。此时已经过一个多月准备，中文条款并已译出，其中出力者是自山东调来的德文译员李德顺。然其完工之后又回山东。更具重要性者，会中宣告盛宣怀因事赴北京，预估需要停会一个月，但在此一个月期内必须将草约中文、英文本均译妥当，并送给外务部、张之洞、袁世凯阅看。故虽非正式会议，而其记录可以见出内情转折原因③。

盛宣怀原在第一次会议后，即在三月下旬驶赴汉口，然后北上，一路巡视卢汉铁路，四月到京，五月未回，致在五月初一日之会，未能出席。吕海寰推迟延后一个月，事实未能守信，直至八月初，盛氏尚稽留北京，一连停议三个月，不但有误中德会议，而此时对手克纳贝已决将卸任回国，德国已派驻汉口领事接署其事。克纳贝且亦定于西历十月中离华返国，中德商约停议太久，其责俱在中方，克纳贝将一切情形

① 《辛丑和约订立以后的商约谈判》页291。
② 同前引书，页291—292。
③ 同前引书，页292—299，中文译出德约草案十四款及附件：内港航行轮船修改章程十条。

告知吕海寰，还有洋税务司贺璧理亲到北京面见盛宣怀申说情形，请示对策。盛宣怀一面去面见德使馆参赞葛尔士（Baron von der Goltz）问明德国态度与克纳贝面商继续谈判办法。同时在八月初五日（1905.9.3）电告吕海寰指示重开谈判方略：

> 贺税司到京面谈，克纳贝因病请假。昨晤德葛参赞。云：克定西十月半回国。已派汉口领事署理。商约派何人会议，尚无下文。乞再嘱贺询克，究竟如何？迅赐电示①。

无论如何，中德商约是否续议，其转折点即反映于八月初盛、吕、贺等人之思考筹度，且当是重要契机。

八月初六日（1905.9.4）盛宣怀采取主动，电报分致外务部、张之洞、袁世凯、吕海寰等，郑重提议迅速恢复中德商约谈判。意见简洁清晰，立即恢复德约续议之局：

> 所议德约各条，已极明晰详尽。应候外务部及鄂电（指张之洞）到沪，即请吕大臣与德总领事先行开议②。

事情进展迅速，果然在八月十四日（1905.9.12）有谕旨命盛宣怀迅赴上海，会同吕海寰会议中德商约。盛氏当日电告袁世凯、张之洞、吕海寰，说明立即请训，料理出京③。随后连日到外务部对于德约逐条商酌应采之修约机宜。

① 王尔敏、陈善伟合编：《清末议订中外商约交涉》上册页253。
② 同前引书，页254。
③ 同前引书，页254—255。

八月二十日（9.18）盛宣怀尚在北京，有一重要电文，分致外务部、张之洞、袁世凯、吕海寰，代表其即回上海，并与德国议约的基本态度与方针，其电文如后：

> 德约看似简少，实足破坏已定各约，诚属强狠太过。克纳贝以宣由京津赴沪，必已奉有完全训条。彼先定回国期限，意在挤我速允。其条款交来已久，恐不容我仍著泛论。连日赴外务部细按津、鄂、沪论列各节，比照英、美、日、葡新约，请将不可允者逐款删改，并将治外法权、行教、莫啡鸦三款加入。有此定盘针，方可持以开议。一俟大部发下，即日请训出京。再商两帅，到沪会同镜翁（吕海寰字镜宇），与克如何驳议，仍随时电请酌示①。

盛宣怀于八月二十二日（9.20）取得外务部训令。闻命即行，当不出此一二日之内，且于当日电告杨文骏准备一切，包括先寄出汉文，由上海赶译德文，中国对案齐备，即可与克纳贝订期开议②。

光绪三十一年九月初五日（1905.10.3）中德商约会议第三次正式会议开议。但相距于初次会议，延搁已有半年。中方代表依旧，惟随员中已自北京调派来德籍税务司赫美玲前来相助。有助于双方沟通。此外又自京师大学堂调来德文教习唐德萱参与会议口译。

盛宣怀首在会议中宣示在北京之行，已与外务部充分

---

① 《清末议订中外商交涉》页 255—256。
② 同前引书，页 256。

研考过德方所提条款，但只是广泛报告，自未作任何讨论。接着双方商定所有条款不加标题，原是出于德方草约形式，克纳贝亦同意中方意见。进而商定中德商约是否亦作英文译本。最后中方提议只用中德两种文字，亦为克纳贝接受①。

德约谈判，裴式楷早在会前八月二十六日及九月初四日先送英文节略，后补中文节略，于德方所提已作逐条判析当拒当受的意见，使盛宣怀更是胸有成竹，在对德谈判时表现出主动而决断。盛氏先对商约附件内港航行轮船章程声明。外务部训令，此一章程已与他国妥议新订，不能再接受更改要求。克纳贝表示内港行轮章程只是中英两国所订，不能强使德国接受。而今德国亦未新提特别要求，只是希望对某条款意义修改得更清楚，是以及早提出德文草案十条。盛宣怀接着对商约谈判原则作声明，但凡中国已先拒绝他国要求，自亦不能对德国作任何承诺，德方虽要提出要求，亦是徒劳。盛宣怀更又积极提议，中德商约中必须增入废止治外法权、禁售吗啡以及管制传

---

① 《辛丑和约订立以后的商约谈判》页 305。

教等三款。克纳贝亦表示并无异议①。正亦表现德方尚具合作诚意。

此次会议讨论重点即在于第一款裁厘加税问题。盛宣怀详细声明中方之特别重视以及彻底裁厘之决心，同时举出英、美前例，表示外国接受此一修订之合理。进而申明德国是今时中国最大贸易国，因此中国对于德国之同意十分重视。克纳贝表示像这类各国共同问题，必须由国际委员会来共商共同决议，德国自必遵守共定之协议，但不愿服从别国与中国已达成之协议。即如各国共定海关税则，德国一定遵从。克纳贝所言，表面上似甚合理，实际是强词夺理。最重要之点，双方议订商约是以《辛丑和约》条款为合法根源。必须据其条文规定，方是

① 《辛丑和约订立以后的商约谈判》页 299-305。又，王尔敏、陈善伟合编：《清末议订中外商约交涉》上册页 256-257。光绪三十一年九月初十日，吕海寰、盛宣怀、李经方分致外务部、袁世凯、张之洞电："德约初五开议，先将大部训条，删去内港行轮章程十条。告以内港行轮，本系中国自定专章，特予各国之利益。虽前经英约续增十条，凡中国所能允，业已备载。是以美、日续议商约，均未允有增改。今德约增改各节，皆我所不能允，是以令将章程删去不议。其约内第十款，准照美约列入。克纳贝又援美约第十二款第二节，坚请修改，又驳以美约系言嗣后无论何时，并非指现在而言。克又言内港章程，系中国与英国所订，并非中国国家专立之章，又告以长江通行章程，亦系中国与英国所订，各国均遵照无违，此项内港章程亦然。克又云，日本即小有更动，哓哓不休。又经海等驳辨，不少松劲，克始云俟议到该款时再议。又将我所索增禁莫啡鸦、传教事、治外法权三款告之，彼允接受核议。又告以咸丰十一年德约声明，日后有辩论之处，以法文稿本为证。今拟照日约，以英文为准，另备英文一份。克云即照通行而论，亦应用法文。德领署内并无精谙法文之员，亦多碍难。又告以即照中德旧约之式，亦仅只华文德文各缮一份，并无以德文为正义之文，此次碍难照办。实缘中国现在通晓德文者甚少，并非别有他意。克始允俟议到该款时再酌。又告以此次各条款之下标明题目，亦应删去，克云照此较为清楚，留之无妨。当告新约旧约均无此名目，不如去之为冠冕。强之再三，克始允删。海、宣、方、蒸一。"

正理。抑且各国商约大致相同，而实在各国要求重点各不相同。此次德约即提出铁路要求，显然是借机扩权。表面上提出使人为难之国际委员会合议问题，实际上已脱离议约法源之轨辙，是恃强蔑理、欺压弱小①。由于德方提出修约要求条款草案被报纸披载，故克纳贝特别嘱咐中国代表要防止向外泄露谈判内容。

九月初七日（1905.10.5）第四次德约会议。此次会议重点仍在第一款裁厘加税案。克纳贝表示已奉到政府训令，中德商约不能完全仿照英、美两约，同时此两约亦有互相不同之处。不过也表明同意中国加税以换取裁厘，随着又有附加说明，即是除了由德国自行参加议定的以外，不能随便同意任何已成的他国条款。中方代表亦明白表示："德国政府必须在条款内肯定接受其他各国所已经同意的加税数额，并且坚持中国有权征收与裁厘原则不相违背的其他税捐。"② 当然此次会议中对第一款经过长久争辩，并未获得结果。

九月初十日（1905.10.8）第五次德约会议。此会仍接续谈判第一款，中方表示反对用条约形式明文规定将与各国共同商定议细方案，以处理裁厘加税，因为如此等于将英、美已成之约作废。此是德方提议仿照议订海关税则办法。因是带使双方回顾光绪二十八年列国会订进口税则办法。洋税务司戴乐尔批评是主从颠倒。其实亦轻重倒置。中方一向本之于《辛丑和约》法源，着重于会订商约，此是根本，而海关进口税则之共

<hr>

① 《辛丑和约订立以后的商约谈判》页 305—306。
② 同前引书，页 306—307。

同会订，乃纯为征税技术。抑且根据法源，仍限定在征实值百抽五，不过仍是回到 1843 年古老税则原点，其中不过要各国真正履值百抽五之旧案而已，有何讨论余地，德方要使商约之裁厘加税仿照会订海关税则办法，等于无理取闹，外交手法，蛮横而拙劣[①]。

会中接谈第二款，德民居住口岸问题。中方以为德国草案中有"归德国保护"，使德人身份认同扩大，不能接受。克纳贝表示不包括华人。但仍有疑问，但凡德国保护，一切无约国之人皆可援例，使中国困扰，建议删除此句。此外中方又争辩"口岸"一词，不能用 places 一字，同时须确定限于侨居租界。也反对用济南府这样广大领域之地名（包括许多县）。双方争执不下，亦无结果[②]。

在此会中，中方主动提出三款修约草稿，有关吗啡、传教与治外法权，列为以后按次序讨论项目。

九月十一日（1905.10.9）第六次德约会议。此次会中接谈第二款，德民住居中国口岸问题。双方仍陷入长达四小时争辩。中方坚持外人居住限制在租界以内，同时引述英约第八款，美约第三款以及日约第十款为证。克纳贝提出 1861 年中布条约中法文字句 ports et villes 在指口岸包括城镇。此是德国既得权利，决不能使之后退。最后克纳贝决定再向政府请示。在此次会中，中方又提出第三款关栈问题之修订意见，将

---

① 《辛丑和约订立以后的商约谈判》页 307。

② 同前引书，页 308。又，《清季外交史料》卷 192，页 8，光绪三十一年九月十二日，吕海寰、盛宣怀、李经方致外务部电。

于下次讨论①。

九月十四日（1905.10.12）第七次德约会议。会中讨论第三款关栈问题，此款作文字修订，由于德方反对用口岸（ports）一词，因为是在德文中没有合适的词汇表达中国习惯用意，因是双方协议用"各埠"二字。且于保障税收亦作了文字修正。克纳贝仍主张，关栈章程须与领事会同商定，自是要求过分，最后克纳贝又作了让步。

接着讨论第四款矿务，此是德方要求重点，因为德人有权在山东开矿，矿利须向中国政府纳税，中国无法确实查知所获矿利数额，无法定出办法。克纳贝以为是重要条款决定再向政府请示②。

九月十五日（1905.10.13）第八次德约会议。会中讨论第五款存票问题，德方有文字上的特别解释。原来英约中规定，存票用在原口岸使用，德方解释于所有海关通用。中方特详加申解，加一些清楚注明，并特引美约中解释为例。终使此款达于协议。

会中接续讨论第六款商标问题。此款亦生争论，德国表示不会保护未经商约规定的其他国家商标。因是双方协议：凡中国商品在驻德使馆注册者，以及德国商品在驻华使馆注册者，两国均加保护。同时商标保护，包括字号名称以及特殊包装，均在保护之列。经过商酌修正，大致达于协议③。

---

① 《辛丑和约订立以后的商约谈判》页 308—309。

② 同前引书，页 310—311。

③ 同前引书，页 311—312。又，《清季外交史料》卷 192 页 9—11，光绪三十一年九月十五日、十六日，吕海寰、盛宣怀、李经方三大臣电报。

　　九月十七日（1905.10.15）第九次德约会议。会中对第四款作一些文字修订，此次取得协议。接谈第七款，中德人民合组公司问题，虽然作较长时间争辩，实仍循英约所定文字进行修改。惟德文中并无合股含义之字，双方对此类公司同意写成"各项公司"。接着讨论第八款开放通商口岸问题。此款自然关联到其他国家所订允开之口岸，故而克纳贝接受中文修订之新稿，惟其中要求就德国文义，将"通商口岸"改写成"通商各埠"。并商定本款无论现在以至将来此款均能适用。惟此款仍须待第二款完全议妥，再行讨论。接着讨论第九款，改善长江航道问题。此即前此英约之川江问题，德方以为用拖引使商船渡过险滩，凡投资此项设备，自应随之收费。中方断然拒绝，以为在中国水域收费，有违中国主权。此款亦略改文字，未达协议①。

　　九月十九日（1905.10.17）第十次德约会议。会中讨论第十一款改良国币问题，洋税务司比中国代表明了世情，中国总以白银为本位，年年吃亏，而今只在规定海关两纳税制度（关平百两大于库平三两），仍要求洋商在整顿国币之后以海关银两纳税，所占便宜小，而在估货上受损于金本位国家。不过此款争论一小时，修改字句："彼此商明，凡用新币以纳关税，其数仍以关平折算为准。"德方弄明白，同意接受。接着讨论第十二款米谷出口问题，德方建议中国发布禁运令，应由中央

---

　　① 《辛丑和约订立以后的商约谈判》页312。又，《清季外交史料》卷192页12—16，光绪三十一年九月十九日、二十四日，吕海寰、盛宣怀，李经方三大臣电报。

政府统一公布并刊入京报。中方不能接受。克纳贝愿意向其政府请示①。

此次会议中，克纳贝宣读一份自柏林来电。其意以为中国只肯允准给予与英、美条约相同利权，而拒绝德方所提修正，德国政府不能容忍。此时德国公使及领事可以即行回国。将使条约失去价值，影响到德国对于中国所要求的态度。而今在中国之贸易企业发展的途中造成新的困难，颇引起德国疑虑。凡此论调最能反应现代西方世界积极进取之企图心，却是帝国主义的思想基础。当时中方立即指出德国看法之错误，并作了一般常理之辩解。洋税务司的报告未写出内容，其实甚易明白，各国在华所为俱是特权下产物。所有列强在华俱享有最惠国条款。帝国主义者对弱国竞逐利权，唯恐落后，尤其强大国家心态。中国向列强提供利权未使德国少得一分，各国一律对待，自能使各国相安无事，德若欲求超过他国，中国未尝不能让步，只是各国俱要跟进，此即弱国为难之处，亦足见出立国于十九、二十世纪之危困。正自见出世界纷争之不已，弱国受累之无穷无尽。

九月二十一日（1905.10.19）第十一次德约会议。会中中方要求修改第七款一些文字，克纳贝拒绝改动，声明已照原先协议报告德政府，是以不能再改。此会重点在讨论第十款内港航行轮船问题。除商约之外，并要求修改内港行轮章程，中方表示条约文字可以商量，而中方已定之内港行轮章程，外务部训令是不能更动任何一字。至于德对此章程，要求修改者

----

① 《辛丑和约订立以后的商约谈判》页313。

四点：

1. 机房和码头租用权延展至九十九年。
2. 德商代理人有权在机房和码头居住。
3. 准许在扬子江上拖带驳船。
4. 拖带的船只上可以雇外国人。

中国代表拒绝讨论 1、2、4 各问题。关于第 3 点扬子江上拖带船只，本在日本约中已有规定，只是限制未经向海关请领准单，即不准拖带，克纳贝要求发给常年性准单，以免每次请领。同时表示，如果章程不能改动，即可将德方要求载入约文。克纳贝同时表明，如果中国不能答允，他将考虑拒绝讨论吗啡、传教与治外法权等问题。盛宣怀在会中向德方预言，为了山东巡抚的请求，将要再提新问题给德方考虑①。

九月二十四日（1905.10.22）第十二次德约会议。会中讨论第十三款吗啡问题，条款大抵俱采用英约文字，双方已达协议。会中又谈论第十四款，传教管理问题。大致采用美约文字，而略作前后次序之调整。接着又讨论第十五款，治外法权问题，德方建议不用中方所拟约稿，但愿就英约文字略作修正，彼此亦取得同意。接着又讨论第十六款。中方原来要提一款是中国人民居住德国辖境的规定，自与在华租界有关，故而德方建议应放在第二款外人在口岸居住问题，视为性质相同，不必特列一款。此次会议进展顺利，少有重大辩难，实知谈判

---

① 《辛丑和约订立以后的商约谈判》页 314—315。又，《清季外交史料》卷 192 页 16—19，光绪三十一年九月二十五日，吕海寰、盛宣怀、李经方三大臣电报。

已近尾声。但凡禁售吗啡是西方通例，传教须加管制亦为庚子以后共识。而取消治外法权，在中国方是展现曙光，在各国亦难违正论潮流，主要须以中国改革法制为前提，尚不知何日方能实现。凡此皆非重大利权争执焦点。遂至在此一会之中，即顺利取得协议①。

在此尚须特作交代，即在此会议中克纳贝宣布，已定于十月初八日（1905.11.4）乘德国邮轮返国，请中方速作签约之准备。中国代表表示，无论德文中文约稿，均须送到外务部详加核订，恐怕为时仓促。克纳贝力催加快赶办，并无延期打算②。

九月二十五日（1905.10.23）第十三次德约会议。会中续谈第十六款，中方所要求华民居住德国管辖地区问题，克纳贝原以为中方会给予德国对等待遇，使德民在中国管辖地区居住自由。中方称言，凡外人享受治外法权即只能限居口岸租界。德方以为任何国家亦不会接受中方要求。此条自不能再谈下去。即使中方提出修正、仿照日约文字注明，德方亦不表同意③。

关于此次商约签订中文本、德文本问题，德方训令以德文为正本，中方建议中文德文均作正本。但未谈结果。克纳贝在会中询问，前此已讨论之各款，中方是否尚有意见。中方代表说已报外务部，尚须等待北京电复同意。无论如何，必赶不及

---

① 《辛丑和约订立以后的商约谈判》页 316。
② 《清季外交史料》卷 192 页 19－22，光绪三十一年九月二十六日，吕海寰，盛宣怀、李经方三大臣致外务部电报四通。
③ 《辛丑和约订立以后的商约谈判》页 316－317。

在克纳贝行前签约。克纳贝表示决不延后①。

九月二十七日（1905.10.25）第十四次德约会议。此次除第十六款中排除前时未同意之意见，作为商约最后一款，双方约定，此次订约批准之后，若无更改要索，即以十年为期履行，展期亦以续行十年为断。会中更重新自第一款起复行讨论至第四款。在第一款方面，中国不满意德国只同意加税案，而不具体接受加税之实数。克纳贝一本原来所见。仍坚持中国加税案须经过国际委员会共同议定签字，德国不接受他国允定多少即同意多少。此正反映大国心态，帝国主义者之蛮横作风。协定关税已是剥夺中国主权，为独立国家所不能容许，即据协定关税之权，又要不接受其主从权之委曲要求，一意以强国代定关税为宗旨，真是强悍凶狠。在此会议中充分见出。中国代表亦只好忍气吞声。斯乃真是弱国外交之窘困，代表人员已尽其力，岂有责言。

会中讨论第二款德民在口岸居住权。克纳贝明白表示德政府之意，除非有交换条件，拒绝撤消此款。继续讨论第三款关栈问题。德政府亦坚持海关关栈章程，须由领事团各国会同订立。此即连海关行政权亦插手夺去，真是扩权太甚，帝国主义者何其野心无止境耶？中方提出若干处修正，克纳贝均不接受。继论第四款矿务问题，矿业与其他工业同不隶属商业问题。原来盛宣怀一直避免商约谈判涉及邮、电、路、矿，而因德人在山东胶济路线有开矿特权，因是无法制止，只得使之入约，但须接受中国征税。此亦见出中国维持立场

---

①　《辛丑和约订立以后的商约谈判》页 316—317。

之困难①。

十月初三日（1905.10.30）第十五次德约会议。此次实际是克纳贝回国前的最后一次会议，双方不能即时签约，亦在彼此共同预期之中。虽然开会三小时，实际并无重大进展。关于第一款加税之事德方即坚不允定出数字，也不接受中方修正用照会方式表达。克纳贝概括表明对各款态度。第三款，关栈，章程须由领事团会订。第四款，矿务，讨论限于获利润征税问题。第十款，内港行船，仍坚持以前所提修正之四点（前第十一次会议已引述）。第十二款，米谷出口，凡禁令须由中央颁布。第十六款，条约正本以德文为准。表示德国政府坚持所述各点，必须照办。中方代表未作讨论辩解，即由盛宣怀把德方随员麦令豪引到一边作一些商讨，使麦令豪在克纳贝之间传话。这些传话重点，亦被戴乐尔事后问明而记录下来。是即盛宣怀询问德方对于吗啡、传教及治外法权三款是否答允。克纳贝表示除非中国接受此上所提各点，德方决不会考虑此三款。盛宣怀亦坦诚表明，所奉外务部训令，凡允许以前各国之条款，皆能答允，凡拒绝他国之要求，亦必拒绝德方要求。克纳贝也最后表明态度，在此应引据当日戴乐尔的记录，可以见出分量，克纳贝对于中德议约的立场出发点表明（克纳贝答复说）：

德国根据最惠国待遇条款，已经可以享有其他国家所得到的一切权利。如果中国不能在条约内给德国以新的东

———

① 《辛丑和约订立以后的商约谈判》页317—318。

西,那么这条约对于德国毫无用处,德国何必要求定它①。

我人读此,可以毫不犹豫的判断出,此是不折不扣大国心态,帝国主义者蛮横口吻。须知条约制度是创生于西方的国际关系工具,西方国家应该知所遵守。中国与各国立约并非情愿,是因为有一个《辛丑和约》的条约法源所规定。各国签字不是单要弱国遵守,德国也应遵守,克纳贝何出此言,是无视于其所当遵守之《辛丑和约》规定,是十分蛮横。此其最根本之罪恶,历史不可宽恕。再其次两国立约是求得共信与保障,对弱国而言更需要,若一方无信,尚可执条约辩论曲直。德国已是强大国家,何曾想到有一天也会成为弱国,其不接受与中国定约,正是在于一种强国气焰高傲狂肆。再其次,是其最可诛伐之帝国主义者卑鄙思想。是即与中国谈判立约,首先要假设获得若何新特权,弱国何至能冀望大国主持一分公道,若必每国每次与华立约,必定取得新利权条款,使列强见猎心喜,俱思大有斩获,想想是何等世界? 其视中国是何等卑下可欺? 予取予求。本文若不写出传示后人,亦尚不知中国近代史上之种种艰危,正是在列强宰割下仰人鼻息。德方表现,自然明白。

克纳贝定于十月初八日 (1905.11.4) 乘轮船回国,但携带谈判十六条款向政府报告。盛宣怀冷静细密,几天赶妥一份完全答辩,在克氏行前十月初六日 (11.2) 送照会给克纳贝。附足两国所议十六款条款,并详注中方解答与立场。供克纳贝

---

① 《辛丑和约订立以后的商约谈判》页319。

交其政府参考①。

　　事机正巧合，克纳贝前脚离沪，而海关税务司帮办赫美玲即于二日后（十月初十日）向吕海寰、盛宣怀要请假回德。后经赫德批准。然赫美玲又取得吕海寰特别是盛宣怀嘱咐，令他向德国政府说明中国为难之处。赫美玲处事谨慎，亦自知位卑言轻，承担此责，又觉重而危险，因是凡一行动，必函告赫德，遂至留存完整记录。

　　赫美玲先拟德约对谈底线，——申明应拒应允之点。递交盛宣怀取得同意。同时与赫德保持密切联系。自克纳贝离开上海以后，即在同一日中展开其赴欧计画，未想意外的在 1906 年 1 月返国途中，在塞得港遇到克纳贝在此上船。二人同船相见，一直到意大利的那波里斯才再分手。此对赫美玲是求之不得，正可与克纳贝详细探讨德约，并代为申明中国为难之点。事实上克纳贝在外交界退休，若要续谈，除直接与德外部接谈之外，即是看何人来华接任上海总领事②。

　　赫美玲在光绪三十二年二月二十四日（1906.3.18）到达柏林，想见一位在德国外交部主管条约之友人博义（Boye）。称其曾任驻上海总领事。但因他事在外，直到三月初十日方得见面。赫美玲以个人观点与之讨论德约，并申述中国方面之困难。虽对博义交谈，亦难发挥催化作用，只是多了解一点德国政府的态度。一方面可以见出德国对华观点与期望，更重要亦

---

　　① 《辛丑和约订立以后的商约谈判》页 320—326，盛宣怀给克纳贝照会及附件。

　　② 同前引书，页 327—331，赫美玲给吕海寰、盛宣怀节略，赫美玲给赫德密函。

甚值中国对于立国处境之反省。其报告原意，值得参酌：

> 博义谈到德国外交部对于中国的态度。他说德国外交
> 部认为中国过早地提出从中国排斥外国人的口号，过度急
> 于想要与外国人处于平等地位。中国的内政和中国政府所
> 执的狭隘政策，丝毫不配使它提出这种要求。中国像是一
> 个作小买卖的，一心只想占小便宜，避逃它自己在各种借
> 口下所承担下来的义务。在这种难于令人满意的情形下，
> 德国政府自然不能劝德国的各银行再对中国的企业投资，
> 自德国皇帝以下，都已对中国失去兴趣，这样下去，受损
> 失的还是中国。德国有不少次，例如在义和团事变中，挺
> 身充当了中国的真正朋友。至少中国的中央政府应当明白
> 这一点，可是德国所得到的只是侮辱和不信任。尽管如
> 此，中国还是可以信任德国。一旦中国有了实际进步，中
> 国政府也能够保证履行条约的时候，德国必定是第一个答
> 应取消治外法权和其他不合理的条款的[①]。

照此看来，德方责成中国先自整顿国家，不必急于争国际
地位平等，若中国真能司法，财政上轨道，履行条约义务认
真，德国自会放弃在华特权。此乃一般正规道理，中国政府自
须检讨反省。凡此堂皇道理，也是帝国主义强国之朝野共识，
如此责言，人人会说。不过讲理容易，却严重忽略事实，所好
笑者，责人履行条约义务。中国自来那敢不遵条约。与各国会
议商约，正是履行《辛丑和约》所定条款，反而德国不履行条

[①] 《辛丑和约订立以后的商约谈判》页333，赫美玲致赫德密函。

约，不愿会商条约，又正言中国不当与各国立约，自己一心违背条约，视为无物，反责中国多事。德国是《辛丑和约》签字国，只知责难中国，忘记自己才是违背条约。

强国说大话不负责任已成习惯，要责问中国改革司法、改革财政、改革教育，须在一切改革之后，又能履行条约，才可慷慨第一个奉还中国治外法权（即放弃在华治外法权）。中国无论自觉或友邦提醒，自须改良司法、教育与财政。但不能冀望帝国主义者赏还治外法权，还须自己奋斗。中国等一百年后收回治外法权，是经过八年抗战，中国人民以血肉搏战而获得，应感谢死于战场上的民族英雄、爱国同胞、抗日将士，却与强国之仁慈毫不相干。须知 1902 年中国朝野已在要求改革司法、财政、教育。到了今年（1996）中国无论海峡两岸政权，还是要反省改革司法、财政、教育，若要用此条件，等待帝国主义者之慷慨施舍，那真是愚不可及。

赫美玲的穿梭外交，只在外围接触节段，所能得到的德方消息，一个是德国不急于与中国定约。一个是可确知在派遣驻上海总领事以前，不会作任何商约谈判。而估计七月以前不会派出驻上海领事。中国所能正确了解者，只此两点[①]。

赫美玲外交努力有其限度，成功希望甚微。并未因其努力而恢复谈判。然中德之间除克纳贝议定之十六款，后又完成于光绪三十三年（1907），约文只有十四款。收载于《清季外交

---

① 《辛丑和约订立以后的商约谈判》页 334，赫美玲同前函。

又，《清季中外使领年表》页 130，1906 年 7 月，德派新任驻上海总领事卜利 (Paul von Buri) 到上海。

史料》及《清史稿》，由于自克纳贝起即确定每款均冠一标题。
兹并举其十四款款目，以见大概：

> 第一款，厘金。第二款，居住之权。第三款，关栈。
> 第四款，矿务。第五款，存票。第六款，保护商标。第七
> 款，华人附股于外国事业。第八款，通商口岸。第九款，
> 宜昌水道。第十款，内港行轮。第十一款，改订国币。第
> 十二款，转运米粮。第十三款，修约期限及优待利益。第
> 十四款，批准互换①。

据此条约，大致同于克纳贝返国时状况。其中绝对未纳入
中国所提吗啡鸦、传教及治外法权三款。可知德国较之英、
美、日三国更难应付。

中德商约有条文未能签字。在宣统二年八月初九日
(1910.9.12)中国外务部有致德使雷克司（Graf von Rex）复
函，提议在北京重新会议中德商约，宗旨在接续上海议约之已
成协议基础，希望能由雷克司主议，使之完成②。然至宣统三
年三月二十六日(1911.4.24)中国驻德公使梁诚仍尚致函德
国外交部，明言承盛宣怀力请，希望德国继续与中国会订商
约③。于此推断，德国实是一味拖延，不拟与中国再会议商

---

① 《清季外交史料》卷198页19—25，中德商约全文。又，王尔敏、陈善伟
合编：《清末议订中外商约交涉》下册页722—723，光绪三十三年二月初二日，
吕海寰致盛宣怀函。对于中德商约电牍问答之准备，似在作再度会议之用。又，
《吕海寰奏稿》页284—297。
② 王彦威、王亮编：《清宣统朝外交史料》卷16页36—37，民国22年出
版，台北：文海出版社影印。
③ 同前引书，卷二十，页15—16。

约。德国何曾念及践履条约所签承诺？正是强国心态，蛮横狂妄，蔑视弱小。

乙、中义、中瑞商约及催请各国会议

晚清十年间商约谈判，根植于十年修约条款轨辙，启思于盛宣怀整顿财政之动机，种因于《辛丑和约》第十一款之规定。使中国因应世局，履行条约与英、美、日、葡、德经过多次交涉研磨，各已完成通商行船条约。除此五国之外，尚有义国与瑞典，进行商约会议。惟因资料不足，只能简略申叙于次。

中义商约原定于上海会商，中方自以吕海寰、盛宣怀两位商约大臣主议，义国则正式派遣驻上海总领事聂腊济尼（Major C. Nerazzini）。开始当在光绪三十一年中，而于九月初八日（1905.10.6）义国政府以为徒为商人增税，义国毫无利益可得，已命聂腊济尼撤回原本，一举停废。义方废约理由，吕海寰、盛宣怀电告外务部，略可参考，其中所引义国政府意见：

> 现议题各节，与两国均有利益，中政府既概不承允，义国不能订一条约，使其商货受加税重任，而于本国无丝毫利益，以相补偿①。

于此显见，中义商约未能顺利展开，即形中折。惟中方极力挽回，又至光绪三十二年四月始得再次进入商约谈判。

---

① 《清季外交史料》卷192页3，光绪三十一年九月十一日，吕海寰、盛宣怀、李经方致外务部电。

光绪三十二年四月二十五日（1906.5.18）中义商约谈判重新展开。中方代表为吕海寰、盛宣怀、李经方，三位洋税务司亦在其中。而中方特调来义大利籍税务司卢力飞（R. de Luca，又名卢嘉德）作为译员。义国代表首席即为聂腊济尼，其次代表尚有在华商会代表雷瓦（Riva）、领事秘书格拉维尼（Gravini）。双方正式互相验看全权代表证书，中方仍是提出所奉上谕。义方代表提出条约草案稿，每款俱附中译，交中方考虑谈判。中方在与其他国家相同之点外，仍只提出三款要求，即吗啡鸦、传教及治外法权，求义国考虑入约。聂腊济尼采合作态度，同意中方用中文及英文提出方案，以备义方考虑①。

六月初六日（1906.7.26）中义商约正式第二次接谈。会中义方提出条款十一款。其中有四点与其他不同，算是新的要求。略标示如下：

1. 开放绍兴、无锡为口岸。
2. 改进中国蚕丝业。用西洋新法。
3. 中国民船往来上海、苏州、杭州，载运货物，所付税款厘金不得少于轮船与铁路所运货物。
4. 蚕茧运上海，子口半税单照有效期间改为两年。

其他各款（在十一款内）则有：1. 内港行轮，2. 治外法权等。中方提出五款：1. 裁厘加税，2. 传教，3. 吗啡，4. 治外法权，5. 国币。不过既提条款，中方须呈报外务部考虑，

---

① 《辛丑和约订立以后的商约谈判》页334—335。

得到指示再行讨论。因是并无任何争辩①。

八月十九日（1906.10.6）中义商约第三次正式会议。会中论辩义国第一款，中方不同意开放绍兴与无锡，理由是两地商务不盛。义方表示是为了消除购买生丝的困难。戴乐尔记录中说明义国只图开放一处口岸，即可满足。但在当场竟议而不决，被搁置下来。

讨论第二款，改进丝业生产，中方表同意，但不愿写入约文。此款自可用照会解决。讨论第三款子口半税单照展限有效期二年，中方拒绝改动。义方代表聂腊济尼已用铅笔当场写交译员传告宣布。申明中方拒绝了义国所有要求，而只答应接受与其他各国协议已成之条款，认为没有必要再谈下去，现在只能停止。同时决定即电告义大利政府，说明谈判原委。宣告完毕，聂腊济尼随亦离席他去②。

吕海寰、盛宣怀立即命贺璧理、戴乐尔、卢力飞三人去见聂腊济尼，求其缓发电报，等候吕、盛二人向外务部要求转圜。聂腊济尼答应展缓三日，等待中方反应。其事在外务部、袁世凯、张之洞一国三公各自主张之下，中方已不能协调。简单言，对于开放口岸，张之洞完全反对，袁世凯有条件范围，外务部亦偏于反对，后聂腊济尼也让步到只求开放安庆一口。原来英约已有开放安庆之说。则其事实有转机。聂腊济尼再允展限至九月初八日（1906.10.25）然未料所得反应，张之洞、

<hr>

① 《辛丑和约订立以后的商约谈判》页335—336。又，《清季外交史料》卷198页7，光绪三十二年六月初七日，吕、盛、李三大臣致外务部电。
② 《辛丑和约订立以后的商约谈判》页336—337。

袁世凯均表示反对，而外务部竟连催四电，完全不复①。

此事尽心至最后一刻，终于告吹。洋税务司戴乐尔、贺璧理均至为沮丧，吕、盛两商约大臣更是丧尽代表颜面，是即毫无作主权力。戴、贺均有致赫德电报，兹可举贺璧理之最后评断：

> 在我看来，中国的举动是不可解的，而且也是拙劣的外交。在对德谈判中，中国可以不答应德方的要求，而不致于造成不利的局势，因此人们不能指责中国不对。但是在对意交涉中，中国却可以不出什么代价而有所收获。现在恐怕没有一个国家肯来修订商约了。中国既不肯给什么，修约已没有用处；反之如果不修，有最惠国条款存在，仍可以享到业已修约各国所取得的权利。另一方面，加税条款如果不经意大利同意参加，还是不能实施生效。中国早晚终须要求意大利同意，将来它可能付出更高的代价②。

贺氏所见，已一言中的，以后即可立见商约谈判之停滞。

总之此次中义恢复商谈，又是弄得不欢而散，徒劳无功。问题之败坏生于中国内部，政情复杂。人事倾压为重要关键。

自中义商约谈判失败以后，上海已渐失去交涉重心地位，不但再未能见新商约之订立，实亦少见商约谈判。下一个晚清

① 《辛丑和约订立以后的商约谈判》页337—341，戴乐尔致赫德函、贺璧理致赫德函。又，《清季外交史料》卷198页10—13，吕、盛、李三大臣电；张之洞致外务部电。又，《吕海寰奏稿》页262—277。
② 《辛丑和约订立以后的商约谈判》页341。又，王尔敏、陈善伟合编：《清末议订中外商约交涉》下册页707—702。

所签订的商约是中瑞商约，为时已至光绪三十四年（1908）。中国与瑞典在光绪三十四年六月初四日（1908.7.2）于北京签订中瑞通商条约。中国代表为外务部左侍郎联芳，瑞典代表为驻华公使倭伦白（Gustaf Oscar Wallenberg），签订通商条约十七款。已是晚清最后一个成功的商约①。

中国官僚体系不断运行，是历来政情败坏上下困敝中可以苟延残喘、死而不僵的一点传统力量，直至循谨官吏赔命亡国而后已。晚清朝廷即是如此。此际商约外交渐至山穷水尽，而商约大臣盛宣怀则仍满怀渴望、努力不懈。有切实证明其努力于继续谈判商约，直至宣统三年四月（1911）。

清朝官僚腐败不堪，官僚机构则并未腐败。商约谈判而达于信效全失，举步艰难之时，一则有朝旨督责，一则有外务部文咨，在光绪三十三年三月二十七日（1907.5.9），外务部尚在咨催吕海寰、盛宣怀与俄、奥、日（日斯巴尼亚）、法、和、比等驻京公使，谈判商约。兹引据其全文如次：

　　外务部为咨行事：所有奉旨催议商约一事，本部已于本月廿四日照催俄、奥、日、法、和、比驻京各使，转电各该政府，速行派员，赴沪会议在案。相应抄录原照会，咨行贵大臣查照可也②。

于此当知中国政府那里胆敢不履行《辛丑和约》所定，凡其中规定已形成中国政府小心从事之经常政务，特别是正视外交，上下官员执行惟谨。而实际列强签下条约，以为无利可

① 《清季外交史料》卷215页3—10，中瑞商约全文。
② 王尔敏、陈善伟合编：《清末议订中外商约交涉》下册页725。

图，商约反视为赘疣，已渐渐置之脑后。自来西方强国岂会实践条约、岂愿受条约束缚？当知由于国力不平等所致。

盛宣怀绝顶聪明，尤富于商场外交经验，对于商约谈判，原抱极大希望，自信有此能力，且早想创立商部，自以为有资格主持商务大局，未料有外务部、张之洞、刘坤一、袁世凯之多方掣肘，即立功亦非易事。然盛宣怀亦能排万难而为之，实见决心毅力，足当称为是中国第一流商约谈判人才。惟竟至先声夺人而后继渐疲，内有多方掣肘，外遇各国反应冷淡，受到阻挠不少。盛宣怀身在局中，亲尝况味，自是早已见出各国态度。但却毫不气馁，正见出其毅力眼光有过人之长，兹举其在光绪三十二年九月二十八日（1906.11.14）所致吕海寰信，当可了悟当日情景与盛氏决心：

> 查辛丑和议大纲列入此条外，声明各国视为有益者，中国皆当允许，故其始英国先来尝试，实皆有奢望存焉。及至约定，大众看来并未有大利益，特将进口货加税议定倍半，乃大不高兴，故后来议者皆因此条不愿，而中国所索愈坚，德、义皆称，若不稍与利益或体面，则何必签订？窃料未来各国亦必同有此情。现在大局情形，如各国皆裹足不前，在中国亦并不吃亏，昔之奢望，今已休矣。若再来议，吾惟执定加税要紧，而彼之所索，仍当权其轻重，如重者自应坚推不允，如无足重轻或为他国约中所已有者，似不妨略予通融。能使各国画押齐全，则加税便可立办，究竟岁可得巨款，于财政实深有益。未知圣意如何，尊意如何，尊意无妨痛快言之。弟所见不过如此。倘再泄泄沓沓，虚縻岁月，仍属无益，徒为天下笑耳。质之

我公，以为然否①？

世事难如人愿，关键首在列国态度改变，岂能期望列国真正履践条约，关键在于利字。而条约不过是制服弱小之工具而已。对内而言，盛宣怀不能突破之困局，正是其所身在之政府，实在政府中之各大要员而已。吕、盛商约大臣，操约定于外务部、张之洞、刘坤一、袁世凯之手，有众多婆婆自作威福，自作聪明，自作主张，任使商约大臣百般为难。商约大臣权柄，实是可怜而有限。此正是英雄贤才所当腐心切齿者。中国政治确是如此。

---

① 《清末议订中外商约交涉》下册页 718—719，盛宣怀致吕海寰信。

第六章　余　论

甲、海关税则之评估签订

中外商约交涉，议定签署是原则根本，关系两国利权消长，故是重大问题，各国视为十分隆重。惟在会订商约之外，根据《辛丑和约》第六款，尚有一项重要规定，是即于进口货税，重新估定切实值百抽五的要求，亦须各派专使议定签字。此是技术层面，逐项估定货品，并注明抽税若干之琐细工作。惟在《辛丑和约》中亦有原则规定。

按值百抽五征税，原是道光二十三年（1843）《五口通商章程》所订，与商约谈判加税裁厘无关。主要中国海关征税系就当年货物价值估定，并非每年变动，故本书上册必须附列海关税则表，即具重大参考价值，代表海关税务史指标。此种当年估定之税最值注意者，非按货价实值征税，而是用每百斤征银若干。在当时自是照货价值百抽五，若货有涨跌，则税则自然不准。譬如1858年以后鸦片上税，当时每百斤抽银三十两。照当年售价，相当值百抽七点五，然不数年鸦片大幅涨价。而仍按每百斤抽三十两，此时则已落于值百抽五之下。其他各货亦是如此。可以想像自1843年以来已是连年少收。1861年再订新约，此后仍是连年少收。只有洋药（鸦片）目标太大，中国在光绪十一年（1885）修改洋药厘税并征，乘机将洋药厘税提高至每百斤抽银一百一十两。对比其他各货，即可稍有了然中国海关商货历年税收漏失之大。

虽然鸦片战后中国开放五口通商，一切展现新局，关税并新订章程，而其全面重订关税税则，所有货品，多用每百斤抽银若干（亦有每百件计算者），此一基本计算单位方式则并非新创，而正是沿承昔时海关征税惯例，按每百斤抽若干银两计算。今日可据之确切根据，仅见于当年七月 *Chinese Repository*（1843，July）所载英文税则表，其中附列新章以前之所有货品名目及每百斤征税若干银之对比数字，使人足以相信其前后因袭渊源①。极具参考价值，弥足珍贵。进一步又有可推测之点，即此种征税计算方式，当起于何时，我人大致可以推知，当起于康熙二十四年（1685）之开放粤海、闽海、浙海、江海四口通商，且知此为清代定型之征税方式。盖宋、元、明之市舶司制度，俱以抽分为主，系就货品实物，抽取若干以为税收。惟至明末俱改征抽税银，按每百斤抽银若干。至清初相袭未变。

晚清重新评估海关税则，一则并非外国对中国的施舍，而是中外共须遵守的值百抽五原则，故非同新立条款。二则重估海关进口税则至值百抽五，最大宗旨是各国所能取得实质的庚子赔款来源。因是它的法源来自于《辛丑和约》第六款，亦即赔款详细规定之戊项。兹开附第六款戊项后半，税则说明于次：

> 至进口货税增至切实值百抽五，诸国现允可行，惟须

---

① *The Chinese Repository*，Vol. 12，No. 7，July 1843，Canton.

二端：一、将现在照估价抽收进口各税，凡能改者，皆当急速改为按件抽税几何。定办改税一层如后：为估算货价之基，应以一千八百九十七、八、九三年卸货时各货牵算价值，乃开除进口税及杂费总数之市价。其未改以前，各该税仍照估价征收。二、北河、黄浦两水路，均应改善，中国国家即应拨款相助。增税一层，俟此条款画押日两个月后，即行开办，除在此画押日期后至迟十日已在途间之货外，概不得免抽①。

此是十一国共签和约，为了顺利取得赔款，自愿派代表会同签订海关进口税则。其实效性明言立即照办。当知是一紧要迫切的技术问题。会商大臣，中国派定吕海寰、盛宣怀（二年后签约者又增加伍廷芳），各国自派代表，一起在上海议定海关税则。实自光绪二十八年初方始展开。此种技术评估税则，吕、盛俱是外行，因是只派两位洋税务司贺璧理、戴乐尔出面评税，会同各国估货价定税则②。

关于签海关税则，一来只是切实履行道光二十三年以来原定之值百抽五，并非新订税则，各国没有理由不会签，二则原来除1843年、1861年开始两三年中国税收照值百抽五得到实益，其余多年均因货价升涨，银价下降关系，往往收税俱远在值百抽五之下，中国税收大量漏失不计其数，各国亦不能不遵循重新评货价之法。三则最为各国所极其关心

① 王铁崖编：《中外旧约章汇编》册1页1006。
② 盛宣怀：《愚斋存稿》卷7页21—23；卷8页11—13。又，《吕海寰奏稿》页129—140，光绪二十八年九月十三日，奏定签订税则。

者，是此时中国海关税收，直接关链到各国能否收到赔款。因是此条是出现于《辛丑和约》第六款赔款项目之中。于此三端，可知各国会签海关税则，并无太多阻难，各国是相当合作。

事实技术困难必然存在。是即怎能完全约定，是视为最优先立即履行工作。惟开始仅美国代表沙尔德、英国代表马凯、日本代表日置益，在同一时期到达上海。又如何等候其他各国。美使沙尔德屡次催签，终于迫不及待自己先签，即行回国。后来又因他国反对，不承认沙尔德先签，遂再经美国政府改派古纳再签，始作定案。总体而言，依照《辛丑和约》规定，根据1897、1898、1899三年进口货物价评估，定出每货应抽百分之五洋税，虽不免烦琐，名物繁多，然实无太大争议。纯为技术问题。故自光绪二十八年四月（1902.5）开始，至七月即已完全定妥，其中实仅两位洋税务司贺璧理、戴乐尔出席主持。但齐集上海列国代表不多。可以作签定税则之开端。光绪二十八年七月二十六日（1902.8.29），英、美、奥、德、和（荷兰）、比、日本、日国（日斯巴尼亚）各国代表首次在上海签定海关税则①。

当时商约大臣一心专注于商约谈判，税则之评估是海关专业，两位资深洋税务司足以胜任，只是秉承吕、盛二人指示方针，已可放心而为，其中惟一困难，是各国派来代表先后不一。因是一一等待各国代表到沪，分别补签海关税则，直至光

---

① 王尔敏、陈善伟合编：《清末议订中外商约交涉》上册页86—88；页96—105；页148—149；页160—161。

绪三十年十二月再次奏报，方作妥定，乃重补国名代表，仍以
光绪二十八年原定税则为准。于光绪三十一年正月初七日
（1905.2.10）奉上谕批准。即作为中外会订海关税则正式
文书①。

前后签署税则之中国商约大臣为工部尚书吕海寰、工部左
侍郎盛宣怀、外务部右侍郎伍廷芳。对方签字列国计有奥斯马
加、比国、德国、英国、日本、和兰、日斯巴尼亚、美国、俄
国、义国、法国、丹麦、瑞典、挪威以及大西洋国（葡萄牙）
代表。共订入口货项十七大类，货品名目数百种，同时附列
《通商进口税则善后章程》三款。第一款，申明进口洋货必有
不及载入税则者，应按每值百两抽税五两之例完纳。订明估价
之法，以免临时争论。第二款，各国原开免税项下，凡印字书
籍、水陆各图、新闻纸、各种货样及民人行李暨自用之物，及
民人家内杂用之物，均列入免税之内，此章所定，仅图籍、新
闻纸免税。第三款，重复申明，食盐不准贩运进口，及军火军
械非有特准明文不准进口②。至海关税则详表，则参看本章
附录。

有一问题极易招致误解，虽治外交史专业亦所难免。是即
晚清七十年间各国在华议订商约，多而且频，世人往往误认为

---

① 《吕海寰奏稿》页113—118；页187—192。两个相同折稿（光绪三十年
十二月）。

② 《外务部清档》，01—21号，64函，66宗，"光绪条约"所载奏案及"海
关税则"及《通商进口善后章程》。又，Public Record Office, F. O. 17/1567,
No. 81, pp. 191—212. Draft Tariff, Handed in by Chinese Representatives at meet-
ing June 9th, 1902. 此系中方所拟海关税则稿，英文表本。

是修改税则，其实完全不对。因为晚清全部史乘，俱以值百抽五为定则，未尝分毫加增。此实反映帝国主义列强对中国之欺凌侵损。自 1843 年订立《五口通商章程》，所定海关入口税值百抽五，直迄清亡，始终为关税依据。正可见出列强要求修约，完全在扩张外交及商务权利，丝毫不肯改动税则，亦不接受中国对税则提高之要求。惟在海关征税而言，只能乘机将货价重新评估，期以真实符合值百抽五而已。中国政府在列强取得新利权之际，只能做到重新评估税则，算是在商约谈判中之一点进展。正可见中国商税内政陷入外交枷锁之可悲可怜。

乙、晚清议订商约之意义

中国自古列邦林立，国与国间早已形成种种交聘来往体制与习惯。但是在秦汉大一统以后，俱已消逝转变，只能供后世凭吊参考。事实上明、清两代对外藩形成封贡制度，乃是春秋时代交聘制度的复活，而基本精神完全承袭东周封建列邦与王朝关系体制，使之有真实履践，一一载入《礼部则例》与《会典》。明、清两代五百余年间之封贡制度，于中国与外藩间关系，早已具有完密复杂而多样的已成规模。此是历史演变而成，有其一定之功能与价值，不能以后世或外国眼光而论评其是非，是优是拙。但其进入近代之后，与西方规制相应，方会遇到不同体制，彼此凿枘不入，处处龃龉。两者不是优拙是非之别，而是国力之较量，而当西方于国际关系制度，以武力强行施之中国迫使接受，中国一无应对之方，二无周旋经验，且又受制于已失效用之封贡旧制，自然昧于权利观念，以至丧权且亦辱国。此则昧于世界知识，狃于习故蹈常之所由。

条约制度为西方国际关系重要工具，但凡历史所见，一向是强国制服弱小之政治工具。即令字面平等，而运用决不平等。此即近代世界史中常态，亦为世界乱源之一种根荄。然中国不但昧于知识，抑且被迫签订条约。而政治条约又为侵损中国控制中国之工具，因为此是其他一切条约章程之法源。中国史家研究近代史，一开始即注意并深究所有历史上之政治事件与政治条约，以为正是把握要领，因是参与者多，致力最深，抑且著述最丰。殊不知众所忽略之中外商约，其关系中国命脉以至所受侵损均远大过政治条约。但是百余年来少有著述。

言及中国近代史，我国史家先驱，蒋廷黻、郭廷以、陈恭禄辈，均先具一定卓识，展开近代史研究方向，是即视外力冲击为近代历史运演之动力根源。自为不刊之论，亦为治近代史者所宗奉。本人即是第二代追随者。于此自然可知近二百余年十九、二十两世纪之世界，其四海沸腾，动乱不休，正是由于西方强权扩张思想，帝国主义者之殖民开拓为造生动因。而五洲披靡，各民族之亡国灭种者，不计其数，生灵涂炭、大地泣血，亦为列强争夺，冷酷残杀之结果。吾人乃弱国受侮之民人，乃凭知识之良知，将以潜默思辨追考所致败溃屈辱之原因。因是而略知大国侵凌弱小，是国际现势常态。然而大国所凭藉扩张利权挞伐弱小之工具，可知有两大优先条件：其一是军事强大，武器优越。其二是外交条约为平时挟制弱小工具。无非是强凌弱、众暴寡、大欺小的文明工具。本人不得不作一点深思追考，而重点特集于清代商约。

西方帝国主义学者，称中国近代为条约时代，可谓画龙点睛，我人何须忌讳。但要弄清楚此之所谓条约，造成中国若何侵损？若何枷锁？若何抑屈？乃是我治史学者所必当澄清之天职。但凡研究结论公之于世，以供参酌，引为鉴戒。在此强调一点说，中国近代自鸦片战争以至抗日战争，中国举国上下俱是生活在列强帝国主义者条约枷锁之下，上自帝王下至小民，全不出其范围。中国自上至下仰强权帝国主义之鼻息，有证据显示，应自咸丰十年（1860）开始，当英法联军攻下北京，中国迫于情势，在毫无商讨余地签下《北京条约》之际，英使更要求皇帝明表永久允行并公告天下，其所能更出于世人意外者，是此一皇帝诏谕，竟出于英使额金所拟。愿引入注文以为参证①。世人参考此一文献，即当知列强帝国主义者凶焰之高张，有何不可惟所欲为。而中国国家主权，帝王尊严，于此扫地无遗。

做近代史研究，必须有充分心理准备，亦必无所避免，即是不免深入丧权辱国之时代，潜心忍气写中国屈辱之历史。本书之作，虽非研究政治条约，但自首至尾，通篇俱属不平等条约之史乘。但凡任何主权国家，不会有此历史，然此则成为

---

① 《第二次鸦片战争》册 5 页 230—231，咸丰十年九月十七日恭亲王奕訢奏：为英酋呈出伪谕，并恭候宣布谕旨再行退兵各情形（据原文）：

至该夷伪谕，词多鄙俚，不值与之较论，惟据该夷呈出，不敢壅于上闻，谨抄录一并恭呈御览（原奏语）：

咸丰十年 月 日奉上谕：前于戊午年六月十六日经朕特派大臣等，与大英大君主特派便宜行事大臣，在于天津会议定约。朕经详阅。本日更览本年九月十一日所定续增条约共两件。除于原约当时另加专条，现并续约第三款，可毋庸复提外，所有各件，逐层逐节，朕无不批准。先降批谕，实乃朕及后嗣永允必照各条遵行。朕言无少虚。日后无论何人，稍欲犯约，朕必尽心维持，勉力防渐。将此传谕各省督抚知之，交著于该省刊布，咸使知悉。钦此。（原拟上谕）

中国近代史中重要主轴。中国税收财政命脉，仰息列强意断之抑扬。即令是委曲求全，中国主议者亦费尽唇舌，呕尽心血。

协定关税种因于鸦片战后之《中英五口通商章程》，协定关税为永久条约权利载于咸丰八年之《天津条约》。前者为协定关税先例，后者为中国政府承允之永久法源。本书已立专章讨论，作详细交代。

晚清十年之修订中外商约，原由中国自身之财政需要殷繁，省悟到与各国议约增税，事在光绪二十五年（1899），出于盛宣怀之策划建议，要赶上中外所订即《天津条约》依据十年修约之规定，中国正在主动提出修约。此点重要，代表中国之商税醒觉与外交主动。未料很快即为庚子事变一个排外运动所破坏。而再次的中外会议商约，已完全是为外国主动，出于《辛丑和约》之条约规定，宗旨为保障对列国之赔款。此一《辛丑和约》构成议订商约之法源，亦并是各国共签值百抽五海关税则之法源。

自光绪二十七年冬以至清末宣统三年，列强各国与中国谈判商约，重要国家无不上援咸丰八年之《天津条约》。其重要根据点，即在于《天津条约》是正式订明各国对中国有十年一次修约之特权。是最早之外交特权依据。列强据此可以迫使中国履行修约义务。故可见出《天津条约》之重要。

根据《辛丑和约》，晚清议订商约应取其正名为《通商行船条约》。此为官书约文正名，无可异议。故本书各章，均取此同一命名。西文书以至中国海关洋税务司只称中英商约为《马凯条约》。实是俗称，同时此约中美、中日、中葡、中德、中瑞皆有一定，即无法以《马凯条约》概括甚明①。

中方派遣会议商约大员，盛宣怀早具专业背景，为朝野公认，且其时为李鸿章主签《辛丑和约》，签后立即派遣盛宣怀，自是出于李鸿章及庆亲王之推荐。实亦盛氏具此才识，故有委使。其后加派吕海寰，实已在李鸿章逝世之后。吕位高于盛，而才智经验均不如盛宣怀。

盛宣怀主议商约，对裁厘所失有所估计，海关收入亦得裴式楷精密估算。厘金估计，系根据光绪二十三年各省收入计收银一千零七十万零九千两。洋银元一百八十八万五千余元，合银一百三十七万六千余两。又收铜钱五百五十四万八千余串，约合银三百七十万两。三项合计，一年厘金收入抵银一千五百七十八万余两②。

吕、盛二人对谈判加税腹案，希望达到入口税值百抽十五。而能正式达到英、美、日俱接受到值百抽十二点五，已是尽到最大努力③。但此数目，终满清之世，至宣统三年，亦未尝实行。

吕、盛二人商约谈判，往往拒绝外国过分要求，充分表现外交智慧。进一步言，可以进取向对方要求，表示双方对等，中国重点自在加税，同时亦要求取消治外法权和禁止吗啡入

---

① H. B. Morse, *The International Relations of the Chinese Empire*，台北：文星书局影印原刊本，Vol. 3, pp. 369—373。此书以极简短篇幅，叙述马凯来华会议商约并及裁厘加税。亦兼述美、日两国议约，尤为简单。惟书中并未出现"Mackay Treaty"一词。然此名称仅为中国海关洋税务司文件中见之。戴乐尔、裴式楷均惯称《马凯条约》。此决非官方正名，未足引据。

② 《吕海寰奏稿》，页 59—68。

③ 同前引书，页 2—28，光绪二十八年五月十一日奏。

口。均亦取得对手应允。

另一重点，乃盛宣怀才智表现，是即画定商约至一定通商税务范围。由是而凡关外人提出铁路、开矿、邮政、电报四项，一概不接受谈判，确定此是内政，无关通商，虽特别与葡谈铁路则另立章程。此皆外交家所当坚守，盛宣怀大体做到。可谓十分称职①。

吕、盛二人之外，惟一通晓英文之主议大员为伍廷芳，但只参与美约。中方重要随员李经方后亦参与签约。其下重要人员首推杨文骏，其次则有刘宇泰、陈善言、李维格（字绎琴）、沈瑞琳（字砚传）、温宗尧（字钦甫）、李德顺、伍璜、施炳燮、刘邦骥、陶凤威、汪立元、沈国钧、毛长桂、陆长葆（字真卿）、唐德萱、陈以履、李辅宸等人。而厘金专家则有朱之榛。此外洋员多出自税务司，分为裴式楷、戴乐尔、贺璧理、赫美玲、卢力飞。而出于南洋公学者为福开森。又有帮办税务司威厚澜。虽是洋员，亦足能真诚效力，值得倚重。

分析海关税收之递减与漏卮，当然俱种因于1843年以来之协定关税。再加十年方能修订之规定。平时海关不能有所改动。一律值百抽五，而除估定税则之年，可以税收无损。其下九年均必因银价之落、货价之涨而使税收低于百分之五，因是每年漏卮可达千余万两。照盛宣怀光绪二十五年（1899）估算，当时海关税收是一年二千五百万两，如核实照值百抽五征税，每年可增加十分之五六。即照十分之五计，实每年漏收税银一千三百万两（参见光绪二十五年十月盛氏奏稿）。而两年之耗损，即等于一次鸦片战争赔款之数。如此可以明见平时商约之重要，远大过政治条约①。

此处必须提示，清代海关征税税则与今时绝然不同，不能以今时常识推测前代。中间关键自然是不平等条约所造成。开始自鸦片战后，由于无知而愿与英方代表会议海关章程以及会订海关税则。当知凡事必须慎始，其患足以贻害百年，果是真情。此一前例给予第二次鸦片战争藉口，竟至视修约定税为永久性条约权利（只许外国有，非中外对等），同时更订死十年修一次。须在到期六个月前任何一方提出修改，即须开议修改，中国政府既怕惹事，又不能见出问题所在，因而使修约主动权操之外国之手，原来毫无准备，临事仓促应付，靡有不任人宰割吃亏受损者。列强得寸进尺，一味扩张特权。本书所以一定须附列第一次鸦片战后之税则表，第二次鸦片战后之税则表，以至晚清最后《辛丑和约》后之税则表，实因其具有外交、商务、海关洋税以及中国财源漏卮状况，皆须藉以明白其关键重点。

解释前述税则表之重大意义，可分别一一指陈：其一，此三个税则表（包括陆路通商为四个），是晚清海关征税最正式之根本依据。自道光二十三年直贯至清末。其二，所有此类税则表，均按值百抽五征纳。直迄清末，并无改变。本书所论自光绪二十八年（1902）中英所议定值百抽十二点五者，在晚清十年并未施行。其三，这些税则表，所引致后人不易了解者，

① 盛宣怀：《愚斋存稿》卷3页49—60，"筹饷事宜清单"。

可以指出：既定下值百抽五，而非如今时每遇进口货物，即照入口时货价评估征税，学者须明白，清代并非如此。而是自议定通商章程之同年估定当时货价定出值百抽五之数。以后至少十年修约期内，不能改动。此即中国受损严重之关键。恰巧清代进口货价历年上涨，而所收银两历年贬值，使中国税收，双重受损。鸦片税之例为最足代表。其四，今人更不易了解者，是自道光二十三年所定税则表之估税方式。原则货值每百两抽五两。实确未作此规定，而是按每百斤抽银若干两，举例言，咸丰八年（1858）鸦片合法上税，当时是每百斤鸦片抽税三十两，约合海关洋税值百抽七点五。故其当年鸦片货值是四百两银买一百斤。但至光绪十二年与英人重订鸦片税厘并征，已是每百斤鸦片合税银一百十两。因此自 1858 年至 1876 年，十八年期间鸦片已涨三倍多，但长期按海关每百斤抽银三十两计，足知洋税短收之严重。然学者要问，海关何以不按时价定税？何以偏用每百斤抽银若干计算？答案甚简明，外国条约权力，连此合理办法亦不肯让步。中国在列强条约枷锁下，连合理的共同承认的值百抽五之税亦远远不能达到，遑论其他。此乃订下不平等条约之真正悲哀。参阅本书所附税则表，我人可正确知道，自 1843 年起直至清末，海关征税不出值百抽五，而估税方法非按时值计算，而是按货物每百斤征银若干计算。此种方法与今不同，但侵损税收最甚。

有关晚清十年间商约谈判中再四反复多次提及内地附加税问题，外国代表虽不断加以抨击，而终不能免除。其情十分明显，外商全部希望免除。而中国终能保留，并非外国仁慈或退让，主要此是限于征课之内地土产货物之税。不关乎入出口税问题，外国代表屡屡提出，本来是越权，其所持理由则是附加税影响土货价值之提高，间接影响出口税之加重。实质上内地土货必须征收出产税、落地税、销场税等，名目虽多而只征一种，盖为性质相同，而方式有异。上产若不售卖，留为自用，自然概不抽税。当地出产如米粮、布匹即要送到市场销售，自必征收销场税。因系当地出产，故亦称出产税。土货出产再运出至通都大邑，货到新地方销售，则必抽收落地税，并亦等于销场税。凡此类税目是早已存在，全与近代中外出入口货无关。故而西方列强无法要求豁免。但为晚清商约交涉中经常出现，统称之为附加税。甲午战争以后，外商得在中国口岸设厂制造。中国海关为其有免税之嫌，而新征出厂税。但凡出产税、落地税、销场税，名目不同，而性质相同，实只征收一种，非必一一并征。

此一时期之商约交涉，具有重大正面意义，是即冲击到晚清的司法改革与财政改革。使伍廷芳、沈家本展开司法改革与建立法部衙门，其背景即由商约谈判中要求取消治外法权所推动的直接影响。关于财政改革，驱使清廷整顿税收而建立税务处。尤重要者，则因洋税务司赫德、裴式楷等人建议改革币制，盛宣怀最为主动热衷，亲身推动画一国币之策划。其创生背景与用银两收税最不利于海关税收有关，连年减收，国家财政受损严重。赫德等洋税务司一直建议改金本位方能与各国抗衡，保住十年税收。而盛宣怀意在铸造银圆。其时盛氏已有中国商业银行，极力推动造银圆之筹画。

我人可以明确相信，历鸦片战后晚清七十年间，中国开放对外贸易，其所有海关正常税收，除评估确定税则当年之一

年，其余永久俱远出值百抽五以下。可谓以低征关税为中外商
贸常态。此其一。另一明确事实，晚清十年商约谈判，是应
《辛丑和约》规定，保障中国付出重大赔款之动念而推行，并
非中国主动要求，而是中国履行条约，此其二。再一明确事
实，我人当深信不疑，即根据《辛丑和约》，中国须与各国重
新评估各色货价，订定切实值百抽五之税则，一则此是沿袭道
光二十三年旧例，不须视为新约。故各国无所争议。二则为急
切履行赔款之财政来源，各国情愿顺利签订此一税则评估，以
便立即执行于海关征税。三则当可确信《辛丑和约》后之海关
税收俱依据此一新评定税则征纳，直至满清退位。此其三。凡
此史实确证，不可移易，是即本书所提供于世人之历史知识。

本人反复研考帝国主义者伸张强权之动力，实于弱小之国
决不仁慈，即令完全亡国，仍要欺压下去。南北美之印地安
人、澳洲太平洋土人之澌灭，俱为显例。早在百年前严复、唐
才常、梁启超、麦孟华已屡屡言之。强权扩张，何尝自设极
限，前贤早在提示国人醒觉。本书细研之后，所能肯定正言
者，则以为强国扩张利权实以被侵者之醒觉为界，以其抵抗能
力之表达为界。殆如连衡接舆，我退一分，彼进一分，其压迫
决无稍缓。国人凡阅读本书，宜知本书所得之历史教训。

关于近代商约外交之专题，在学术研究领域，前无因袭。
无论中外文字，仅有 H. B. Morse 所著 *The International
Relations of the Chinese Empire* 一书，所占篇幅，不出五页，
所涉范围仅止英、美、日三国而已。本书之作，自是全部独力
演绎，所据资料，亦无不引自直接资料本原。

大抵自光绪二十五年起至宣统三年止（1899—1911）十余

年之商约外交，是中国醒觉后一个重要外交大事，其处境之艰难、列国之图谋、中方之因应，经营者盛宣怀、吕海寰、伍廷芳之表现，俱值参酌凭吊，引人入胜，亦足启人深思。自是一个极具政治、外交、商务、财政以至晚清政情之参考价值。但愿国人熟知此段历史。

最后，本书当再作全面回顾，对于当世贤豪、后来同道略作简要交代。提供近代商约外交中之一些特色，以及国人所能获致之历史教训。原自深信必为外交史学者所乐读与评骘。必至各存定见。惟为可能阅读之贤者能更直截了当，清楚掌握本人研究一得之见，可以取信于当今后世者，甚愿稍申叙余绪，以就教于学界。

本书全部内容是中国屈辱被动之外交史。是西方列强运用外交技巧，逐渐牵使中国内政主权之海关征税，倾陷于外交交涉之困局中，而不能自拔，此类交涉在今日本不当列于外交谈判之内，故可视为商务交涉。而清季之海关商税，已被列强强迫限于中外外交范围，非如今日是出以对等之商务来往，也没有任何对等利益可言，而系纯以外交官代表其国家向中国坚持已有之商业特权与扩大此种特权之内涵。是以用"外交"二字最能写实，亦正可表状历史之真实。

本书之内涵，不可视之为中外修改税则，虽然中国政府官吏，甚至海关洋税务司抱此希望，而实际则只是一种修订商约行为。除晚清十年商约问题涉及税则之增加外，此前六十年间，任何一次修订商约，并无涉论提高税则之事。于此愿略作解析：一则，所有税则俱是每次商约条文之最后附件。主从早有确定。二则，中国方面最被受欺者，是不能自定税则，税则定后十年不能改动。三则，西方列强决无兴趣修改税则，因为按每年时价计，入口货历年增加，且市价飞涨。所有值百抽五者系旧订不变（注意非按时价值百抽五）。入口税之真实收入每每远低于值百抽五。对外国商人有利。四则，十年修改商约规定，出于《天津条约》所定，列强主动要求修约，全在扩张商权，重点在税则之外。中方海关可趁此势，重新评估税则。而重估税则，仍按值百抽五评估，故而保存当时税则表最能考见多重意义。此种估税并非修改税则，列强决不赞成修改税则，自1843年直至清朝末年，中国海关税则未动，永远是值百抽五，本书若用税则代替商约二字，即完全不符史实。因为全部清季税则丝毫未改，并不曾有修改税则之事。

关于晚清商约修约之主动权，七十年间全部操于列强之手。毫无一次特例。就今日国际商务谈判应有情况评断清季。因为那时条件全由列强提出，中方只有因应，讨价还价，使损害减低而不能免除。一定须承受损害，妥协全得不到。但是晚清十年之商约谈判即已充分表现中国之醒觉，此时方稍稍表现出外交谈判之着力点。已在本书下编各章交代。

我人尚愿具体提示，中国在商约外交中所丧失主权利权之要项，于本书内涵可得大致要领。

第一，鸦片战后，中国所丧失主权之处，全载入于《中英五口通商章程》及《中英通商章程附粘善后条款》之中。英国在此次取得领事裁判权、协定关税权、最惠国待遇，以及英国领事官对于入口货之全面担保与监督。另外又开始一个此后长期相沿之外交特例。即凡议定商约必先由外国提出草案条文，而由中方应对修改。此例直贯清末不改。

第二，第二次鸦片战争后，不平等条款完全载入政治条约之《天津条约》。而列强除前有之特权外，其扩大商权侵及中国主权之点，则将商约定为十年修订一次，并视为外交特权。因为要求镇江、九江、汉口开放通商，而由英方主稿拟订《长江通商章程》。中国在毫无觉察中葬送长江之内河航行权。虽止开放三口岸，英国实已进入中国内河水域。

第三，中英《烟台条约》原是政治条约而英方强力牵连及于商权之扩张。在此条约中，中国增开四口岸，其中芜湖、宜昌两口，正在长江水域，更强横者，其长江河道内未开口岸之内地河港：安庆、大通、湖口、沙市、武穴、陆溪口等六处，亦须允许外国轮船停泊，上下客货，而重庆并可允许英官进驻，若轮船将来可抵重庆，亦须开放通商。此外一项严重之丧权规定，即凡外国在口岸之租界，一律画定一定领域，租界之内，华官不能抽税。国中之国由此条约确定。再从鸦片税之厘税并征，使英国在口岸销售鸦片更方便而有保障。在此可看出前后比较，即知中国关税之毫无提高。须知自1858年所订鸦片税每百斤抽税三十两。而经过十八年后，厘税并征达每百斤一百十两。而华商所担厘金八十两，英商所缴洋税仍然是每百斤三十两。后来至光绪十一年（1885）之烟台续约，洋税厘金仍完全未变。中国关税损失到何等程度，可以想见。

第四，中日甲午战后，根据《马关条约》第六款规定，必须尽速于六个月后议订中日通商条约。即在同年（1895）开始，中日展开商约谈判，而在光绪二十二年六月签订中日通商行船条约。在此条约中所扩张之商权为前此所未有者，一为允许日本商民在中国口岸设厂制造货物，当然是重述《马关条约》已定之条款。一为因开放长江口岸沙市、重庆，自己扩大长江水域全程之内河航行。同时又要求未开口岸之吴淞，列入洋船上下客货码头，亦为长江水域航权之扩大。三为苏州、杭州口岸之开放，因其不临长江，纯属内地，日本坚求轮船必须到埠贸易，迫使中国开放长江以外水域之内河航行权。此俱可证中国主权丧失外国特权扩张之情势。

第五，值得注意是晚清十年间之中外商约谈判。其时因义和团之仇洋杀教，八国联军入侵，而迫使中国签订《辛丑和约》，赔款四万万五千万两。同时根据《辛丑和约》第六款，中国必须尽速与各国议订商约，遂自光绪二十八年（1902）起，展开晚清十年间的中外议订通商行船条约。此时亦当中国极度衰敝，清廷无能充分暴露，然而由于主持议约之盛宣怀、吕海寰、伍廷芳等人之外交因应，使外国扩大特权未能得逞，反而使条约中规定，中国可以提高进口税至百分之十二点五、出口税至七点五。提高税率条文，为近代史中首见。此外又进一步要求各国取消治外法权，虽然先决条件中国须先行修改司法，然亦为往时所不可能见及者。可见中国虽正值衰敝，而若运用人才得宜，亦不可谓毫无周旋空间。此亦正可见出帝国主义者之恃强扩张，实以中国之醒觉人才之运用为抵抗停止点。晚清十年议约，可为清晰例证。

第六，自道光二十三年（1843）中国开埠征收洋税起，直至清末，所有进口税不会超过百分之五，只能在此以下。值百抽五之税，即创自开埠之初。帝国主义列强所定十年修约，世或疑中国可以乘此议改税则，其实但凡修约，必是列强扩权，毫不及于税则问题。只有晚清十年议订商约方始及于提高税则，但直迄清亡，并未实行。清代自道光二十三年起以至清亡，七十年间有三个税则表具实际应用价值。其先道光二十三年《中英五口通商章程》所附税则表，其通行沿用，直至咸丰八年（1858），为海关抽税一定之依据。其次咸丰八年新定税则表加以咸丰十一年续补未列及之货目税则表，成为嗣后四十年间海关征税一定依据。直迄光绪二十八年（1902）未尝真正修订。其再次则为光绪二十八年各国代表签字并奏明通行之税则表，乃独立出之，并不依附商约。此税则表于光绪三十一年奏陈皇太后、皇帝批准，自此即成为晚清七年海关征税依据。故此三者最有实用价值，亦最具参考研析之广泛功能。

一九九六年七月十九日草成于禅泥挥雨轩

附录：税则所列各类货物

一、油蜡矾磺类			
黄蜡		每百斤	壹两陆钱
白蜡		每值百两抽税伍两	
日本蜡		每百斤	陆钱伍分
油蜡		每百斤	伍钱
外国蜡烛	如斤两增减税银亦增减每箱内贰拾伍包	每包陆枝重英平	玖两柒分伍厘，拾贰两壹钱，拾陆两壹钱叁分叁厘
外国蜡烛	别类箱包	每百斤	柒钱伍分
滑物蓖麻油		每百斤	伍钱壹分
净蓖麻油		每百斤	壹两
丁香油		每 斤	壹钱伍分
椰 油		每百斤	肆钱
菜子油		每加伦	伍分
土质草质滑物油		每加伦	壹分伍厘贰分伍厘
姜油		每百斤	陆两柒钱伍分
煤油		每壹木箱即拾加伦	柒分
舱煤油		每拾加伦	伍分
橄榄油		每加伦	陆分贰厘

檀香油		每　斤	贰钱肆分
木　油		每百斤	伍钱
苏合油		每百斤	壹两
石脑油		每拾加伦	壹钱伍分
硝	并应查照善后章程第三款办理	每百斤	叁钱贰分伍厘
硫磺	并应查照善后章程第三款办理	每百斤	壹钱伍分
净硫磺	并应查照善后章程第三款办理	每百斤	贰钱伍分
磺强水		每百斤	壹钱捌分柒厘
火漆		每值百两	抽税伍两
硼砂		每百斤	陆钱壹分
净硼砂		每百斤	壹两肆钱陆分
纯碱		每百斤	壹钱伍分
净面碱		每百斤	壹钱伍分
烧碱		每百斤	贰钱贰分伍厘
晶碱		每百斤	壹钱贰分
浓晶碱		每百斤	壹钱肆分
二、香料椒茶类			
上等八角	每百斤值拾伍两及值拾伍两外者	每百斤	壹两
下等八角	每百斤价值不及拾伍两者	每百斤	肆钱肆分

安息香		每百斤	陆钱
安息油		每值百两抽税伍两	
神香		每百斤	陆钱肆分
麝香		每 斤	玖两
沉香		每百斤	拾两
降香		每百斤	壹钱贰分伍厘
檀香		每百斤	肆钱
香水等物		每值百两抽税伍两	
黑胡椒		每百斤	柒钱陆分
白胡椒		每百斤	壹两叁钱叁分
三、药材类			
阿魏		每百斤	壹两
黄柏		每百斤	捌钱
干槟榔衣		每百斤	柒分柒厘
鲜槟榔衣		每百斤	壹分捌厘
干槟榔叶		每百斤	肆分伍厘
干槟榔		每百斤	贰钱贰分伍厘
鲜槟榔		每百斤	壹分捌厘
槟榔膏		每百斤	叁钱
樟脑		每百斤	壹两陆钱伍分
上冰片		每 斤	贰两肆钱伍分
下冰片		每值百两抽税伍两	
三奈		每值百两抽税伍两	

白豆蔻		每百斤	拾两
砂仁		每百斤	壹两
豆蔻壳 砂仁		每百斤	贰钱伍分
豆蔻花	每值百两抽税伍两		
桂子		每百斤	柒钱伍分
桂皮		每百斤	玖钱贰分
桂枝		每百斤	壹钱柒分
茯苓		每百斤	陆钱伍分
肉桂		每百斤	肆两
木香		每百斤	柒钱壹分伍厘
丁香		每百斤	陆钱叁分
母丁香		每百斤	叁钱陆分
穿山甲片		每百斤	贰两柒钱 贰分伍厘
印度牛黄	每值百两抽税伍两		
儿茶		每百斤	叁钱
良姜		每百斤	壹钱柒分
上等未拣参	每斤价过贰两	每　斤	贰钱贰分
次等未拣参	每斤价不过贰两	每　斤	柒分贰厘
上等拣净参	每斤价过拾壹两	每　斤	壹两壹钱
次等拣净参	每斤价过陆两不 过拾壹两	每　斤	叁钱柒分伍厘
三等拣净参	每斤价过贰两不过陆两	每　斤	贰钱贰分

四等拣净参	每斤价不过贰两	每 斤	捌分
野参		每值百两抽税伍两	
血竭		每百斤	肆两
没药		每百斤	肆钱陆分伍厘
乳香		每百斤	肆钱伍分
石黄		每百斤	肆钱伍分
甘草		每百斤	伍钱
大枫子		每百斤	叁钱伍分
莫啡鸦		英平每两叁两	
五棓子		每百斤	捌钱柒分
肉果豆蔻		每百斤	壹两伍钱
洋药	进口正税每百斤叁拾两并征厘金每百斤捌拾两	共计每百斤	壹百拾两
大土皮		每 斤	陆分贰厘
陈皮		每百斤	捌钱
姜黄		每百斤	壹钱捌分伍厘
虎骨		每百斤	贰两伍钱
疳积糖	每瓶内不过陆拾颗	每拾贰瓶	叁分伍厘
犀角		每 斤	贰两肆钱
鹿角		每百斤	壹两伍钱
老鹿茸		每百斤	捌两伍钱
北口嫩鹿茸		每 架	贰两伍钱
南洋嫩鹿茸		每值百两抽税五两	

四、杂货类			
料珠		每值百两 抽税伍两	
料钮扣		每拾贰各罗斯	壹分
铜钮扣等		每各罗斯	贰分
亚洲煤		每吨	贰钱伍分
他洲煤		每吨	陆钱
亚洲煤砖		每吨	伍钱
亚洲焦炭		每吨	伍钱
他洲焦炭		每吨	玖钱
炭		每百斤	叁分
各色绳		每值百两抽税伍两	
棕线		每值百两抽税伍分	
粗葵扇		每千柄	贰钱捌分
细葵扇		每千柄	肆钱伍分
装饰葵扇		每千柄	壹两
纸扇		每千柄	壹两肆钱
布扇		每千柄	壹两肆钱
绢扇		每值百两抽税伍两	
五色自来火		每伍拾各罗斯盒	壹两伍钱
蜡自来火		每拾各罗斯盒内不过壹百枝	壹两陆钱

大木自来火	长　　　尺　贰寸半 每盒宽不过英　　壹寸半 深　　　寸　肆分之三	每伍拾各罗斯盒	陆钱叁分
小木自来火	长　　　尺　贰寸 每盒宽不过英　壹寸捌分之三 深　　　寸　捌分	每百各罗斯盒	玖钱贰分
加大木自来火		每值百两	抽税伍两
制自来火料			
玻璃粉		每百斤	壹钱壹分
燐质		每百斤	肆两壹钱贰分伍厘
作根木条		每百斤	捌分捌厘
作盒木花		每百斤	壹钱壹分叁厘
硝皮料		每值百两抽税伍两	
肥田料		每值百两抽税伍两	
火石		每百斤	肆分
火绒		每百斤	叁钱伍分
嵌柄伞		每值百两抽税伍两	
棉伞		每柄	贰分
绒棉伞		每柄	叁分
绸伞 丝棉伞		每柄	捌分
伞骨		每拾贰副	捌分
云母壳		每百斤	柒钱

他类壳		每值百两　抽税伍两	
粗肥皂		每百斤	贰钱肆分
香肥皂		每值百两　抽税伍两	
不灰木漆		每百斤	贰钱
不灰木络		每百斤	伍两
不灰木纸		每百斤	伍钱
不灰木包皮		每百斤	叁两伍钱
夹金丝不灰木包皮		每百觔	伍两
不灰木线		每百斤	贰两贰钱伍分
斧头		每打臣	伍钱
锉	长不过肆英寸	每打臣	肆分
锉	长过肆英寸不过玖英寸	每打臣	柒分贰厘
锉	长过玖英寸不过拾肆英寸	每打臣	壹钱陆分捌厘
锉	长过拾肆英寸	每打臣	贰钱贰分肆厘
脚踏车		每辆	叁两
脚踏车器		每值百两抽税伍两	
宝沙		每百斤	壹钱玖分伍厘
宝沙粉		每值百两抽税伍两	
红沙		每百斤	肆分伍厘
火砖		每值百两抽税伍两	
火泥		每百斤	伍分
瓦	每瓦方陆英寸	每百片	陆钱

铁水泥		每桶重叁百斤	壹钱伍分
针	大柒号	每百密力即拾万根	壹两捌钱
针	大三号	每百密力即拾万根	壹两伍钱
杂类针	即除大七号外各类牵杂	每百密力即拾万根	玖钱捌分伍厘
成衣机器		每值百两抽税伍两	

五、醃腊海味类

海菜石花菜		每百斤	叁钱
黑海参		每百斤	壹两陆钱
白海参		每百斤	柒钱
上燕窝		每 斤	壹两肆钱
中燕窝		每 斤	肆钱伍分
下燕窝		每 斤	壹钱伍分
蛏干		每百斤	伍钱伍分
干蚶子		每百斤	伍钱
鲜蚶子		每百斤	伍分
蟹肉干		每百斤	陆钱
鱿鱼 墨鱼		每百斤	陆钱陆分柒厘
干贝		每百斤	贰两
干鱼即柴鱼		每百斤	叁钱壹分伍厘
鲜鱼		每百斤	壹钱叁分柒厘

鱼肚		每百斤	肆两贰钱伍分
鲑鱼腹		每值百两抽税伍两	
咸鱼		每百斤	壹钱陆分
鲍鱼		每百斤	壹两伍钱
鱼皮		每百斤	陆钱
鲨鱼皮		每值百两	抽税伍两
腊肠		每百斤	捌钱捌厘
淡菜		每百斤	肆钱
蠔干		每值百两抽税伍两	
碎海菜		每百斤	壹钱伍分
海菜		每百斤	壹钱
净海菜		每百斤	壹两
红海菜		每值百两抽税伍两	
黑鱼翅		每百斤	壹两陆钱捌厘
净鱼翅		每百斤	陆两
白鱼翅		每百斤	肆两陆钱
虾干		每百斤	壹两
虾米		每百斤	陆钱叁分
牛筋		每百斤	伍钱伍分
鹿筋		每百斤	壹两伍分
六、颜料胶漆纸札类			
哑喇伯胶		每百斤	壹两
栲皮		每百斤	柒分叁厘

梅树皮		每百斤	壹钱贰分
桑树皮		每值百两抽税伍两	
黄柏皮		每值百两抽税伍两	
品蓝		每值百两抽税伍两	
洋蓝		每百斤	壹两伍钱
铜金粉		每百斤	贰两贰钱
漂白粉		每百斤	叁钱
朱砂		每百斤	叁两柒钱伍分
印字墨		每值百两抽税伍两	
呀喇色		每值百两抽税伍两	
泥金色		每值百两抽税伍两	
藤黄		每百斤	贰两柒钱
松香胶		每百斤	贰两伍钱
松节油		每加伦	叁分陆厘
松香		每百斤	壹钱捌分柒厘
黑松香		每百斤	壹钱贰分伍厘
漆绿		每百斤	壹两
红花		每百斤	伍钱贰分伍厘
干靛		每值百两	抽税伍两
制成水靛		每百斤	贰两贰分伍厘
生成水靛		每百斤	贰钱壹分伍厘
靛膏		每百斤	贰两贰分伍厘
红丹		每百斤	肆钱伍分

铅粉		每百斤	肆钱伍分
黄丹		每百斤	肆钱伍分
苏木		每百斤	壹钱壹分贰厘
苏木膏		每百斤	陆钱
赭色		每百斤	陆钱
大青		每百斤	壹两陆钱
佛头青		每百斤	伍钱
豆蔻红		每值百两抽税伍两	
漆		每值百两抽税伍两	
白铅粉		每值百两抽税伍两	
银朱		每百斤	肆两
假银朱		每值百两抽税伍两	
薯莨		每百斤	壹钱伍分
鱼胶		每百斤	肆两
皮胶		每百斤	捌钱叁分
锡箔		每值百两抽税伍两	
铜箔		每百斤	壹两陆钱柒分伍厘
纸烟纸	每张长不过肆英寸宽不过贰英寸	每拾万张	壹钱贰分伍厘
磨过印字纸	任商人便或每值百两抽税伍两或每百斤柒钱		
未磨过印字纸		每百斤	叁钱

写字纸		每百斤	壹两贰钱
他类纸		每值百两抽税伍两	
沙纸及宝沙纸	每张不过丁方英寸壹百肆拾肆个	每肆百捌拾张	贰钱伍分
麻		每值百两抽税伍两	
乱麻头		每百斤	伍钱
紫梗		每百斤	柒钱
生橡皮		每百斤	叁两壹钱肆分
老碎橡皮		每百斤	贰钱伍分
七、器皿箱盒类			
磁器		每值百两抽税伍两	
金银器		每值百两抽税伍两	
马口铁盆		每各罗斯	贰钱伍分
法蓝铁器			
	不过九英寸有花无花	每打臣	伍分
	过九英寸无花	每打臣	玖分
	过九英寸有金油花	每打臣	壹钱柒分伍厘
	过九英寸有清花	每打臣	壹钱贰分伍厘
他类法蓝铁器		每值百两抽税伍两	
橡皮器	靴鞋不在内	每值百两抽税伍两	
漆器		每值百两抽税伍两	
奥国圆木椅		每打臣	捌钱

籐椅		每值百两抽税伍两	
铁锅飘等器		每百斤	伍钱
煤油箱罐		每壹木箱贰铁罐	伍厘
灯及灯器		每值百两抽税伍两	
新苘麻袋		每千个	肆两贰钱伍分
旧苘麻袋		每值百两抽税伍两	
新麻袋		每千个	肆两贰钱伍分
旧麻袋		每值百两抽税伍两	
草包		每千个	壹两贰钱伍分
蒲草包		每千个	壹两贰钱伍分
皮钱袋		每各罗斯	伍钱
八、竹木藤椰类			
香木		每值百两抽税伍两	
香柴		每值百两抽税伍两	
竹竿		每千竿	肆钱
棕竿	长壹英尺	每百斤	贰钱
棕竿	长伍英尺	每千竿	叁钱
轻重木料			
	重木梁	每一英立方尺	贰分
	轻木梁厚一英寸	每千英丁方尺	壹两壹钱伍分

	麻栗木梁	每一英立方尺	捌分壹厘
	板条	每千条	贰钱壹分
	重木桅	每值百两抽税伍两	
	轻木桅	每值百两抽税伍两	
	轻木桩厚一英寸	每千英丁方尺	壹两壹钱伍分
	重木板	每一英立方尺	贰分
	轻木板厚一英寸	每千英丁方尺	壹两壹钱伍分
	有槽缝轻板	每值百两抽税伍两	
	麻栗木板	每一英立方尺	捌分壹厘
	麻栗木	每一英立方尺	捌分壹厘
	铁路楞	每值百两抽税伍两	
藤心		每百斤	贰钱贰分伍厘
藤皮		每百斤	柒钱伍分
藤片		每百斤	叁钱贰分伍厘
沙藤		每百斤	贰钱贰分伍厘
毛柿		每百斤	玖分
乌木		每百斤	贰钱
呀㘔治木		每值百两抽税伍两	
铁木		每值百两抽税伍两	
啤啰木		每百斤	柒分伍厘

红木		每百斤	贰钱
花梨木		每百斤	贰钱
日本木丝		每百斤	壹两
柴		每百斤	壹分
框		每长一千英尺	壹两伍分
九、镜钟表玩类			
自鸣钟		每值百两抽税伍两	
千里镜		每值百两抽税伍两	
各种面镜		每值百两抽税伍两	
时辰表		每值百两抽税伍两	
八音琴		每值百两抽税伍两	
十、衣帽靴鞋类			
棉汗衫及汗裤		每打臣	壹钱贰分伍厘
上等棉袜	每拾贰双价值壹两	每拾贰双	柒分伍厘
下等棉袜	每拾贰双价值不及壹两	每拾贰双	叁分贰厘
橡皮靴		每双	捌分
橡皮鞋		每双	贰分
十一、布匹花幔类			
原色布	宽不过肆拾英寸长不过肆拾码重柒磅	每 匹	伍分
原色布	宽不过肆拾英寸长不过肆拾码重过柒磅不过玖磅	每 匹	捌分

原色布	宽不过肆拾英寸长不过肆拾码重过玖磅不过拾壹磅	每 匹	壹钱壹分
原色布	宽不过肆拾英寸长不过肆拾码重过拾壹磅	每 匹	壹钱贰分
日本充土布	宽不过贰拾英寸长不过贰拾码重不过叁磅	每 匹	贰分柒厘
日本充土布	宽过贰拾英寸	每值百两	抽税伍两
白色布白花布白提布白点布	宽不过叁拾柒英寸长不过肆拾贰码	每 匹	壹钱叁分伍厘
原色 白色无花粗斜纹布	宽不过叁拾壹英寸长不过肆拾码重不过拾贰磅拾贰两	每 匹	壹钱
原色 白色无花粗斜纹布	宽不过叁拾壹英寸长不过肆拾码重过拾贰磅拾贰两	每 匹	壹钱贰分伍厘
原色 白色无花细斜纹布	宽不过叁拾壹英寸长不过叁拾码	每 匹	玖分
原色 白色无花细斜纹布	宽不过叁拾壹英寸长不过肆拾码	每 匹	壹钱贰分
原色白色标布	宽不过叁拾肆英寸长不过贰拾肆码	每 匹	柒分
原色白色标布	宽不过叁拾肆英寸长过贰拾肆码不过肆拾码	每 匹	壹钱叁分伍厘

原色白色标布	宽过叁拾肆英寸不过叁拾柒英寸长不过贰拾肆码	每　匹	捌分
各样绉布	宽不过叁拾英寸长不过陆码	每　匹	贰分柒厘
各样绉布	宽不过叁拾英寸长过陆码不过拾码	每　匹	叁分伍厘
各样绉布	宽不过叁拾英寸长过拾码	每　码	叁厘伍毫
白色稀袈裟布袈裟布	宽不过肆拾陆英寸长不过拾贰码	每　匹	叁分贰厘
蚊帐纱	宽不过玖拾英寸	每　码	壹分
罗布	宽不过叁拾壹英寸长不过叁拾码	每　匹	玖分
提罗布		每值百两	抽税伍两
印花袈裟布	宽不过肆拾陆英寸长不过拾贰码	每　匹	叁分柒厘
印花斜纹布印花布印花标布印花布	宽不过贰拾英寸	每值百两	抽税伍两
印花斜纹布印花布印花标布印花布	宽过贰拾英寸不过叁拾壹英寸长不过叁拾码	每　匹	捌分
印花罗布	宽不过叁拾壹英寸长不过叁拾码	每　匹	玖分

印花粗布	宽不过叁拾陆英寸长不过肆拾叁码	每　匹	壹钱捌分伍厘
印花红布	宽不过叁拾壹英寸长不过贰拾伍码	每　匹	壹钱
印花色布	宽不过叁拾贰英寸长不过叁拾贰码	每　匹	贰钱伍分
双面印花布		每值百两	抽税伍两
无花色布	宽不过叁拾陆英寸长不过叁拾叁码	每　匹	贰钱肆分
有花色布	宽不过叁拾陆英寸长不过叁拾叁码	每　匹	壹钱伍分
色斜纹布	宽不过叁拾壹英寸长不过肆拾叁码	每　匹	壹钱柒分
色罗布	宽不过叁拾壹英寸长不过叁拾码	每　匹	玖分
色提罗布		每值百两	抽税伍两
色袈裟布	宽不过肆拾陆英寸长不过拾贰码	每　匹	叁分柒厘
色粗布	宽不过叁拾陆英寸长不过肆拾叁码	每　匹	壹钱伍分
香港染色布	宽不过叁拾陆英寸长不过贰拾码	每　匹	壹钱
色短布	宽不过叁拾陆英寸长不过伍码玖英寸	每　匹	贰分贰厘伍毫
色标布红布	宽不过叁拾贰英寸长不过贰拾伍码重不过叁磅肆两	每　匹	陆分

色标布红布	宽不过叁拾贰英寸长不过贰拾伍码重过叁磅肆两	每 匹	壹钱
各色棉法兰绒	宽不过叁拾陆英寸长不过拾伍码	每 匹	陆分伍厘
各色棉法兰绒	宽不过叁拾陆英寸长过拾伍码不过叁拾码	每 匹	壹钱叁分
色棉小呢	宽不过叁拾贰英寸长不过贰拾码	每 匹	捌分伍厘
色棉小呢	宽过叁拾贰英寸不过陆拾肆英寸长不过贰拾码	每 匹	壹钱柒分
短毛棉剪绒	宽不过拾捌英寸	每 匹	陆厘
短毛棉剪绒	宽过拾捌英寸不过贰拾贰英寸	每 码	柒厘
短毛棉剪绒	宽过贰拾贰英寸不过贰拾陆英寸	每 码	捌厘
长毛棉剪绒		每 斤	壹钱壹分
有花棉剪绒	宽不过叁拾英寸	每 码	壹分伍厘
柳条棉剪绒	宽不过叁拾英寸	每 码	壹分伍厘
俄国原色棉剪绒	土名摹丝锦宽不过叁拾英寸	每值百两	抽税伍两
俄国染色棉剪绒	土名摹丝锦宽不过叁拾英寸	每 码	壹分伍厘
寻常手巾	不过四方壹码	每打臣	贰分
面巾	宽不过拾捌英寸长不过肆拾英寸	每打臣	贰分

面巾	宽过拾捌英寸长不过伍拾英寸	每打臣	叁分
他类棉布		每值百两	抽税伍两
棉花		每百斤	陆钱
棉线球		每百斤	叁两
辘轳棉线	长伍拾码	每各罗斯	肆分
辘轳棉线	长壹百码	每各罗斯	捌分
辘轳棉线	长贰百码	每各罗斯	壹钱陆分
原色白色棉纱		每百斤	玖钱伍分
色棉纱		每值百两	抽税伍两
制光纱		每值百两	抽税伍两
麻棉帆布	宽不过叁拾陆英寸	每 码	壹分
麻布		每值百两	抽税伍两
洋线袋布		每千码	贰两捌钱伍分
棉毡		每 条	叁分
棉灯心		每百斤	贰两
冲丝绳		每百斤	叁两伍钱
十二、绸缎丝绒类			
羽毛带		每百斤	伍两
丝质假金银线		每值百两	抽税伍两
真金银线		每值百两	抽税伍两

棉质假金线		每 斤	壹钱贰分伍厘
棉质假银线		每 斤	玖分
毛棉法兰绒	宽不过叁拾叁英寸	每 码	壹分伍厘
花素毛羽绸	即义大利绒宽不过叁拾贰英寸长不过叁拾贰码	每 匹	叁钱柒分贰厘
斜纹呢	宽不过柒拾陆英寸	每 码	叁分
毛棉小呢	宽不过陆拾肆英寸	每 码	壹分肆厘
企头呢	宽不过柒拾陆英寸	每 码	叁分
毛棉羽纱		每值百两	抽税伍两
哆啰呢	宽不过柒拾陆英寸	每 码	肆分柒厘伍毫
旗纱布	宽不过贰拾肆英寸长不过肆拾码	每 匹	贰钱
荷兰羽毛	宽不过叁拾叁英寸长不过陆拾壹码	每 匹	壹两
英国羽毛	宽不过叁拾壹英寸长不过陆拾壹码	每 匹	伍钱
法兰绒	宽不过叁拾叁英寸	每 码	壹分伍厘
花素羽绫	宽不过叁拾壹英寸长不过叁拾贰码	每 匹	肆钱伍分
哔叽	宽不过叁拾叁英寸长不过贰拾伍码	每 匹	贰钱伍分
大企呢	宽不过柒拾陆英寸	每 码	肆分柒厘伍毫
哈喇呢	宽不过柒拾陆英寸	每 码	肆分柒厘伍毫
小呢	宽不过陆拾肆英寸	每 码	贰分壹厘

他类绒布		每值百两	抽税伍两
机器棉质空花边	宽不过壹英寸	每壹百肆拾肆码	伍分
机器棉质空花边	宽过壹英寸不过贰英寸	每壹百肆拾肆码	壹钱
机器棉质空花边	宽过贰英寸不过叁英寸	每壹百肆拾肆码	壹钱陆分陆厘
机器棉质空花边	宽过叁英寸	每壹百肆拾肆码	贰钱壹分陆厘
机织空花边	其中惟无丝棉假金银线等料	每 斤	伍钱
手织空花边	其中惟无丝棉假金银线等料	每 斤	贰两肆钱
绸缎	有无织花	每值百两	抽税伍两
丝兼杂质绸	有无织花	每值百两	抽税伍两
栏杆缠带		每值百两	抽税伍两
丝质剪绒		每 斤	陆钱伍分
海虎绒	棉底	每 斤	贰钱
丝兼杂质剪绒		每 斤	壹钱伍分
绒线		每百斤	伍两叁钱
绒绳		每百斤	肆两
绒毡 老虎毯		每 磅	贰分

十三、毡绒毯席类

楦毡		每打臣	壹两
台湾席		每百条	伍两
蒲草席		每百条	伍钱
草席		每百条	贰钱贰分伍厘
日本席		每百条	肆两伍钱
棕地席	宽不过叁拾陆英寸长壹百码	每　捆	贰两柒钱伍分
草地席	宽不过叁拾陆英寸长肆拾码	每　捆	贰钱伍分
十四、糖酒果食物类			
栗子		每百斤	壹钱捌分
杏仁		每百斤	玖钱
外国藕粉		每值百两	抽税伍两
咸猪肉及火腿		每值百两	抽税伍两
外国发酵粉	或罐或瓶每重英平肆两	每打臣	捌分叁厘
外国发酵粉	或罐或瓶每重英平陆两	每打臣	壹钱壹分
外国发酵粉	或罐或瓶每重英平捌两	每打臣	壹钱肆分伍厘
外国发酵粉	或罐或瓶每重英平拾贰两	每打臣	贰钱贰分陆厘
外国发酵粉	或罐或瓶每重壹磅	每打臣	叁钱叁厘
外国发酵粉	或罐或瓶每重叁磅	每打臣	捌钱壹分
外国发酵粉	或罐或瓶每重伍磅	每打臣	壹两叁钱伍分
薏仁米		每百斤	叁钱
豆		每值百两	抽税伍两

罐头果食			
能即食		每拾贰罐内每罐重两磅半	陆分伍厘
制即食		每拾贰罐内每罐重两磅半	伍分柒厘
各类果品		每百斤	陆钱伍分
外国龙须菜		每拾贰罐内每罐重两磅半	壹钱壹分捌厘
外国玉米		每拾贰罐内每罐重两磅	伍分肆厘
外国豌豆		每拾贰罐内每罐重两磅	陆分
外国豆角		每拾贰罐内每罐重两磅	伍分肆厘
外国茄子		每拾贰罐内每罐重雨磅半	伍分肆厘
另装各种洋菜		每百斤	伍钱贰分伍厘
茄酱	蘑姑酱小瓶	每打臣	伍分肆厘
茄酱	蘑姑酱大瓶	每打臣	捌分柒厘

糖果	或罐或瓶每重壹磅	每打臣	陆分
糖果	或罐或瓶每重两磅	每打臣	壹钱壹分捌厘
干牛奶		每箱肆拾捌罐每罐重壹磅	贰钱伍分
奶皮		每箱肆拾捌小罐	贰钱叁分
奶皮		每箱贰拾肆大罐	贰钱陆分
罐头食肉			
咸肉及火腿		每拾贰罐内每罐重半磅	柒分柒厘
咸肉及火腿		每拾贰罐内每罐重壹磅	壹钱肆分肆厘
牛肉		每拾贰磁罐内每罐重壹磅	壹钱肆分肆厘
碎肉		每拾贰磁罐内每罐重壹磅半	壹钱
碎肉		每拾贰磁罐内每罐重叁磅	壹钱捌分壹厘
碎肉	不装罐者	每百斤	柒钱贰分玖厘

猪肉连扁豆		每拾贰罐内每罐重壹磅	肆分
猪肉连扁豆		每拾贰罐内每罐重两磅	柒分伍厘
猪肉连扁豆		每拾贰罐内每罐重叁磅	捌分伍厘
肉脯		每拾贰罐内每罐重英平肆两	贰分贰厘
肉脯		每拾贰罐内每罐重英平捌两	肆分贰厘
鸡肉脯		每拾贰罐内每罐重英平肆两	肆分贰厘
鸡肉脯		每拾贰罐内每罐重英平捌两	柒分贰厘
肉汤		每拾贰罐内每罐重两磅	壹钱壹厘
肉汤		每拾贰罐内每罐重陆磅	贰钱肆分肆厘

鸡杂碎		每拾贰罐内每罐重半磅	伍分壹厘
鸡杂碎		每拾贰罐内每罐重壹磅	捌分
各类舌头		每拾贰罐内每罐重半磅	玖分捌厘
各类舌头		每拾贰罐内每罐重壹磅	贰钱肆厘
各类舌头		每拾贰罐内每罐重壹磅半	贰钱捌分柒厘
各类舌头		每拾贰罐内每罐重两磅	叁钱叁分叁厘
各类舌头		每拾贰罐内每罐重两磅半	肆钱肆分伍厘
各类舌头		每拾贰罐内每罐重叁磅	伍钱壹分伍厘
各类舌头		每拾贰罐内每罐重叁磅肆两	伍钱肆分伍厘

另外各种罐头肉		每拾贰罐内每罐重半磅	伍分贰厘
另外各种罐头肉		每拾贰罐内每罐重壹磅	陆分叁厘
另外各种罐头肉		每拾贰罐内每罐重两磅	壹钱贰分
另外各种罐头肉		每拾贰罐内每罐重肆磅	贰钱壹分
另外各种罐头肉		每拾贰罐内每罐重陆磅	叁钱柒分
另外各种罐头肉		每拾贰罐内每罐重拾肆磅	捌钱壹分
奶油		每百斤	贰两
假奶油	装罐装瓶者	每百斤	壹两肆钱
假奶油	装木桶者	每值百两	抽税伍两
奶酥		每值百两	抽税伍两
烧烤猪		每百斤	伍钱
揸古聿		每百斤	叁两陆钱
甜揸古聿		每 磅	壹分贰厘
咖啡		每百斤	壹两

木耳		每百斤	壹两柒钱壹分伍厘
白木耳		每　斤	贰钱伍分
花生		每百斤	壹钱伍分
火腿		每值百两	抽税伍两
猪油		每百斤	陆钱
荔枝干		每百斤	肆钱伍分
金针菜		每百斤	叁钱贰分伍厘
莲子		每百斤	肆钱
连壳莲子		每百斤	肆钱
桂圆肉		每百斤	伍钱伍分
桂圆		每百斤	肆钱伍分
粉丝		每百斤	叁钱贰分伍厘
大麦芽		每百斤	叁钱柒分
咸牛肉		每百斤	叁钱柒分伍厘
干咸肉		每百斤	肆钱柒分伍厘
洋菜		每百斤	壹两柒钱伍分
瓜子		每百斤	贰钱伍分
香菌		每百斤	壹两捌钱
葡萄干		每百斤	伍钱
柠檬		每千枝	肆钱
杂粮　杂粮粉			免税
松子		每百斤	贰钱

芝麻子		每百斤	贰钱
酱油		每百斤	贰钱伍分
赤糖		每百斤	壹钱玖分
冰糖		每百斤	叁钱
白糖		每百斤	贰钱肆分
橄榄		每百斤	壹钱捌分
烟叶		每百斤	捌钱
烟丝		每百斤	玖钱伍分
罐头烟丝		每值百两	抽税伍两
烟卷		每千枝	伍钱
上等纸烟	每千枝价过肆两伍钱	每千枝	伍钱
下等纸烟	每千枝价不过肆两伍钱	每千枝	玖分
鼻烟		每值百两	抽税伍两
干菜　咸菜　酸菜		每值百两	抽税伍两
汽水		每大瓶拾贰小瓶贰拾肆	伍分
酒			
汽酒		每箱大瓶拾贰小瓶贰拾肆	陆钱伍分
红白淡酒	即酒力不过十四度之酒	每箱大瓶拾贰小瓶贰拾肆	叁钱

红白淡酒	即酒力不过十四度之酒装桶者	每加伦	贰分伍厘
红白浓酒	即酒力过十四度之酒	每箱大瓶拾贰小瓶贰拾肆	伍钱
红白浓酒	即酒力不过十四度之酒装桶者	每加伦	壹钱伍分
葡萄牙酒		每箱大瓶拾贰小瓶贰拾肆	柒钱
葡萄牙酒	装桶者	每加伦	壹钱柒分伍厘
威末酒		每箱拾贰瓶	贰钱伍分
巴兰地及畏士忌酒	装桶者	每加伦	壹钱贰分伍厘
巴兰地酒		每箱拾贰瓶	伍钱
畏士忌酒		每箱拾贰瓶	叁钱伍分
他类烧酒		每箱拾贰瓶	贰钱
他类烧酒	装桶者	每加伦	玖分
火酒		每加伦	贰分捌厘
啤酒　苹果酒　梨酒		每箱大瓶拾贰小瓶贰拾肆	捌分伍厘
啤酒　苹果酒　梨酒	装桶者	每加伦	贰分

黑啤酒		每箱大瓶拾贰小瓶贰拾肆	壹钱
黑啤酒	装桶者	每加伦	贰分伍厘
蜜酒		每值百两	抽税伍两
日本酒	装桶者	每百斤	肆钱
日本酒		每箱大瓶拾贰小瓶贰拾肆	壹钱壹分
蛇麻		每值百两	抽税伍两
十五、铜铁铅锡类			
锑		每百斤	柒钱
黄铜			
条		每百斤	壹两壹钱伍分
螺蛳闩		每百斤	壹两壹钱伍分
箔		每百斤	壹两陆钱柒分伍厘
钉		每百斤	壹两壹钱伍分
螺蛳钉		每值百两	抽税伍两
片锭		每百斤	壹两壹钱伍分
管		每百斤	壹两壹钱伍分
丝		每百斤	壹两壹钱伍分
紫铜			
条		每百斤	壹两叁钱

螺蛳闩套等		每值百两	抽税伍两
锭		每百斤	壹两壹钱柒分伍厘
钉		每百斤	壹两叁钱
片		每百斤	壹两叁钱
板		每百斤	壹两壹钱柒分伍厘
小钉		每值百两	抽税伍两
管		每值百两	抽税伍两
丝		每百斤	壹两叁钱
白铜片		每百斤	贰两贰钱
白铜丝		每百斤	壹两伍钱
铁渣滓		每百斤	壹钱陆分
铁及马口铁渣滓		每百斤	叁钱
马口铁渣滓		每百斤	伍钱
铁			
洋铁大块器物	即如铁锚机器曲拐等类	每百斤	贰钱陆分伍厘
肘角		每百斤	壹钱肆分
墩座		每百斤	肆钱
条		每百斤	壹钱四分
螺蛳闩套		每值百两	抽税伍两
生铁块		每百斤	壹钱肆分这

练		每百斤	贰钱陆分伍厘
废磋丝段		每百斤	壹钱叁分
箍		每百斤	壹钱肆分
砖		每百斤	柒分伍厘
支		每百斤	壹钱肆分
丝钉		每百斤	贰钱
他类钉		每值百两	抽税伍两
生铁		每百斤	柒分伍厘
管		每值百两	抽税伍两
碎片		每百斤	壹钱壹分
片		每百斤	壹钱肆分
轨		每百斤	壹钱贰分伍厘
铰		每百斤	贰钱伍分
螺蛳		每值百两	抽税伍两
小钉		每百斤	肆钱
丝		每百斤	贰钱伍分
镀锌铁			
螺蛳闩套		每值百两	抽税伍两
废磋丝段		每百斤	壹钱叁分
瓦纹片		每百斤	贰钱柒分伍厘
平片		每百斤	贰钱柒分伍厘
管		每值百两	抽税伍两
丝		每百斤	贰钱伍分

丝段		每百斤	壹钱叁分
旧铁		每百斤	玖分
铅块		每百斤	贰钱捌分伍厘
铅片		每百斤	叁钱叁分
铅管		每百斤	叁钱柒分伍厘
假银		每百斤	贰两陆钱
水银		每百斤	肆两贰钱捌分
白铅	并应查照善后章程第三款办理	每百斤	叁钱柒分伍厘
钢柱		每百斤	贰钱伍分
钢条		每百斤	贰钱伍分
钢片		每百斤	贰钱伍分
器具钢料		每百斤	柒钱伍分
钢丝及纲绳		每百斤	柒钱伍分
镶锡		每值百两	抽税伍两
锡箔		每值百两	抽税伍两
锡片及锡管		每百斤	壹两柒钱贰分伍厘
锡块板		每百斤	壹两伍钱
小铁钉		每百斤	肆钱
有花马口铁片		每百斤	叁钱伍分
无花马口铁片		每百斤	贰钱玖分

衬锅白铅板		每百斤	陆钱
白铅粉		每百斤	肆钱
白铅片		每百斤	伍钱贰分
十六、珍珠宝石类			
琥珀		每百斤	叁两贰钱伍分
珊瑚		每 斤	壹两壹钱壹分
珊瑚珠		每 斤	柒钱伍分
次碎珊瑚		每百斤	伍钱伍分
玛瑙		每百块	叁钱
玛瑙珠		每百斤	柒钱
玳瑁		每 斤	肆钱伍分
镀水银玻璃		每一英丁方尺	贰分伍厘
玻璃砖		每值百两	抽税伍两
车过玻璃片色玻璃片		每箱壹百英丁方尺	叁钱伍分
玻璃片		每箱壹百英丁方尺	壹钱柒分
花石		每值百两	抽税伍两
十七、缨皮牙角羽毛类			
象齿及象牙床		每百觔	叁两
象牙		每 斤	壹钱柒分

马鬃		每百斤	壹两肆钱
马尾		每百斤	贰两伍钱
牛角		每百斤	叁钱伍分
鹿角		每百斤	壹两伍钱
犀角		每　斤	贰两肆钱
小牛皮		每百斤	柒两
生牛皮		每百斤	捌钱
色皮		每百斤	柒两
牛皮		每百斤	贰两伍钱
驾马皮		每百斤	叁两
小羊皮		每百斤	柒两
鞋底皮		每百斤	贰两伍钱
磨光皮		每百斤	柒两
他类皮		每值百两	抽税伍两
海马牙		每值百两	抽税伍两
畜蹄		每百斤	壹钱贰分伍厘
翠毛片		每百片	贰钱伍分
全翠毛		每百副	陆钱
孔雀毛		每值百两	抽税伍两
鱼骨真　假		每值百两	抽税伍两
貛皮		每百张	贰两
熊皮		每值百两	抽税伍两
海骡皮		每值百两	抽税伍两

鹿皮		每值百两	抽税伍两
狗皮		每值百两	抽税伍两
晒干狐狸腿		每百对	叁钱伍分
火狐皮		每 张	壹钱叁分柒厘
山羊皮		每百张	贰两伍钱
山兔皮	即野猫皮	每值百两	抽税伍两
羔皮		每百张	贰两陆钱伍分
獭皮	即水獭皮	每百张	捌两
猞猁狲皮		每 张	贰钱贰分伍厘
貂皮 兔皮	即貂奴皮	每值百两 每值百两	抽税伍两 抽税伍两
貉獾皮	即貉皮	每值百两	抽税伍两
貂皮		每值百两	抽税伍两
海狗皮		每值百两	抽税伍两
棉羊皮		每百张	叁两
灰鼠皮	带尾不带尾	每值百两	抽税伍两
灰鼠尾		每百个	贰钱
狼皮		每百张	拾贰两伍钱

　　说明：本表取材于《总理衙门清档》,《光绪条约》光绪二十八年税则表。又,英文本税则表见：Public Record Office, F. O. 17/1567, No. 81, pp. 192—212. 1902 年 6 月 9 日。又有英文起草本,见 F. O. 17/1565, pp. 78—81. 1901 年。

中西译名对照表

茂生洋行（American Trading Co. Inc.）

瑞记洋行（Arnhold-Karberg & Co.）

亚罗船（Arrow）

巴富尔（George Balfour）

把留捷克（L. de Balluzeck）

布尔布隆（Alphonse de Bourboulon）

包令（John Bowring）

博义（Boye）

白朗谷（Jose' Azevedo Castello Branco）

裴式楷（Robert Edward Bredon）

璧利南（Byron Brenan）

卑治文（Elijah C. Bridgeman）

卜鲁斯（Frederick William A. Bruce）

卜利（Paul von Buri）

布策（Eugene de Butzow）

金登干（James Duncan Campbell）

克兰顿（Lord Clarendon）

戈颁（H. Cockburn）

康格（Edwin Hund Conger）

顾盛（Caleb Cushing）

狄留斯（Delius）

德贞（Charles John Dudgeon）

额尔金伯爵（Lord Elgin）

艾林波（Friedrich Graf Zu Eulenburg）

福开森（John Calvin Ferguson）

福士（Paul S. Forbes）

格尔斯（Nicholas K. de Giers）

葛尔士（Baron von der Goltz）

巴罗果美（Henrique de Barrors Gomes）

古纳（John Goodnow）

格拉维尼（Gravini）

葛罗（Baron Gros，又称葛巴伦）

格维纳（T. G. Grosvenor）

基玛良士（Izidoro Fransisco Guimaraes）

赫德（Sit Robert Hart）

海约翰（John Hay）

赫美玲（Karl E. G. Hemeling）

贺璧理（Alfred Edward Hippisley）

好博逊（Herbert Edgar Hobson）

海格思（John Reside Hykes）

伊格那提业幅（Nicholas Ignatieff）

老公茂洋行（Ilbert & Co.）

杰弥逊（Sir James William Jamieson，又译称哲美森）

怡和洋行（Jardine，Matheson & Co.）

热梅尼（Aleksandr Genrikhovich Jomini）

克林德（Clemens August Baron von Ketteler）

克纳贝（W. Knappe，又名克纳甫）

兰斯顿侯爵（Marquess of Lansdowne K. G.）

李太国（George Tradescant Lay，即老李太国，又名李春）

李泰国（Horatio Nelson Lay）

卢力飞（R. de Luca，又名卢嘉德）

窦纳乐（Sir Claude M. MacDonald）

马凯（Sir James L. Mackay）

马嘉理（Augustus Ramond Margary）

梅辉立（William Frederick Mayers）

麦莲（Robert M. McLane 当时又译称为麦莲勒毕奄，或麦克莲）

梅尼阔夫（A. A. Melnikov）

麦令豪（Peter Merklinghaus）

马礼逊（John Robert Morrison，即小马礼逊，又名马儒翰）

孟甘（James Mongan）

聂腊济尼（Major C. Nerazzini）

欧格讷（Nicholas R. O'Conor）

俄理范（Lawrence Oliphant）

伯驾（Peter Parker）

巴夏礼（Harry Parkes）

拉边多（Governor da Silovra Pinto）

博帝业（O. G. Portier）

朴鼎查（Sir Henry Pottinger）

普提雅廷（Putiatine）

雷克司（Graf von Rex）

雷瓦（Riva）

乐斯磊（W. Rossler）

罗沙（Thomaz Da Souza Roza）

罗素尔（Judge C. Russel）

沙士勃雷（Marquis of Salisbury）

阿梅达（Gabriel D' Almeida Sanctos）

上海洋商商会（Shanghai Chamber of Commerce）

萨道义（Sir Ernest Mason Satow）

希孟（John F. Seaman）

沙尔德（Sharretts）

戴乐尔（Francis Edward Taylor）

罗伯聘（Robert Thom）

倭良嘎哩（General A. Vlangaly）

威妥玛（Thomas Francis Wade）

倭伦白（Gustaf Oscar Wallenberg）

同孚洋行（Wisner & Co.）

关 键 词 表

1. 条约口岸   Treaty Port
2. 税饷章程   Commercial Regulations
3. 海关税则   Tariff
4. 进口洋税   Import duties
5. 出口税   Export duties
6. 洋税   Custom duty
7. 船钞   Harbour due
8. 子口半税   Half duty for the inland port
9. 值百抽五   5%
10. 值百抽二五   2.5%
11. 厘金   Likin
12. 附加税   Surtax
    （中国附加税目：出产税、落地税、销场税）
13. 洋药税   Opium duty
14. 吗啡   Morphia
15. 存票   Deposit bills issued by custom
16. 治外法权   Exterritoriality
17. 工部局   Municipal Government
18. 巡捕房   Police Office
19. 商牌（商标）   Trade mark
20. 版权   Copy right

21. 内河航轮　　　Steam Navigation in inlandwate-
　　　　　　　　rways
22. 出厂税　　　　Manufacturing tax
23. 土药税　　　　Native opium tax
24. 盐税　　　　　Salt tax
25. 米谷出口　　　Rice exportation

参考书目

于醒民:《第一个鸦片贸易合法协议》,《史学月刊》,1985年4期(总156期)。

《中国海关密档:赫德、金登干函电汇编稿》,1—5册,北京:中华书局1994年印。

《中国海关与中葡里斯本草约》,北京:中国科学出版社1959年3月印。

日本外务省编:《日本外交文书》,卷28、卷29、卷35、卷36,昭和28年、29年、32年印。

王彦威、王亮编:《清季外交史料》(光绪朝)全218卷,北京,民国23年印。

王彦威、王亮编:《清季外交史料》(宣统朝)全24卷,北京,民国23年印。

王尔敏:《晚清政治思想史论》,台北:台湾商务印书馆1995年。

王尔敏:《中国近代思想史论》,台北:台湾商务印书馆1995年。

王尔敏:《十九世纪中国国际观念之演变》,香港:香港中文大学中国文化研究所学报,卷11,1980年。

王尔敏:《中国近代之工商致富与商贸体制之西化》,国际汉学会议论文集,台北中研院1981年。

王尔敏撰:《耆英外交》,《大陆杂志》卷30,9—10期,台北：1965 年 5 月印。

王尔敏、吴伦霓霞编：《盛宣怀实业朋僚函稿》全 3 册，台北中研院近代史研究所 1997 年 6 月印。

王尔敏、陈善伟合编：《清末议订中外商约交涉》全 2 册，香港：香港中文大学出版社 1993 年印。

王铁崖编：《中外旧约章汇编》全 3 册，北京：三联书店，1957 年 9 月初版，1982 年 10 月第 2 次印。

王树槐：《庚子赔款》，台北中研院近代史研究所专刊之 31，1974 年印。

王绳祖撰：《中俄伊犁交涉始末》，《史学评论》第 1 期，民国 30 年刊。

《四国新档》全 4 册，台北中研院近代史研究所 1966 年 2 月印。

印光任、张汝霖，《澳门纪略》，广州：广东高等教育出版社 1988 年 7 月印。

全汉升撰：《明代中叶后之澳门的海外贸易》，《香港中文大学文化研究所学报》卷五期一，1972 年 12 月刊。

伍廷芳：《伍廷芳集》2 册，北京：中华书局 1993 年 8 月印。

吕坚撰：《谈康熙时期与西欧的贸易》，《历史档案》1981 年 4 期。

吕海寰：《吕海寰奏稿》2 册，台北：文海出版社影印原抄本。

李鸿章著、吴汝纶编：《李文忠公全集》，台北：文海出版社 1984 年。

李恩涵：《曾纪泽的外交》，台北中研院近代史研究所专刊之15，1966年5月印。

岑练英著：《中英烟台条约研究——兼及英国对华政策之演变概况》，香港：珠海书院1978年印。

《辛丑和约订立以后的商约谈判》，北京：中华书局1994年10月印。

林满红撰：《晚清的鸦片税（1858－1909）》，《思与言》卷五16期，台北。

侯厚培撰：《五口通商以前我国国际贸易之概况》，《清华学报》，卷四期一。

胡滨译：《英国蓝皮书有关义和团运动资料选译》，北京，中华书局1980年印。

姚贤镐编：《中国近代对外贸易史资料，1840－1895》，北京：中华书局1962年。

姚贤镐撰：《第一次鸦片战争后中国海关行政权丧失述略》，《社会科学战线》1983年3期（总23期），1983年7月。

姚贤镐撰：《两次鸦片战争后西方侵略势力对中国关税主权的破坏》，载入宁靖编：《鸦片战争史论文专集续编》，北京：人民出版社1984年。

夏东元：《盛宣怀传》，成都：四川人民出版社1988年印。

袁同礼译：《伊犁交涉的俄方文件》，台北中研院近代史研究所史料丛刊之2，1966年11月印。

梁方仲撰：《明代国际贸易与银的输入》，《中国社会经济史集刊》卷六期一，昆明：中央研究院社会科学研究所，民国28年12月印。

梁伯华著：《近代中国外交的巨变——外交制度与中外关系的研究》，台北：商务印书馆 1991 年印。

陈诗启撰：《海关总税务司对鸦片税厘并征与粤海常关权力的争夺和葡萄牙的永据澳门》，《中国社会经济史研究》1982 年 1 期。

陈诗启著：《中国近代海关史》（晚清部分），北京：人民出版社 1993 年 7 月第 1 版。

郭永亮编：《澳门香港之早期关系》，台北中研院近代史研究所史料丛刊之 9，1990 年 2 月印。

郭廷以：《近代中国史》全 2 册，台北：商务印书馆 1996 年 5 月印。

郭廷以：《近代中国史事日志》2 册，台北：商务印书馆 1963 年 3 月初版。

郭廷以、李毓澍编：《清季中日韩关系史料》全 11 册，台北中研院近代史研究所 1972 年 12 月印。

《清季中外使领年表》，北京：中华书局 1985 年印。

《清实录》全 60 册，北京：中华书局 1987 年 6 月印。

张之洞：《张文襄公全集》全 232 卷，北京：楚学精庐刻板，民国 26 年 5 月刊。

张存武：《清朝宗藩贸易》，台北中研院近代史研究所专刊 39，1978 年 6 月印。

张德昌撰：《清代鸦片战争前之中西沿海通商》，《清华学报》卷 10 期 1，民国 35 年 1 月刊。

陈国栋撰：《清代前期海洋贸易的形成》，《大陆杂志》卷 64 期 2，1982 年 2 月刊。

陈国栋撰：《鸦片战争以前清朝政府对进出口商品的管理》，《大陆杂志》卷 64 期 6，1983 年 6 月刊。

陈鋆撰：《黄恩彤与鸦片战后外交》，《史学年报》卷 3 期 2，民国 29 年 12 月印。

盛宣怀：《愚斋存稿》全 100 卷，常州：思补楼刻本，台北民国 28 年印。

曾纪泽著、袁同礼校订：《金轺筹笔》，台北：新疆研究丛书，1964 年 5 月印。

《第二次鸦片战争》全 6 册，上海：上海人民出版社 1978 年 7 月第 1 版。

黄福庆、庄树华等编：《澳门专档》全 4 册，台北中研院近代史研究所，1995 年 6 月印。

黄鸿钊：《澳门史》，香港：商务印书馆 1987 年印。

汤象龙编：《中国近代海关税收和分配统计》，北京：中华书局 1992 年 1 月影印。

烟台会议条款案，总理衙门清档，01－21，b－2－2 卷，宗号 31（1－2），32（1－2），33（1－40）。自光绪二年九月起，占四册，光绪三年一册，以上五册俱详，为一主体。光绪四年一册只二件。光绪十一年一册，只四件。

刘坤一：《刘忠诚公遗集》，台北：文海出版社影印原刻本。

薛福成著：《庸庵全集》，文编四卷，续编二卷，外编四卷，海外文编四卷，筹洋刍议一卷，出使英法义比四国日记六卷；光绪二十三年，上海：醉六堂石印本。

邓端本撰：《广州贸易渊源及早期发展》，《学术研究》总 81 期，1987 年 2 期。

《鸦片战争档案史料》全7册，天津：天津古籍出版社
1992年2月第1版。

《总理衙门清档》，"通商税务档"，档号：01—20号，第1
函、第4函、第60函62宗，01—21号，B—2—2卷，31、
32、33宗·烟台会议条款。02—13，第7函，18函，19函，
02—14，第1函，4函，7函，11函。台北中研院近代史研究
所藏。

《总理衙门清档》，"道光条约"、"咸丰条约"、"同治条
约"、"光绪条约"，台北中研院近代史研究所藏。

魏秀梅编：《清季职官表》2册，台北中研院近代史研究
所史料丛刊之5，1977年印。

《筹办夷务始末》（道光朝）全80卷，咸丰六年成书，台
北：文海出版社影印。

《筹办夷务始末》（咸丰朝）全80卷，同治六年成书，台
北：文海出版社影印。

《筹办夷务始末》（同治朝）全100卷，光绪六年成书，台
北：文海出版社影印。

顾卫民撰：《广州通商制度与鸦片战争》，《历史研究》
1989年1期。

The *Chinese Repository*, Vol. 12, No 7, July 1843,
Canton.

Public Record Office, F. O. 17/68, F. O. 17/70,
No. 147, F. O. 17/79, F. O. 17/291, F. O. 17/332, F. O. 17/
491, F. O. 17/1479, No. 391, F. O. 17/1486, No. 268,
F. O. 17/1525, No. 261, F. O. 17/1534, F. O. 17/1563,

F. O. 17/1566, No. 32, No. 33, No. 34, F. O. 17/1566, No. 37, No. 40, No. 41, No. 42, No. 45, No. 47, No. 51, No. 55, No. 56, No. 59, No. 61, F. O. 17/1567, No. 89, No. 81, F. O. 230/74, No. 2, No. 27, No. 31, No. 32. 000

John King Fairbank, *Trade and Diplomacy on the China Coast* Cambridge, 1956.

H. B. Morse, *The International Relations of the Chinese Empire*, 台北：文星书店影印，1962 年。

British Trade and the Opening on China by Michael Greenberg, Cambridge：The Cambridge University Press, 1975.

L. K. Young, *British Policy in China*, 1895 — 1902, Clarendon：Oxford University Press, 1970.

Treaties, Conventions etc. between China and Foreign Powers 2 Vols. , ed. by Maritime Customs, Shanghai, 1917.

W. S. K. Waung（汪瑞炯），*The Controversy Opium and Sino-British Relations*, 1858 — 1887, Long Men Press, Hong Kong, 1977.

Stanley F. Wright, *China's Struggle For Tariff Autonomy：1843—1938*, Shanghai, 1938.